高职高专经济管理类规划教材

企业文化（第三版）

Enter Prise Culture

主　编　祝宝江　蒋景东

副主编　程淑华　吴小妹　徐　侃

ZHEJIANG UNIVERSITY PRESS

浙江大学出版社

FOREWORD 前言

　　本书是根据教育部、财政部等关于高等职业教育改革和发展的新意见和思想，结合高等职业院校课程建设的相关要求进行编写的。

　　企业文化这个领域在不断的发展和变化。知识经济愈演愈烈，市场竞争更为激烈，旧的经营管理观念、意识和思维方式也将受到冲击，新的管理思想、方法也不断涌现，企业文化不断呈现新的特点，发挥更大的功能和作用。此次修订就是为了使本书更好地适应这种变化，同时也希望通过修订，使它更好地反映现代企业文化这一领域的最新发展。因此本书修订后的内容分为十一个项目，分别为企业文化的源与流、企业文化的模块、企业文化的塑造、企业营销文化、企业传媒文化、企业文化的核心—信用、企业文化的亚文化、企业家与企业文化、国际企业文化理论略述、苏宁的企业文化塑造之旅、综合与训练—综合案例分析。本书的编写特点主要体现在以下几个方面：

　　（1）结合高等职业教育知识体系和技能体系的建设要求，理论学习结束后在每章增加了技能训练、案例分析、实训实践方面的内容，加强了本书的实用性，有助于训练学生经济管理的专业技能。

　　（2）注意吸收企业文化领域内最新的成果。例如可持续发展和绿色企业文化在未来是大势所趋，从现实和实际操作的角度，结合中国企业绿色文化的滞后现象，提出一些思路和方法。

　　（3）注重理论和实践之间结合，理论上的探讨力求从实际需要出发，在实践中力求具有可操作性，尽量突出其应用性。

　　（4）方便教学。本书在编写过程中明确了章节学习目标、章前引导案例、章后习题训练等内容，使得学生更容易把握和巩固所学知识，并将其用于实际。

　　（5）项目教学。师生通过共同实施一个完整的项目工作而进行教学活动。明确项目任务，体现了实践性、自主性、发展性、综合性和开放性。

　　本书的编写是在原书《企业文化》前两版的基础上编写而成的，修订了原有的内容，还增加了项目一、二、六、八、九、十的最后一节及项目四第一节、项目五第二节等理论内容，并增加了章后习题、实训和案例等内容，这部分增加的内容主要由吴小妹、徐侃来收集查找资料，由程淑华（浙江金融职业学院）最后执笔完成，约5万字。蒋景东副教授执笔目录、项目一和项目六，约7.5万字，其余各个项目由祝宝江执笔完成，约15万字，最后由祝宝江教授和蒋景东副教授统稿、定稿。本书编写过程中参阅了大量文献和资料,除各项目后面给出的文献书目外,尚有许多文献未能一一标注,值此之际谨向原作者深表谢意。

这本书的出版在很多友人的惠助下得以完成,浙江大学出版社副社长陈晓嘉女士和责任编辑周卫群女士;温州职业技术学院的领导和同仁;浙江工贸职业技术学院的林贵副教授……对于各位的惠助,我们表示衷心的感谢!

尽管我们在本书的修订中做出了努力,但由于才疏学浅,书中不尽人意和疏漏之处在所难免,敬请学界同仁悉心指点,恳请学者、专家不吝赐教。

编者

2012 年 8 月 1 日

目录

C ontents

项目一

企业文化的源与流   ≫ ≫ ≫   ≫

业务导入

克拉斯·沃顿:"企业经理人应该用一种全局观念来看待企业的责任,因为在这种观点之下,企业被看成是讲信用、讲商誉、讲道德的组织而不是赚钱的机器。"企业的核心竞争力是企业文化。

目标设计

知识目标——了解文化的含义、企业文化的研究对象和研究方法;

技能目标——掌握企业文化的构成要素、企业文化的起源;

能力目标——联系企业实际或案例分析企业文化的构成和特点。

引例:

海尔打造创新企业文化,创全球化品牌

海尔集团经营发展概况:

海尔集团是世界第四大白色家电制造商、中国最具价值品牌,自 2002 年起连续六年稳居中国最有价值品牌榜首。海尔在全球建立了 15 个工业园、29 个制造基地、8 个综合研发中心、19 个海外贸易公司,营销网点 58800 个,全球员工总数超过 5 万人,已建立起一个具有全球竞争力的全球设计网络、采购网络、制造网络、营销与服务网络,发展成为大规模的跨国企业集团,2007 年海尔集团实现全球营业额 1180 亿元。海尔品牌旗下冰箱、空调、洗衣机等 19 个产品被评为中国名牌,其中海尔冰箱、洗衣机还被国家质检总局评为首批中国世界名牌。2005 年 8 月 30 日,海尔被英国《金融时报》评为"中国十大世界级品牌"之首。

在国内市场,据中国最权威市场咨询机构中怡康统计:2007 年,海尔在中国家电市场的整体份额达到 25% 以上,依然保持份额第一;尤其在高端产品领域,海尔市场份额高达 30% 以上;在智能家居集成、网络家电、数字化、大规模集成电路、新材料等技术领域也处于世界领先水平。

海尔是参与国际标准、国家标准、行业标准最多的家电企业。截止到 2008 年 6 月底,海尔累计申请专利 8333 项(其中发明专利 1996 项);仅 2007 年,海尔申请专利 875 项(其中发明专利 502 项),平均每个工作日申请 2 项发明专利。在自主知识产权的基础上,海尔已参与 9 项国际标准的制定,其中 3 项国际标准即将发布实施;海尔主持或参与了 164 项国家标准的编制修订,制定行业及其他标准 428 项。

在企业的创新发展过程中,创新的企业文化是海尔持续健康发展的源泉。围绕创造全球化品牌目标,结合海尔生产经营实际,以探索推进企业内外部关系和谐为突破口,形成了海尔集团创建创新企业文化的整体思路和推进措施,取得了效果。

海尔的发展可以分为四个战略阶段。名牌战略阶段、多元化战略阶段、国际化战略阶段,这三个阶段都经历了七年的时间。2005年底,海尔进入了全球化品牌战略阶段。海尔文化的核心是创新,无论在哪个战略阶段,海尔都有创新的企业文化。

一、名牌战略阶段(1984—1991)

在改革开放初期,20世纪80年代家电产品供不应求,很多家电企业只管上产量求利润,忽视了抓质量创名牌。海尔虽然当时规模很小,但张瑞敏明确提出"先卖信誉,再卖产品",制定了名牌战略。张瑞敏发现质量是当时家电企业最薄弱的环节,也是顾客最重视的因素。因为,当时,一台冰箱的价格相当于一个工人差不多两年的工资,海尔砸冰箱的故事就发生在这个时期。1985年,张瑞敏带头用大锤砸毁76台质量不合格冰箱,砸醒了员工的质量意识。

海尔创业初期提出了"先卖信誉,再卖产品"、"有缺陷的产品就是废品"、"优秀的产品是优秀的人干出来的"、"第一是质量,第二是质量,第三还是质量"的创新文化理念。

海尔的名牌战略和质量文化很快在市场上收获了成果:1988年夺得了中国电冰箱史上的第一枚国优金牌,1990年获得了中国冰箱行业第一个国家质量管理奖金马奖,1991年入选首届"中国十大驰名商标",这标志着海尔在改革开放的初期逐步成长为了国内著名的企业和驰名的品牌。

二、多元化战略阶段(1992—1998)

1992年,邓小平同志南方谈话发表,海尔抓住机遇,建立了青岛海尔工业园。随后几年迅速扩张,先后兼并了18家亏损企业,企业多元化经营的规模得到空前扩张。海尔用"企业文化激活休克鱼"的文化移植,盘活兼并的18家企业,并且现在发展得很好。

在此期间,家电市场供求关系发生很大变化,其他家电企业也都开始注意抓质量了,但这个时期,用户抱怨的焦点却不是质量,而是服务了。1994年,青岛的王老太买了海尔的空调,雇了出租车拉到家门口,王老太上楼找人帮忙搬空调,而司机却拉着空调跑了。海尔集团的领导在这个消息上发现了新的顾客需求——服务。海尔向王老太免费赠送一台空调,同时,推出空调的无搬动服务,这在全国是第一家。

在多元化战略阶段,海尔进行了一系列的管理文化创新:创立"OEC"管理方式,进行"日清管理";提出"斜坡球体论",同时抓基础工作与创新能力;提出"运用无形资产盘活有形资产";进行"市场链"流程再造,让员工成为市场目标的主人。"用户永远是对的"、"用户的抱怨是最好的礼物"、"您的满意就是我们的工作标准"等文化理念,体现了海尔对用户真诚到永远的服务理念,同时也首创了家电业的服务模式和服务文化。

三、国际化战略阶段(1999—2005)

随着中国改革开放的深化和全球经济的一体化,2002年,党的十六大提出了企业"走出去"的战略。海尔结合自身创全球化品牌的实际,提出并实施了"三步走"战略:走出去——出国创牌;走进去——成为本土化企业;走上去——成为当地的世界名牌。目前,海尔已初步搭建了一个支撑"物流、资金流、信息流"全球化运作的网络,在美洲、欧洲、南亚、中东非、亚太、东盟的六大海外"三位一体"中心基本架构完毕,基本实现了全球化的战略布局。

在国际化的过程中,海尔发现跨文化管理成为中国企业走出国门的最大瓶颈之一。海尔的做法是根据独创的本土化原则,用"三融一创"的思路,融资、融智、融文化,进行本土化企业文化建设。

在美国海尔工业园宽敞明亮的冰箱车间,随处可见生动的海尔文化:"优秀的产品是优秀的人干出来的"、"用户永远是对的"等文化标语,既醒目又激人奋进。与中国海尔员工一样,美国海尔员工还通过绘画、写诗等各种不同形式表达自己成为海尔大家庭成员的感受。员工凯尔文·布莱得利画的中途抛锚的汽车表达了对海尔质量理念的理解:1%的质量缺陷对用户来说是100%的灾难。文化的认同也统一了美国海尔员工对海尔管理要求的认识。班前会制度、6S优秀典型讲评、评选优秀海尔员工等活动,让美国海尔员工感到既新奇又有活力。美国海尔员工柯基尔女士在接受中央电视台驻联合国记者采访时说:"我们不但接受了海尔文化,而且为能成为海尔大家庭的一员感到自豪。"

四、全球化品牌战略阶段(2006 年至今)

当今时代,全球化竞争愈演愈烈,工业化与信息化加速融合。2005 年底,海尔进入全球化品牌战略阶段。在全球化、信息化时代,海尔深入推进新的信息化管理革命,探索卓越运营的商业模式;深入推进信息化流程再造,建立以用户为中心的信息化流程,搭建全球化运营的物流、资金流、信息流网络,创全球化品牌。

在海尔,资金流、研发、制造、采购、物流、质量和市场营销无边界协同,每一个部门的目标都不再是分段和割裂的,而是同一个订单竞争力的目标。每一个部门也不再是分析我能为订单做什么,而是为了最终的市场目标必须整合什么资源。

在这一阶段,海尔提出"不只是卖产品,而是提供解决方案"、"核心竞争力就是获取客户和用户资源的能力",已经成为全体员工认同的企业文化。

自 1984 年至今,海尔创业 24 年了,全体海尔员工 24 年如一日拼搏的目标只有一个:创全球化品牌! 中华民族需要有自己的世界品牌,全体海尔人愿意为此拼搏,为此付出。海尔将通过不断的自主创新和文化创新,为中华民族的伟大复兴,为中国在世界经济舞台上的崛起而努力拼搏!

任务一 企业文化的源

在讨论企业文化之前,我们先讨论其"母"的问题,即"文化"。关于"文化"一词学术界存在不同的看法,现把关于文化的界定扫描浏览一番,摘录其主要的几种。

操作指南

一、"文化"的源

国外:"文化"一词是一个外来词,在德文中为 kultur,在英文和法文中为 culture,它们都源于拉丁文中的 cultura 一词,具有居住、耕种之意。后人们把它引申为修养、社会知识、艺术作品等。

卢梭在《社会契约论》指出:文化是风俗、习惯,特别是舆论。

威廉·A.哈蔚蓝在《当代人类学》中指出:文化是一系列规范或准则。当社会成员按照它行动时,所产生的行为应限于社会成员认为合适和可接受的变动范围之中。

克鲁克·霍尔姆按以下七条定义了文化:(1)一个文化圈成员的自我认识;(2)与自身所处环境的关系;(3)价值结构;(4)与他人的关系;(5)个人贡献定义;(6)时间指向;(7)空间指向。

《大英百科全书》(1973—1974)把文化分为两类,一类是"一般性"文化等于"总体的人类社会遗产";二类是"多元性、相对性"即"文化是一种来源历史的生活结构的体系,这种体系往往为集团的成员所共有",它包括这一集团的"语言、传统、习惯和制度,包括有激励作用的思想、信仰和价值,以及在物质工具和制造工具的体现"。

国内:在中国历史古籍中,《易传》中有"观乎人文,以化成天下",要以文化典籍和礼仪道德来教化民众。

李大军认为:"文化是由特定的群体成员共同形成的,它形成了社会与人们共同生活的基础。社会生活在很大程度上依赖于人们的共识,这种共识就构成了特定的文化。"

中国《辞海》给文化定义:有广义和狭义之分,从广义角度讲"指人类社会历史实践中所创造的物质财富和精神财富的总和",从狭义角度讲"指社会的意识形态,以及与其相适应的制度和组织结构"。

综上所述,文化是一种沟通体系,它把人类的生物和技术行为融合到人类富有表现力行为的语言及非语言体系中去,从而使人类社会得以存在。文化是一系列习俗、规范和准则的总和,起着规范、导向和推动社会发展的作用。文化是人类改造自然、社会和人自身的活动的成果,为人所创造,为人所拥有。因而它具有人本性、实践性、民族性和开放性。

人类社会在改造自然界的同时出现各种文化现象,因而产生了文化学。

(一)文化与文学

文化学在一百多年以前,也就是19世纪末在世界兴起,从意识形态方面认识文化现象;法国社会学家莫斯的《赠与论》研究原始经济形态为代表的功能主义阶段,即20世纪的上半叶。第二次世界大战后随着消费品的大量生产,收入水平的提高及劳动时间的缩短,人们的消费行为发生了三次大的变化,第一次是生理需要,消费的目标追求方便和舒适;第二次是物质性需要,消费追求个性;第三次是在设计生活方式、修养、娱乐、食品、住房、时装等生活领域,消费追求"文化性"。这个时期文学家们用研究文化学的理论和方法研究社会现象,产生了诸多分支学科——教育文化学、服饰文化学、妇女文化学、心理文化学、艺术文化学、社会文化学等。20世纪70年代末80年代初市场经济的主体——企业文化的研究已被纳入其中。企业文化在这个交叉扩展过程中产生,无论对企业文化发展,还是对文学的发展都具有划时代的意义。

(二)企业文化

管理学家和企业文化学家以及学术界的学者给企业文化下的定义到目前为止共有230余条,我们认为经典性的定义有以下几种。

1.国外的几种观点:

(1)迪尔、肯尼笛(1982)认为:企业文化是为一个企业所信奉的主要价值观,是一种含义深远的价值观,神话、英雄人物标志的凝聚。

(2)塔格尤尔·里特温(1968)认为:企业文化是企业内通过物体布局所传达的感觉或气氛,以及企业成员与顾客或其他成员交往的方式。

(3)沙因(1968)认为:企业文化在企业中寻求生存的竞争"原则"是新员工要被企业所录用必须掌握的"内在规则"。

(4)霍恩司(1950)认为:企业文化是在工作团体中逐步形成的规范。

2.国内的几种观点:

(1)管维立认为:企业文化就是在一个企业中形成的某种文化观念和历史传统,共同的价值准则、道德规范和生活信息,将各种内部力量统一于共同的指导思想和经营哲学之下,汇聚到一个共同的方向。

(2)潘肖珏、苏勇认为:企业文化是在一定的社会历史条件下,企业生产经营和管理活动中所创造的具有本企业特色的精神财富和物质形态。它包括文化观念、价值观念、企业观精神、道德规范、行为准则、历史传统、文化环境、企业产品等。其中价值观是企业文化的核心。

(3)陈炳富、李非认为:企业文化是指企业组织的基本信息、基本价值观和对企业内外环境的基本看法,是由企业的全体成员共同遵守和信仰的行为规范、价值体系,是指导人们从事工作的哲学观念。

(4)韩有岚认为:企业文化有广义和狭义之分。广义的企业文化是指企业所创造的具有自身特点的物质文化和精神文化;狭义的企业文化是企业所形成的具有自身个性的经营宗旨、价值观念和道德行为准则的综合。

综上所述,笔者认为:企业文化是企业逐步形成的为全体员工所认同、遵守、带有本企业特点的价值观念。广义角度讲是指企业物质文化、行为文化、制度文化、精神文化的总和;狭义角度讲是指企业的意识形态,即企业的核心,也就是企业的价值观。

从微观上看,任何群体意识依靠各要素的相互作用而形成企业文化系统。

二、企业文化构成要素

一个系统,可以有不同的划分。广泛的企业文化系统可划分成三大类,即物质文化要素、企业精神文化要素、企业制度文化要素。

企业物质文化要素是企业员工创造的产品和各种物质设施等所构成的器物文化。可分成两大类:一类是内层文化,即物质产品、技术服务、厂房设施、环境布置等;另一类是外层文化,即企业员工的理想、价值观、精神面貌的具体体现,集中表现了一个现代企业在社会上的外在形象。

企业精神文化要素是企业生产过程中,受一定的社会文化背景、意识形态影响而长期形成的一种精神成果和文化观念。它包括企业精神、企业经营哲学、企业道德、企业价值观念、制度文化等意识形态总和。

企业制度文化要素指的是对企业的"规范性",即一种来自员工自身以外的、带有强制性的约束,它规范着企业内部的每一个工艺操作过程。它包括厂规、厂纪、考核奖惩制度等内容。

企业物质文化是企业制度文化存在的前提,一定的企业物质文化只能产生相适应的企业制度文化。企业制度文化又是企业精神文化的基础和载体,并对企业精神文化起反作用。

企业文化的内核是价值观,以这个内核为中心构筑起来的企业文化还有其他方面的内

容。从要素来分析,可分为三个方面:

1.表层的企业文化。这是企业文化的外显部分,指的是那些视之有形、闻之有声、触之有觉的文化形象。这些表层的企业文化能给人以第一印象,使人从中窥察或感觉到企业职工的精神风貌与职业道德状况,是企业文化的重要组成部分。

2.中层的企业文化。这部分企业文化不像表层文化那样直接外露,需要人们调查了解才能搞清楚,又不像深层文化那样隐蔽在职工的头脑之中,人们可以通过一定的直观形象把握它。这种介于表层和深层之间的企业文化,主要体现在企业的规章制度、组织机构、企业内部和外部的人际交往等方面。因此,组织机构是介于企业文化的外显部分和内隐部分之间的中层部分。

3.深层的企业文化。与企业文化的表层部分截然不同,深层的企业文化不是人们凭感觉器官就能直接体察到的,它是渗透在企业职工心灵之中的意识形态,包括理想信念、道德规范、价值取向、经营思想等,即共同持有的价值观。这部分内容是企业文化的核心,是企业的灵魂。

以上三个层次的企业文化,最为重要的是深层文化。它决定着企业及员工的行为取向,进而决定着中层文化和表层文化的状态。要把重点放在深层文化的构筑方面。

【实例】

"红豆"的启示

无锡红豆集团以王维《相思》中的"红豆"命名。

诗云:"红豆生南国,春来发几枝。愿君多采撷,此物最相思。""红豆"衬衫一上市即受到消费者的青睐,朋友相别,夫妻相送,都把"红豆"当成馈赠佳品。海外华侨以及熟知中国文化的日本人都爱上了"红豆",对其情有独钟,从此"红豆"走出国门远销美国、日本、新加坡等国家。

【即问即答】

1.企业文化的载体是什么?
2.企业文化的外显和内隐部分是什么?

任务二   企业文化的理性基础

企业文化的研究主要是由于理性主义在西方曾经被推向极端,定量分析成为主要的管理技术滥用于管理活动之中。定量分析具有可操作性,但是它有一定的局限性,因而管理学界管理技术"触角"延伸到企业文化的研究。

操作指南

一、西方"天人相分"和中国"天人合一"的思想

商品经济和社会化大生产的过程中,人与自然的关系始终贯穿其中,现代管理产生于西方,从泰罗以来一直以理性为主导,在人与自然的关系问题上,始终贯穿着一条主线,天

与人之间是相分离的、对立的。这在逻辑上与理性主义的思想方法相对应。

(一)希腊的思想倾向

古希腊哲学家赫拉克力特认为:有一种规律性的东西在主宰世界,并存在于社会之外,指出了人类的智慧就在于认识这个规律。同时他把人与自然区分开来。

柏拉图在理念论的基础上,提出了模仿论和回忆论。他认为只有超越现象界和感官的局限才能认识理念或事物的本质。这在认识论上划清了人与自然之间的界限。

古希腊人对自然万物始终抱着审视和分析的态度,西方近代工业的飞速发展是在自然科学发展的基础上而发展的,这与古希腊天人相分的理性分析有着密切的联系。

(二)基督教的思想倾向

基督教在文化传统上,在科学的形成阶段尽管受到教会制度阻挠,但是对科学作出过间接的贡献。

教父哲学家奥古斯丁和数学家毕达哥拉斯认为"万物都是数",强调数字的神秘,如1代表世界之本原,数学与神学结合,推理与信仰的结合,在基督教中便产生了。

奥古斯丁认为上帝居于神界,人居住的地方则是相对于神界的俗界。

托马斯·阿奎那认为:除物理学、数学和哲学之外还有神学,必须用上帝的思想来指导。这些思想和观点在基督教中的新加尔文教里表现得尤为突出。

笛卡尔的理性精神,从"我思故我在"哲学命题开始,推导出"上帝的存在"的结论,他把人与上帝对立起来。

培根认为:人类能够支配自然和征服自然,提出了"知识就是力量"。

他们的天人相分思想是非常清晰的。

现代管理学的产生有一独特的理性基础,并在20世纪管理理论和实践中取得巨大成功。

企业文化产生的基础是西方独特的思想方法结构,以及在此基础上形成的理性主义思想方法。

(三)中国的"天人合一"思想

"天人合一"思想上溯到先秦,最早提出"天人合一"思想的是张载。"天人合一"承认和肯定人与自然、主观世界和客观世界的近似性、统一性,反对将天与人类自然界对立或者割裂开来,强调人与自然关系的和谐,人与人、人与社会的和谐。它经历了一个漫长的演变过程,"天人合一"强调道德理性与自然理性一致,主张人不能违背自然,不能超越自然界的承受力去改造自然、征服自然,使之更符合人类的需要,也使自然界的万物能生长发展。另一方面强调自然界对于人类也不是一个可超越的异己的本体。

二、企业文化的客观基础

企业文化的研究有理性主义思想基础,同时它也有客观基础,实践管理是同天人相分的思想分不开的。归纳为两个方面:一个是古罗马帝国的统治;另一个是天主教会的管理。工业革命以后,1773年英国约翰·怀亚特发明的纺织机,使生产关系发生了重大变革,对管理理论的建立和发展产生了深远影响。

(一)古典管理理论阶段

19世纪末20世纪初泰罗的科学管理思想的出现,是管理学形成的标志,他本人也被称

为"科学管理之父"。在他的《科学管理原理》一书中,科学管理有八点内容:

1.科学管理中心问题是提高劳动生产率。

2.为了提高劳动生产率,必须为工作配备"第一流的工人"。泰罗认为为了挖掘人的最大潜力,必须做到人尽其才,或者说,对某一项工作必须找到最适宜干这项工作的人,同时还要最大程度地挖掘最适宜干这个工作的人的最大潜力——这就有可能达到最高效率。因此,对任何一项工作必须要挑选"第一流的工人"——即适合于其作业而又愿意努力干活的人。

3.制定并使工人掌握标准化的、科学的操作方法,包括标准化的工具、机器和材料以及标准化的作业环境,即所谓的"标准化原理"。泰罗认为工人提高劳动生产率的潜力是巨大的。挖掘潜力的方法应该是把工人多年积累的经验和技巧归纳整理并结合起来,通过分析比较找出其中具有共性和规律性的东西,并将其标准化。用这一方法对工人的工作方法、使用的工具、劳动和休息时间等进行合理搭配,同时对机器安排、环境因素等进行改进,消除种种不合理因素,把最好的因素结合起来,这就得到了提高生产率的根本保证。

4.实行有差别的计件工资制,能够更加有效地激励工人。

5.工人和雇主双方都必须来一次"心理革命"。泰罗宣称:"科学管理在实质上包含着要求任何一个工人进行一场全面的心理革命——要求他们在对待工作、同伴和雇主的义务上进行一场全面的心理革命。此外,科学管理也要求工长、监工、企业所有人、董事会进行一场全面的心理革命,要求他们在对管理部门的同事、对他们的工人和所有日常问题的责任上进行一场全面的心理革命。没有双方的这种心理革命,科学管理就不能存在。"

6.把计划职能和执行职能分开,变原来的经验工作方法为科学工作方法。所谓的经验工作法是指每个工人用什么方法操作,使用什么工具,都根据他自己(或师傅等人)的经验来决定。泰罗主张明确划分计划职能与执行职能,由专门计划部门制定标准化的操作方法、工具和定额,拟订计划并发布指示和命令,并进行有效的控制。现场工人,则从事执行的职能,按照计划部门制定的操作方法和指示,使用标准工具从事实际作业,不得自行改变计划。

7.实行职能工长制。泰罗认为职能工长制具有以下优点:其一,管理者责任明确,因而可以提高效率;其二,由于计划部门的作用,车间现场的职能工长只需进行指挥监督。因此非熟练技术工人也可以从事较复杂的工作,从而可以降低整个企业的生产费用。这一思想当时并没有得到推广,但却为以后职能部门的建立和管理的专业化提供了参考。

8.在管理控制上实行例外的原则。高级管理人员应把例行的一般日常事务授权下级管理人员去做,自己只保留对例外事项的决定权和监督权。

1916 年,法约尔在《工业管理和一般原理》一书中从四个方面阐述了管理过程理论:

1.企业经营职能不同于管理职能。

经营是引导一个组织趋向于一个目标。经营包含六种活动:技术活动(生产),商业活动(交换活动),财务活动(资金的筹集、控制和使用),安全活动(财务与人身的安全),会计活动(计账算账,成本核算和统计),管理活动(行政管理)。在以上六种活动中,前五种活动都不负责制定企业的总经营计划,不负责建立社会组织、协调各方面的力量和行动。这些重要职能属于管理的范畴。管理活动处于以上活动的核心地位,即企业本身需要管理,同样地,其他五项活动也需要管理。而且,管理职能是具有一般性的,是适用于工商企业、政府甚至家庭中所有涉及人的管理的一种共同的活动。

2.管理的十四项原则。

(1)劳动分工原则。实行劳动的专业化分工可以提高人们的工作效率。

(2)权力与责任原则。在一个企业中一个人的权力与其承担的责任应当相符。

(3)纪律原则。纪律是企业领导人同下属人员之间在服从、勤勉、积极、举止和尊敬方面所达成的一种协议。

(4)统一指挥原则。统一指挥原则是指一个下属都应接受而且只应接受一个上级的命令。这是一项既普遍又非常必要的管理原则。

(5)统一领导原则。凡是具有同一目标的全部活动,仅应有一个领导人和一套计划。

(6)个人利益服从集体利益的原则。在一个企业中,个人或个人利益不能置于企业利益之上。做到当个人利益与集体利益发生冲突时,优先考虑集体利益。

(7)合理报酬原则。报酬制度要公平、合理,但要和良好的管理结合起来,这样才能收到好的效果。

(8)适当集权与分权原则。法约尔认为,在管理上应保持适当的集权与分权,即掌握好集权与分权的尺度。

(9)等级制度与跳板原则。法约尔认为,为了进行有效的管理,需要在组织中建立等级制度原则。等级制度就是从最高权力机构层层延伸直至最基层管理人员的领导系列。为了既能维护统一指挥原则,又能避免这种信息的延误和失真问题,法约尔提出了一种"跳板"原则,该原则可以使两个部门的沟通更便利。即在需要沟通的两个部门之间建立一个"法约尔桥",以这个桥做跳板,就可以建立沟通的渠道。

(10)秩序原则。法约尔指出秩序是指"凡事各有其位"。

(11)公平原则。"公平"原则就是"善意"加"公道"。公道是执行已订立的协定。"公平"就是"公道"原则加上善意对待职工。

(12)保持人员稳定原则。对于企业来说关键是要掌握好人员流动的适合尺度,保持企业中人员工作的稳定性与适应性。

(13)首创精神原则。在工作中发挥自己的才智,提出具有创造性的想法或发明就是人们的首创精神,它是刺激人们努力工作的最大动力之一。

(14)人员团结原则。一个企业全体成员的和谐与团结是这个企业发展的巨大力量,领导者有责任尽一切可能保持和巩固企业内部人员的团结。

3.管理的具体职能。管理的五大要素或五大职能,即计划、组织、指挥、协调和控制,这一思想已成为认识管理职能和管理过程的一般性框架。

4.管理教育的必要性和可能性。

被称为"组织理论之父"的马克斯·韦伯认为存在三种纯粹形态的权力:合法的权力;传统的权力;超凡的权力。

(1)超凡权力。基于对发命令的人超凡的神圣(如耶稣基督)或非凡的个性特征——如英雄主义或模范品质——的崇拜,并表现为一种先知-信徒关系。

(2)传统权力。传统权力要求服从命令,其依据是对古老传统的不可侵犯性和按传统执行权力的人的正统性的信念,主要表现为一种君主-臣民关系。权力的所有者可以通过让人得到恩惠或失去宠幸以及对臣民进行保护而实施管理。臣民对权力拥有者保持服从和尊敬。

(3)法定权力。这是一种对法律确定的职位或地位的权力的服从。法定权力要求服从命令,是因为人们都知道发命令的人是按法律原则和条款办事的。这一类型主要依靠外在于个人的、科学合理的理性权力实现管理。

在这三种纯粹形态的权力中,传统权力的效率最差,因为其领导人不是按能力挑选的,其管理单纯是为保存过去的传统而行事。超凡权力则过于带感情色彩,并非是理性的,依据的不是规章制度而是神秘的神圣的启示。所以,这两种权力都不宜作为"理想的行政组织"的基础,只有第三种权力才能作为这种行政组织的基础。

(二)新古典管理理论阶段

20 世纪 30 年代到 60 年代,梅奥等人创建的人群关系学说是早期的行为科学。60 年代后为避免同广义的行为科学相混淆,出现了组织行为学这一名词。这一理论分为三个层次,即个体行为、团体行为和组织行为。

1.个体行为:

(1)激励内容理论:马斯洛的需要层次论,阿德福的 ERG 理论,赫兹伯格的双因素理论,麦克莱兰的成就需要理论;

(2)激励过程理论:佛鲁姆的期望理论,波特—劳勒模式;

(3)行为改造理论:亚当斯的公平理论,斯金纳的强化理论,凯利的归因理论,有关企业中人性理论,麦格雷戈的 X—Y 理论,阿几里斯的不成熟—成熟理论;

2.团体行为:包括团体动力、信息、交流、团体及成员的相互关系等方面。

3.组织行为:包括领导理论和组织理论变革和发展理论。领导行为理论又包括三大类:俄亥俄四分图、管理方格图以及领导权变理论。

(三)现代管理理论阶段

20 世纪 60 年代到 90 年代,传统理论有一种相互补充和融合的趋势,以系统论和权变论为代表。

巴纳德在 1938 年的《管理者的功能》中提出系统论的观点,他在书中阐述道:组织是一个合作系统,一个合作系统是一个复杂的包括物质的、生命的、人员与社会因素在内的复杂系统,这些因素间具有特定的系统关系,互相协作实现共同目标。被称为一般系统论之父的伯塔兰菲(Ludwig von Bertalanffy),他向人们指出我们这个"无序的世界"是由"有序的系统"所构成的;又提出了用开环与闭环的观点来研究社会组织,但是系统思维的观点并未见到解决实际问题的具体方法。权变理论与方法在这方面作出了补充。

(四)知识经济管理阶段

20 世纪 90 年代,传统的管理理论出现了大幅转型的趋势,许多传统的管理理论已不适应,实际上在 60 年代管理的主导思想就发生了重大变化。变化的基本特征:反思以往建立起来并指导企业发展的许多管理原则;重新建立新的管理体系;重新定义企业的责任及管理功能。21 世纪生产活动是以人们的生活目标、个人爱好为主,以挣钱养家为辅。主要体现:(1)消费者对物质文化和精神文化的需求不断提高。(2)企业经济活动的所有过程必须紧密结合文化进行。(3)逐步从单纯重视物质产品转向物质产品与精神产品并重。(4)企业经营管理者进行文化学方面的研究。

管理学家文化态度在文化差异上大致有三种态度:一是普遍性(universality);二是文

化簇(culture cluster)；三是经济簇(economic cluster)。这三者对现代管理特别是跨文化管理具有借鉴和指导意义。

【实例】

"康巴丝"为何走向衰落

"康巴丝"石英钟在 20 世纪 80 年代是我国石英钟行业最著名的品牌。1981 年由山东济南钟表厂研制，以走时准确、方便、美观等优点冲破了我国机械表的大一统天下；1985 年被山东省评为省优出口商品；1986 年被中央电视台选为元旦、春节零点标准报时钟；1989 年产量达到 200 万只，居同行业首位；从 1985 年起连续 10 年被评为最受消费者欢迎的产品。连续辉煌几年之后，"康巴丝"的衰落似乎来得很突然。1991 年年产量还在 203 万只，产量创历史最高水平，利税 935 万元；1992 年急转直下，年产量只有 90 万只，利税更是下跌了 60％以上；1993 年年产量又降到 26 万只，亏损额达 2000 万元。从此企业陷入资金短缺的困境，产量连续下降，经济效益连年滑坡，技术人才大量流失。在如此短暂的时间内，曾红极一时的名牌产品从鼎盛迅速走向衰落，给人留下许多疑惑和遗憾。

【即问即答】

企业文化诞生的源是什么？

任务三　企业文化的流

企业文化信息的传递和循环无疑是依照文化流的一般规律自发地进行。从企业国际文化流动梯度差、结构差透视国际企业文化流转热潮，其是源于日本经济的崛起对美国的冲击，同时美国管理学界认识到理性主义的局限，提出了"企业文化"概念。

操作指南

一、日本的企业文化

日本第二次世界大战后在 20 世纪 60 年代经济崛起。日本是一个具有浓厚东方色彩的发达国家，其企业的管理理论和方法：一方面是引进欧美国家的先进经营管理和方法，进行移植和再创造的过程；另一方面是体现了鲜明的民族特性。日本根据本民族的文化传统和需要对引进的内容进行同化，吸收有益的，调整不益的。如森岛通夫在《日本成功之路》中指出：中国的儒教把"仁"放在最重要的地位，而日本儒教以"忠为主"。他认为，日本起步时就有一个儒家思想经营的现代化工厂为核心，日本注定要沿着一条与其他国家不同的发展道路。美国学者克里斯托夫在《大和魂》书中指出日本企业的特点：种族价值观、儒家伦理以及等级森严和忠诚。1984 年中野郁次《企业进步论》的问世和名和太郎《经济与文化》的出版，以及松下幸之助所著《成功之路》等，都是对经营管理经验的概括和提炼。主要有下面几点：

1."和魂"精神。从强调"和忠"到强调"和亲"。注重企业内部人事关系的协调与献身精神，强调领导层对员工的尊重，发挥员工的个性，对员工的不满情绪建立合理的疏导机制。

2.家族主义。日本式经营曾被视为日本经济高速发展的原动力。由农耕民族互助合作演绎为家族企业。他们在经营中形成了独特的制度:终身雇佣制、年工序列制、企业工会被称为"三大神器"。

3.禀议决策制。禀议决策制是日本企业协商一致决策的体现。它的好处是集思广益,考虑的信息全面而可靠。由于决策全掌握在普通员工手里,促进由下而上的沟通,使全体员工增强责任感。日本企业的经营管理模式总是以人为中心而展开的。企业家认识到"只有人才才是企业活力的源泉"。日本企业重视人力资源的开发和利用,重视员工素质的提高和发展企业文化。

二、美国的企业文化

由于日本经济的崛起,美国理性主义定量分析的企业管理技术日益显现局限的时候,开始重视柔性管理,掀起了企业文化研究热潮。1970年戴维斯在《比较管理——组织文化的展望》中最早提出组织文化这一概念,自此连续出版了一系列有关企业文化专著,如特雷斯·迪尔和阿伦·肯尼迪著的《企业文化》等。《权利法案》指出:"所有人都是生来同样自由与独立的,并享有某些天赋权利。当他们组成一个社会时,他们不能凭任何契约剥夺其后裔的这些权利;也就是说厚爱生活与自由的权利,包括获取与拥有财产,追求和享有幸福与安全的手段。"因而在美国的价值观中"个人主义"表现极其浓厚,虽然"个人主义"是形成美利坚民族心理和性格的主流,但合作精神就是共同价值观念的基石和源泉。其企业文化包括以下特点:

1.兼容性和开放性。一切职业社会化,人力资源的高度流动,带来企业全方位开放,加之多民族社会的兼容并蓄,多种社会意识与宗教的自由选择,形成人们的思想开放和兼容。

2.变异性和流动性。由于兼容性和开放性而形成了它自身高度的活性、创新力,企业文化也处于这种状态下。主要是短期雇佣,迅速评价与升级,专业化道路,明确控制,个人的决策过程,个人负责,局部关系。

3.纯理性转向柔性。美国企业由理性主义科学管理方式转向以人为中心管理方式;由把企业看作获利的经营组织转向把企业看成是整个社会的一个细胞;从重视硬件管理转向重视经营哲学、信息沟通、人力资源开发的整体效能上来。

美国以拼命、顽强追求个人主义、自由主义为其特征。《企业管理新谋略》的作者指出个人主义、英雄主义、理性主义成了美国文化主流的三大特征。

三、中国的企业文化

1984年企业文化传到中国,引起企业界和学术界的强烈反响,掀起企业文化研究高潮。中国的主体文化还处于探索阶段。中国的传统文化十分重视"关系"。梁漱溟在对中国社会与西方社会对比后说,中国社会既不是社会本位,也不是个人本位,而是关系本位。这种关系网络渗透到企业中表现为:企业的核心是企业的董事长或总经理,围绕这一核心是其血亲或准血亲关系。在经营企业过程中忽视对产权、权利义务的保护,因而这种信任与默契并不长久,具有很大的随意性和不确定性。中国企业文化具有以下两个特点:

1.突出政治性。主要原因是长期以来,企业不是经济的主体,政企不分,"企业党组织不仅领导着企业思想政治工作,而且主宰企业的经济活动"[①],政治追求的口号渗透到企业文化领域,企业的文化创新无法进行。

2.缺乏文化主体。企业文化共同体很大程度上处于"有工厂无企业"、"有厂长无企业家"的境地。缺乏企业文化的载体,即企业家群体、企业一般管理者群体、企业创新群体、企业职工群体。企业文化还处于草创时期。

近几年来,学术界和企业界在企业文化理论和研究方面逐步形成共识:(1)企业文化以企业生产为中心。(2)企业文化包括理念、行为和视觉三个层次。(3)把企业文化作为企业考核的一项指标。(4)培育和发展企业文化的主体和载体。

【实例】

"风景这边独好"

20世纪60年代中期,埃思黛·劳德的化妆品在美国和世界各国已经享有盛名,但是她却经常发现丈夫和儿子面部干涩地回到家中。市场上很少有像样的男用化妆品,当时有一种观念认为:化妆品是女人用的。埃思黛·劳德从许多人熟视无睹的现象中看到了生财之道,她决心改变习俗偏见,开拓新的市场。经过反复试验,她率先推出了一套包括香水、须后露和护肤露在内的男用系列化妆品,并根据大仲马的名著《三个火枪手》中风度翩翩的男主角的名字,将新产品命名为阿拉米斯。同时她还针对男人的心理,拟定了一句响亮的口号——真正的男人都用香水。埃思黛·劳德最终成为亿万富翁。

【即问即答】

"差序格局"是不是建立中国企业文化的障碍?

任务四　企业文化发展的新趋势

随着人类进入21世纪,全球的政治、经济和20世纪初相比较发生了巨大的变化,世界格局正进行着全新的整合,知识经济初现端倪,市场竞争更为激烈,新的管理思想、方法也不断涌现,企业文化不断呈现新的特点和趋势。

操作指南

一、未来企业文化的主要特性

新经济的不断发展将导致社会资源配置方式和社会运行模式、人类工作及生活方式发生重大改变,旧的经营管理观念、意识和思维方式也将受到冲击,将导致企业文化产生根本变化,将具备以下主要特性:

(一)创新文化

新经济时代,管理创新是管理的主旋律。当前对管理创新发展趋势的研究主要有这么几个观点:①管理创新的内容:战略创新、制度创新、组织创新、观念创新和市场创新等几个

---

① 谭伟东:《西方企业文化纵横》,北京大学出版社2001年版,第302页。

方面。把创新渗透于整个管理过程之中。②组织中的个体都是创新的主体,随之而来的是需要一个适合其创新的环境和机制。③企业个性化,因为竞争的激烈性,企业必须要有自己的独特个性,模仿别人是难以生存的,所以,成功的企业必须注重自己的独到之处,即具有独特个性化的产品和个性化的经营管理方式。张瑞敏曾说过,创新是海尔文化的灵魂,是海尔持续发展的强大动力。因此,创新将是未来企业文化的主旋律之一。

企业管理创新中占据核心地位的是企业文化的创新,特别是在知识量、信息量急剧增长的新经济时代,企业文化的创新更具有决定性意义。一般来说,创新文化具有以下特征:(1)外部控制少。企业将规则、条例、政策这类的控制减少到最低限度。(2)接受风险。企业鼓励员工大胆试验,不用担心可能失败的后果。错误被看作能提供学习的机会。(3)容忍冲突。企业鼓励不同的意见。个人或单位之间的一致和认同并不意味着能实现很高的经营绩效。(4)注重结果重于手段。提出明确的目标以后,要鼓励员工积极探索实现目标的各种可行途径,可能存在若干种正确的解决方法。(5)强调开放系统。企业应时刻监控环境的变化并随时作出快速的反应。

(二)"学习型组织"文化

知识和技术的更新正在以加速度方式进行,一个企业要保持持续发展,就必须要不断学习,不断地更新知识,学习型组织被视为竞争力最强、最具活力的组织形式。学习型组织可以充分发挥人的主观能动性,实现从线性思维到系统思维和创造性思维的转变,在学习中通过潜移默化不断提高。"学习型组织"概念是美国麻省理工学院彼得·圣吉在《第五项修炼》一书中首先提出来的,他不仅要求企业中的每个人都要终身不断地学习,不断获取新知,不断超越自我,而且要求企业也要不断地学习和不断地超越。

要达到学习型组织需要有这几个方面的扎实的基础:①系统思维,这是五项修炼的核心。企业在处理问题时要扩大思考的空间,通过电脑模拟把事件的前因后果都考虑到,建立系统的处理模式。②自我超越,这是五项修炼的基础。在认识客观世界的基础上,创造出自己的最理想的环境,不是用降低理想来适应环境,而是用提升自己来达到理想,这需要创意和耐力,需要不断地学习和不断地超越。③改善心智模式。强调每个人都要以开放求真的态度,将自己的胸怀扩大,克服原有习惯所形成的障碍,不断地改善它,最后还要突破它,这样才能以一个全新的心智模式出现。④建立共同目标愿景,这里是在共同的理想、共同的文化、共同的使命的组织环境里,为了一个共同的未来的目标才能完成的。⑤团队学习。团队学习是组织中沟通与思考的对话工具,强调彼此不在本位,不自我防卫,不预设立场,在不敬畏的情况之下共同学习。团队学习是适应环境变化的最佳方法,唯有大家一起学习、成长、超越和不断地进步,才能让组织免于失败,创造出不断成长的绩效来。

因此,新经济环境下企业文化建设中将进一步按照"学习型组织"的要求,大力培育学习文化,更新学习和培训理念,对全体员工进行全员教育、全面教育、终身教育和素质教育。树立"全员教育观念",树立"素质教育观",树立"终身教育观",树立"全方位教育观",树立"延伸教育观",创建学习型组织的企业文化。

(三)速度制胜文化

市场复杂多变,且变化的速度在日益加快,如何跟上时代的步伐,适应迅速变化的市场的需要,是当今企业管理中的一大难题。企业只有快速反应、快速应变才能生存。企业行为不仅是比价格、质量和服务,还要比反应、比速度、比效率。企业快速反应能力的建立成为管理理论研究的新领域。管理工作效率的持续提高成为衡量组织效能的首要标准,敏锐的观察力是预测和预见未来的首要条件,抓住时机果断决策使企业始终和市场的变化同步,不但要建立效率高、适应性强的生产体系,而且还要尽可能建立高效率、有战斗力的团队,以期能迅速及时处理因为环境而产生的变化,使企业立于不败之地。

未来的竞争将演变为节约经营时间的效率竞争,演变为最先到达顾客的速度竞争,以尽可能短的时间提供优质的产品和服务将成为新世纪企业竞争优势的轴心。有竞争力的速度文化将快捷地为顾客提供创新的产品或服务,还有能力确定行业的标准;技术创新速度领先于竞争对手,能缩短产品开发周期,获得价格上的最大利益,也能显著减少经营风险;快速反应有助于敏锐地把握住市场机会,迅速形成有效的产品销售渠道,提高顾客满意度;不断的、快节奏的创新有助于形成新的竞争优势。

(四)"以人为本"的企业文化

以人为本就是要充分尊重人的个性与自由,发掘人的潜能,激发人的创造力。人本文化的本质特征是倡导以人为中心的人本管理哲学。20 世纪 80 年代美国学者提出了"企业即人",认为企业中人、财、物的管理应是一个有机系统,其中人处于管理的中心和主导地位,坚持以人为本,全面提高员工素质。在日益激烈的社会竞争中,企业间的竞争主要还是人才的竞争。现代企业提倡人本管理思想,提出企业管理要以人为中心,尊重人,关心人,调动人的积极性,依靠全体员工发展企业。"以人为本"的管理是指在企业管理过程中以人为出发点和中心,围绕着激发和调动人的主动性、积极性、创造性展开的,以实现人与企业共同发展的一系列管理活动。工业经济时代,货币资本是企业发展的关键因素,也是企业追求的目标,人在其中丧失了自我,不能获得全面发展。而知识经济时代,知识成为最重要的生产要素,知识是人脑的产物,知识的本质是创新,因此,企业不是片面地发掘人的体力,更重要的是挖掘人的智力资源,发挥人的创造性,所以知识经济时代人本管理思想必将进一步发扬光大。

企业文化理论的本质特征是倡导以人为中心的人本管理哲学,主张将培育进步的企业文化和发挥人的主体作用作为企业管理的主导环节。企业的成功取决于把员工的积极性和才干与企业的目标结合起来。要做到这一点,首先要重视对员工的文化和技术的培训,满足他们更高的需求层次,为他们提供可能的发展机会,注重员工的专业特长;其次,要考虑企业对员工应承担什么义务和责任,如何实现对员工所作的承诺,员工能够分享企业成长所带来的好处,对员工进行相应的激励。只有这样,员工才能树立积极的工作价值观,才能真正感受到成功的乐趣,才能表现出敬业尽职的精神,企业才能真正培养起员工对企业的归属感和忠诚,才能建立起成功的企业文化。

(五)团队文化

社会分工越来越细致,劳动之间的协作性要求越来越高,团队精神日渐重要,成为组织取得良好业绩的基本保证。团队成员间相互尊重和理解,彼此信任和忠诚,各个成员虽然性格爱好不同,能力素质各异,但为了共同的目标和追求走到一起,形成命运共同体。共同目标、优势互补是团队的黏合剂,同舟共济、互相帮助是团队的工作方式,共担责任、共同奉献是团队精神的灵魂。

团队必须有一个令人信服的、一致的目标。这个目标能够增进团队内部明晰的沟通和建设性的碰撞,是共同的愿景,它可以促进团队成员形成强烈的归属感、责任感和使命感,把团队的远大目标看作自己崇高的事业,团队成员牢牢地把自己的前途与团队的命运维系在一起,进而激发出对事业的热爱之情,尽心尽力而充满激情。根据团队目标需要、形势变化的需要及各自的特长,团队成员应当倾听并回应他人观点,不间断地进行有效沟通,灵活地采取互补行动,密切配合和相互协作,齐心协力地共创辉煌。坚持团队利益优先,个人服从团队。在对待责任和风险的态度方面,团队成员一致表现出倾心竭力、全力以赴,表现出最宝贵的奉献精神和牺牲精神。团队的核心成员通过浇灌团队精神而培养成员的责任感和使命感,让团队成员参与管理、共同决策、一致行动,以充分调动成员的积极性、主动性和创造性。

(六)竞争与合作的企业文化

全球化必然带来管理活动的国际化。管理活动受到价值观、伦理道德、行为准则、社会习俗的全面影响,当其与不同的文化相结合时,就形成了不同的经营文化。就经营文化而言,"竞争合作型模式"将会取代恶性竞争状况。在当今社会,企业变革的一个重要方面,就是组织之间通过团结合作,合力创造价值的方法来产生变化;公司开发出新的合作经营方法,来协助企业取得前所未有的获利能力与竞争能力。这也就是所谓的"双赢模式",它要求从传统销售关系中的非赢即输、针锋相对的关系,改变成更具合作性、共同为谋求更大利益而努力的关系。按照这种模式,在各个企业开拓市场方面,可以改变传统的"你死我活"的竞争观,在"双赢理念"支配下,共同开发广大的市场,实现"利益共享",使企业由低层次的竞争向高层次的竞争转化。这就意味着,在现代经济条件下的企业,只有倡导"竞合"精神,形成合作文化,企业才能求得最佳的生存与发展。

(七)可持续发展的企业文化

任何企业都存在内部要素、组织结构和外部环境的和谐问题。和谐的、可持续发展的企业文化建设有利于组织中各子系统能动作用的发挥及系统整体功能的最大限度释放,并形成人、自然和环境和谐的、可持续发展的企业文化。

可持续发展注重经济效益、社会效益和生态效益的统一。在可持续发展的思维模式下,企业在处理本系统与外部环境之间的关系时首先要考虑"共赢"。共赢理念是双赢理念的扩展和延伸,它要求企业在处理双边和多边关系、系统与外部环境之间的关系时,通过优势互补和资源共享等手段,共同努力把"蛋糕做大",在不损害第三方利益、不以牺牲环境为代价的前提下,力求取得各方都比较满意的结果。共赢理念要求企业承担起更多的社会责任和道德义务,如尊重消费者权益,提供更多就业机会,讲诚信道德,维护社会安定,保护生态环境等。当企业普遍确立共赢思想和可持续发展观,就可能促进人类社会跃升到一个全新的高度,使个人身心更健康,组织更持久,社会更融洽。

二、现代企业文化的发展趋势

(一)企业文化的发展水平将成为制约企业发展的核心要素

哈佛商学院的著名教授约翰·科特在其著作《企业文化与经营业绩》中提出了一个重要论断:企业文化对企业长期经营业绩有着重大的影响,在下一个十年内企业文化很可能成为决定企业兴衰的关键因素。企业文化是一种力,企业文化力首先是凝聚力,第二是激励力,第三是约束力,第四是导向力,第五是纽带力,第六是辐射力。企业文化的这六种力量,在未来企业发展中将越来越明显、越来越强烈地表现出来。人们将更深刻地认识到,企业中最具竞争力而且使企业长盛不衰的法宝,不是有形资源而是企业文化,企业用心创造的这种"自创型"资源会使企业文化不断发展,这必将会成为一种趋势。

(二)国际化对中国企业的文化沟通和管理方式提出新要求

世界上的交流必须以对文化的理解为前提。加入 WTO 后的中国企业,应该更多地站在世界的角度来考虑自身的发展,因为中国的企业将更加广泛地融入国际环境,与国外企业开展交流和合作。中国企业的对外交流在技术、物质层面上应该不成问题。因为科学技术在世界范围内是通用的,但中外文化的差异将成为我们与国际接轨的巨大障碍。

(三)企业文化是企业长期、持续经营的成果

企业文化是企业历史的沉淀,是企业经营者在实践中用自己的行为方式和领导风格影响企业员工,逐渐形成的一种共同认可的价值观和行为准则,是企业经营的副产品,而非企业刻意追求的结果。随着知识经济时代的来临,信息量急剧增大,知识更新速度加快,人们的生产、生活方式发生重大变化,企业文化的生产力性质大大加强。市场经济下的企业与企业之间竞争激烈,拥有增强内聚力、提高竞争力的企业文化成为企业生存和发展的制胜点。各企业不但高度重视原有的企业文化,并自觉适应新形势下本企业发展的需要而创造新的企业价值观、企业精神和企业形象等,并在企业产品、企业成员、企业制度、企业环境中表现出来。

(四)把企业社会责任作为新时期企业文化整合和再造的重要内容,已成为国际企业文化发展的趋势

"企业社会责任"的概念起源于欧洲,现在西方社会在对企业进行业绩评估时已经将社会责任作为一项重要指标。企业的社会责任要解决的一个主要问题是资本与公众的矛盾和企业与消费者的矛盾。要搞清洁生产、减少污染、保护环境,就要减少利润。企业是否诚实地为顾客服务,是否提供优质的服务产品,这都关系到企业的精神和文化。

(五)企业文化及企业形象的群体和个体设计应当增加并重视实际操作的内容

企业文化及企业形象的群体和个体设计包括文化建设咨询、宣传画册设计制作、影视专题片策划制作、形象咨询等。一个企业家的富有魅力的形象,是企业家内在自我修养的外在表现。企业家的形象直接代表并反映他(她)所领导的企业形象,而企业形象是企业重要的竞争要素,良好的企业形象是企业不可忽视的无形资产。因此,企业家有必要关注自身形象。注重企业文化咨询的实际操作层面和可操作性是当今企业文化建设的一个趋势。

项目小结

◆文化是一种沟通体系,它把人类的生物和技术行为融合到人类富有表现力行为的语言及非语言体系中去,从而使人类社会得以存在。文化是人改造自然、社会和人自身的活动的成果,为人所创造,为人所拥有。它为企业的发展、社会经济的发展和人类的发展起着推动作用。

◆企业文化是企业逐步形成的为全体员工所认同、遵守、带有本企业特点的价值观念。它有广义和狭义之分,同时它是发展的。

◆企业文化在形成的过程中,历史传统、文化观念、价值观念、伦理道德、行为准则都起着重要作用。一类是内层文化,即物质产品、技术服务、厂房设施、环境布置等;另一类是外层文化,即企业员工的理想、价值观、精神面貌的具体体现,集中表现了一个现代企业在社会上的外在形象。

◆企业文化的研究对象包括:企业文化的内在结构、企业文化的塑造、企业文化的发展、企业经营管理的各个方面产生的文化现象。

◆学习研究企业文化的方法论:要以发展的观点、具体问题具体分析的辩证方法来研究,实证方法也不可缺少。

◆全球的政治、经济和20世纪初相比较发生了巨大的变化,世界格局正进行着全新的整合,知识经济初现端倪,市场竞争更为激烈,企业文化呈现新的特点和趋势。

模仿训练

知识题

1.名词解释

(1)文化

(2)企业文化

2.填空题

(1)文化起着规范、导向和推动社会发展的作用。它具有 _____ 、实践性、_____ 、_____ 。

(2)广泛的企业文化系统可划分成三大类,即 _____ 、_____ 、_____ 。

(3) _____ 被称为"科学管理之父",他的科学管理理论的出现是 _____ 的标志。

(4)企业文化是以 _____ 为中心,它包括 _____ 、_____ 、_____ 三个层次。

(5)企业文化的研究对象包括企业文化的内在结构、_____ 、_____ 、_____ 。

3.简答题

(1)简述企业文化构成要素及关系。

(2)简述中日美三国企业文化的类型及特征。

技能题

假设你自己拥有一家企业,那么请根据企业文化的物质文化要素中的外层文化内容,设计该企业在社会上的外在形象。

案例题

1.案例一

胡雪岩三大绝招之一 ——宜址

1874年,胡雪岩选杭州吴山脚下大井巷为址建屋造店,创办胡庆余堂。吴山位于西湖南面,由紫阳、云居、七宝、蛾眉等10多个小山头组成,西连凤凰山、将台山和玉皇山。相传,春秋时这里是吴国的南界,山上有座城隍庙,又称"城隍山"。有很多名胜古迹,春秋的伍子胥庙,晋朝的郭璞井,宋代的东岳庙,明朝的城隍庙。在吴山的山岗上,因石灰岩长期溶蚀作用形成了一组惟妙惟肖的"十二生肖石"。山顶上有座高8米、双层重檐的江湖汇观亭,登上此楼北望西湖明澈似镜,南望钱江宛若锦带。到了清朝雍正年间,"吴山太观"被列为"西湖十八景"之一,这个景目又包括金地笙歌、瑶台万玉、紫阳秋月、三茅观潮、鹿过曲水、鹤胥月照、五岗飞瀑、枫岭红叶、云居听松等"吴山十景",使它成为杭州客流量很大的地方。

杭州从唐朝以来就佛寺遍布,有"东南佛国"之称,在每年春暖花开时节将近一个月左右的时间里,各地的善男信女成群结队前来进香。《杭俗遗记》中记载:"城中三百六十行生意,一年中敌不过春市一市之多。大街小巷,擦肩挨背,皆香客也……各色生意,诚有不可记者矣。"这种因烧香拜佛者聚集而成的商业性集市叫做"香市"。吴山早在元代就有香市,元代诗人贡有初在《春日吴山绝句》中有"十八姑儿浅淡妆,春衣初试柳芽黄。三三五五东风里,去上吴山答愿香",从侧面反映了吴山香市的情况。到了清代,吴山香市与钱塘门外的昭庆寺香市、岳坟以北七八里开外的天竺香市成为杭州持续最长久、规模最大、集市最盛的三大香市。

胡雪岩选中这块"黄金宝地",在吴山的石级旁购地8亩,开设建筑面积约12000平方米的胡庆余堂国药号。

思考题:

(1)胡雪岩在文化与技术方面如何融合?

(2)他是否考虑文化传统、人们的观念价值?考虑问题的方法如何?

2.案例二

畸形公司文化导致安然毁灭

文化之一:"只能成功",诱人作假

安然公司的副董长克利福德·巴克斯特2003年5月悄悄辞职,在受到一番赞扬之后默然离去。他同时也带走了出售他10年来在休斯敦的这家大型贸易公司积聚起来的股票所得的数百万美元。

他在安然公司所任的最后一个职务是副董事长。像安然文化的其他许多方面一样,这种表象与现实并不相符。安然公司的内部人士称这一职务为"弹射座椅",也就是该公司的上层管理者在被迫辞职之前暂坐的位置。

在安然,失败者总是中途出局,获胜者会留下来,指望获得做成最大交易的那些人可以得到数百万美元的奖金。在巴克斯特之前,已有三位高级管理人员在几个月内相继离开。

这是安然公司的"赢者获得一切"这种文化的缩影。该公司过去的和现在的一些雇员说,必须保持安然股价持续上升的压力,诱使高级管理者在投资和会计程序方面冒更大的风险。他们说,其结果就是虚报收入和隐瞒越来越多的债务,从而造成了——用前经理玛格丽特·切科尼的话来说——"一座用纸牌搭成的房子"。

前安然公司石油和天然气勘探部门负责人福里斯特·霍格伦说:"驱动力是一种非凡的形象,并且使其业绩记录不断上升。"

文化之二:人被轻视,"只重结果"

巴克斯特永远不能就安然公司倒台前发生的情况和他所担心的事情作证了,警方认为,25日巴克斯特走进了他的奔驰汽车,举起手枪对准头部,扣动了扳机。当局宣布,这名43岁的百万富翁已经死亡。警方认为他是自杀,但不肯公布他留下的一张便条上所写的内容。

安然公司是一个"炼人场",那里的经理为年岁的增长而忧愁,担心上司认为他们太弱。有些人还担心,对董事长最看好的候选人给予得不够多,可能使自己的事业前途多舛。有些人甚至从要求他们对"联合之路"组织提供大量捐款的信中嗅出了威胁的味道。

前安然公司雇员萨莉·艾森说:"今天你受到了青睐,明天就可能失宠。你知道谁得势,谁失势。你希望继续与这个组织联系在一起。为此,你肯去做你所能做的一切。"

彼得·富萨罗说,直到去年秋天,安然公司还在吹嘘它的"压力锅"文化。去年8月份,该公司发表了一项对安然公司的深入分析。富萨罗的报告说:"安然公司如果不再需要什么人,这些人就会被取代。"报告引用了该公司的一项年度报告中的一句话"我们只重结果"。

安然公司的一些前高级负责人说,对高级管理人员来说,他们的升迁往往取决于争夺对公司的战略及控制权的高层斗争的结果。作为一名高级管理者和安然公司前首席执行官杰弗里·斯基林的盟友,巴克斯特因接二连三的升迁而获得了极大的好处。

(资料来源:乔·斯蒂芬斯:《安然文化导致毁灭》,《华盛顿邮报》,2004-03-18)

思考题:

从企业文化角度出发,谈谈安然为什么走向毁灭?

实训题

实训项目一:企业文化分析

【实训目标】

1.增强对现代企业文化的感性认识。

2.认识不同文化背景、不同国家的典型企业文化。

【实训内容与形式】

1.在实际企业中,或网上、报刊杂志中,搜集三个分别能够代表中国、美国、日本典型企业文化的有关案例或资料。

2.应用所学理论对其企业文化进行简单的分析。

3.在班级组织一次关于企业文化的沙龙。每个成员都可以作介绍,谈体会,放开思路,自由畅想。

4.撰写案例分析总结,提交实训报告。

【成果与检测】

1.每人提交案例总结实训报告。

2.教师进行评估和打分。

实训项目二:知名企业家对话——企业文化理念

【实训目标】

1.增强对现代企业文化的感性认识。

2.了解当地有代表性企业的企业文化状况。

【实训内容与形式】

1.邀请当地1—2名有一定知名度的企业家前来班级作一场关于企业文化理念的报告会。

2.演讲结束后,企业家与同学进行对话和交流。

3.每位同学积极准备,勇于提问,就自己感兴趣的企业文化相关内容与企业家进行交流。

4.实训结束,各位同学认真总结和思考与企业家对话后的收获,提交实训报告。

【成果与检测】

1.每人提交一份关于与企业家对话的思想收获总结的实训报告。

2.教师进行评估和打分。

讨论题

1.结合企业文化的建设和发展,谈谈如何寻找企业文化的支撑点?

2.随着现代企业管理的发展的变革,谈谈现代企业文化的发展现状和趋势。

模拟提升训练营

傣族泼水节

这个传统的节日,一般是3天,第一天称"麦",相当于除夕,各户要搞卫生,准备食物;第二天称"恼",是纪念七位公主为民除害的日子,要举行泼水,互祝平安;第三天称"麦帕雅晚玛",据说是帕雅晚的英灵带着新历返回人间之日。按照古俗,这天要"赶摆",放高升,划龙船,庆贺新年来临。"桑勘比迈"是西双版纳傣族最隆重的节日了,家家备办节日盛装,准备年饭,装饰龙舟,尤其是傣族的"少多哩"(姑娘)穿上了鲜艳的新筒裙。奇怪的是,每一群姑娘穿的都是同一个颜色款式,远远望去仿佛是一抹红霞、一朵紫云、一片绿雾飘然而过。傣家人告诉我,这是各寨的姑娘在比美呢,她们就是要骄傲地让人区分出这是自己寨子的姑娘,是与众不同的,也是最美丽的。泼水节是傣族最隆重的节日,也是云南少数民族节日中影响面最大的、参加人数最多的节日。节日清晨,傣族男女老少就穿上节日盛装,挑着清水,先到佛寺浴佛,然后就开始互相泼水,互祝吉祥、幸福、健康。人们一边翩翩起舞,一边呼喊"水!水!水!",鼓锣之声响彻云霄,祝福的水花到处飞溅,场面真是十分壮观。

泼水节期间,傣族青年喜欢到林间空地做丢包游戏。花包用漂亮的花布做成,内装棉纸、棉籽等,四角和中心缀以五条花穗,是爱情的信物,青年男女通过丢包、接包,互相结识。等姑娘有意识地让小伙子接不着输了以后,小伙子便将准备好的礼物送给姑娘,双双离开众人到僻静处谈情说爱去了。

泼水节期间还要进行划龙舟比赛。比赛在澜沧江上举行。一组组披红挂绿的龙舟在"堂堂堂"的锣声中和"嗨嗨嗨"的呼喊声和哨子声中,劈波斩浪,奋勇向前,把成千上万的中外游客吸引到澜沧江边,为节日增添了许多紧张和欢乐的气氛。

放高升和孔明灯也是傣族地区特有的活动。人们在节前就搭好高射架,届时将自制的土火箭点燃,让它尖啸着飞上蓝天。高升飞得越高越远的寨子,人们越觉得光彩、吉祥。优胜者还将获奖。入夜,人们又在广场空地上将灯烛点燃,放到自制的大"气球"内,利用热空气的浮力,把一盏盏"孔明灯"放飞上天,以此来纪念古代的圣贤孔明。

此外,放河船、跳象脚鼓舞和孔雀舞、斗鸡等,也是泼水节期间的活动内容。近几年来,还增加了民俗考察、经贸洽谈等内容,使泼水节的活动更加丰富多彩。泼水节每年在西双版纳州和德宏州同时举行。两地均可从昆明乘飞机直达。1961 年 4 月 13 日,周恩来总理曾参加过西双版纳的泼水节。从此以后,泼水节的规模越来越大,每年都有数以万计的中外游客视其为一生中最难忘的经历。

泼水节曾经是印度婆罗门教的一种宗教仪式,其后为佛教所吸收,经缅甸传入云南傣族地区,时间约在 13 世纪末至 14 世纪初,距今有 700 年历史。随着南传上座部佛教在傣族地区影响的增大,泼水节的习俗也日益广泛。

关于泼水节的来历,当地流传着这样一个传说:很早以前,一个无恶不作的魔王霸占了美丽富饶的西双版纳,并抢来七位美丽的姑娘做他的妻子。姑娘们满怀仇恨,合计着如何杀死魔王。一天夜里,年纪最小的姑娘侬香用最好的酒肉,把魔王灌得酩酊大醉,使他吐露自己致命的弱点。原来这个天不怕地不怕的魔王,就怕用他的头发勒住自己的脖子,机警的小姑娘小心翼翼地拔下魔王一根红头发,勒住他的脖子。果然,魔王的头就掉了下来,变成一团火球,滚到哪里,邪火就蔓延到哪里。竹楼被烧毁,庄稼被烧焦。为了扑灭邪火,小姑娘揪住了魔王的头,其他六位姑娘轮流不停地向上面泼水,终于在傣历的六月把邪火扑灭了。乡亲们开始了安居乐业的生活。从此,便有了逢年泼水的习俗。现在,泼水的习俗实际上已成为人们相互祝福的一种形式。在傣族人看来,水是圣洁、美好、光明的象征。

活动体验

体验步骤

泼水节开幕时间：

泼水主题：丰富企业文化,凝聚团队力量

1. 歌舞表演,9:00—9:40

(1)少数民族歌曲合唱；

(2)百人竹竿舞精彩表演(由少数民族歌手带领工作人员参与竹竿舞,并带动职员加入)。

2. 千人交友:全天进行

活动规则：泼水节当天现场参与的未婚职员可以将自己的昵称、QQ号码、性别、个人说明、联系方法等按规定格式写在卡片上,并亲手悬挂；参与交友的男女从其中寻找心仪的异性朋友。

3. 泼水敢死队对抗,9:40—10:40

(1)敢死队组成:5月24日选出的各办公室一名泼水员担任敢死队队长,由队长自行组织队员10名(包括队长),要求男女各五名,并且选出口号,在对抗之前举行破冰仪式,互相呛声,高呼口号,以振奋士气,主持人带领各个部门为自己的队伍加油,炒热现场气氛。

(2)敢死队装备、道具准备:各队队员头上绑上不同颜色头巾,队员人手一个水盆、5块挡水盾牌(草帽)、水球1个(大气球装水)、水弹。

4. 比赛规则:

(1)主持人将泼水队长邀请出场,隆重宣布最佳网络人气得主,并现场颁奖。

(2)由网络人气得主以抽签形式抽出敢死队对阵形势,进行两两对战。

从八组中选出四强,四强中选出两强,两强中选出第一名；并由此产生一等奖一名,二等奖一名,三等奖两名。

(3)由网络人气得主以击鼓方式宣布泼水敢死队对抗赛隆重开始。

5. 比赛场地:

6. 比赛细则：游戏开始，两队分别站在指定的区域内。每队的十个人要分成两组，每组5个人，一支队伍（三男两女）负责进攻，去拿回在对方阵营里面的水球（充满水的气球），而另一组队伍（三女两男）则负责防守，阻止对方的同学拿走在本方营地里的水弹。运送水球的同学必须是泼水公主和一名男生，其他两男一女负责保护；率先将完整水球护送回自己的大本营的队伍为胜。在运送过程恶意弄破对方水球，直接判负；如果是自己方弄破的，判定对方获胜。

在比赛中进攻或防守都只能用泼水或投水弹的形式，不能用身体的任意部位去阻挡或攻击对方，如果发生利用身体部位阻挡甚至攻击对方正常前进的行为，裁判会根据具体情况判定输赢。同时也不能利用身体部位阻挡对手去拿水球，只能泼水进行保卫。

7. 众人泼水狂欢：10:40—11:40

（1）内容：由敢死队成员带动现场所有人一起泼水狂欢，带动现场气氛（可免费发放一定数量水盆、水弹）；

（2）道具：水盆、水弹、水桶。

活动感悟

充分利用每一个成员的能力，为同一个目标而努力。一来可以提高效率，二来团队效果大于单个人的效果之和。处理好团队合作中部门与部门、员工与员工之间的关系，对于形成组织系统的合力，产生力量的组织关系甚大。在很多团队中，他们不是齐心协力、相互配合，而是各自为政，缺乏协调。比如在工作中遇到麻烦或失误后，部门之间、员工之间不是从自身找原因，而是相互推诿，相互扯皮，在面对利益的时候，便蜂拥而上，争抢不休，没有一点协作与大局意识。通过一些文化活动，来增强团队的凝聚作用。管理者一方面要营造出一种团队向上，积极和谐的组织文化、团队文化氛围，把这种文化纳入战略管理的高度予以研究。另一方面要加强部门之间、员工之间的沟通，从目标上、思想上和信念上，让彼此达成共识，相互支持，协调配合，和衷共济，这是形成部门与部门之间、员工与员工之间良好关系的重要基础。

项目二

企业文化的模块

> > > >

业务导入

在上一章中,我们了解到所谓企业文化是指以企业全体员工为中心,以培育具有管理功能的精神文化为内容,以形成企业具有高度凝聚力的团结精神为目标,使企业对外增强竞争力和生命力,对内增强向心力、凝聚力和活力的全新管理理论和方法。它是一个复杂的体系。本章将从企业文化的特征、类型、结构和功能几个方面对其作进一步的阐述。

目标设计

知识目标——了解企业文化的特征;

技能目标——掌握企业文化的类型、结构和功能;

能力目标——联系企业实际或案例深入理解和分析企业文化的结构体系和各项功能。

引例:

青岛啤酒　激情成就梦想

20 世纪 90 年代以前,在青啤还没有企业文化的概念。但在企业长期发展和经营过程中形成的一些理念和准则,已经成为企业的精神财富和优良传统。在这个时期,"好人做好酒"、"质量第一、卫生第一"、"热爱青岛啤酒,献身青岛啤酒"等企业理念已经形成;生产高品质的啤酒,让代表着中国民族工业的啤酒品牌走出国门,已成为青啤人的神圣使命。在德、日管理时期还留下了国际化的经营理念。

进入 90 年代,公司有组织地,但却是间断地进行了一些企业文化建设工作。首先是1991 年创办并向全市推出了青岛啤酒节,自觉地、有领导有计划地通过文化行为宣传青岛啤酒的品牌、企业的形象、经营理念,以达到扩大青岛啤酒的品牌影响、开拓市场销售的目的。1996 年上半年出台了"青岛啤酒视觉形象手册",即 CI 手册,对于统一企业的视觉形象,加强企业的表层物质文化建设,提高青啤形象在社会上的知名度和美誉度起到了重要作用。

从 1997 年下半年开始,公司有领导、有计划地,集中、连续地进行企业文化建设活动。1997 年下半年把企业文化建设提到重要议事日程,纳入年度工作计划。此后,公司上下开展了企业文化建设大讨论,层层召开理论研讨会,组成专门工作班子进行框架设计和文字提炼工作,经过全公司几上几下数次讨论修改,集中了大家的智慧,同时请公司专家咨询委员会帮助修改、完善、升华,最后形成"青岛啤酒企业文化概要"和"青岛啤酒管理模式",初步较完善地形成了青岛啤酒企业文化的理念系统。此后,又经过两年在全公司开展"推青啤文化,做优秀员工"的教育活动,广泛学习宣传贯彻青岛啤酒企业文化,使青啤企业文化作为完整体系初步深入人心,指导工作,并在社会上产生了较大的影响。这几年青啤文化建设的一项重头戏,是在打造成熟的母公司企业文化的同时,逐步加大无形资产输出的力度,用青啤的企业文化来整合已收购的子公司,统一经营理念和管理模式,大大提高了企业的整体素质和向心力。青啤文化的强大的整合力已受到广泛认同。

任务一　企业文化的模块

不同的企业,由于其所处的内外环境的不同,必然形成不同的企业文化。但是强调企业文化的个性,并不否认企业文化的共同性。如果撇开企业文化的具体形式和个别特点,就不难发现,不同的企业文化也具有很多共同的特征。

操作指南

一、企业文化的特征

关于企业文化的特征,学术界存在各种不同的看法。概括地讲,企业文化的特征主要有以下四点。

(一)以人为中心

人是生产力最活跃、最革命的因素,是人类社会发展的最终决定力量。企业文化从理论到实践都强调以人为中心的管理,即尊重人、理解人、关心人、依靠人、发展人和服务人,通过对人的有效激励来充分发挥人的主动性、积极性和创造性,以最大限度地挖掘人的潜能,来更好地实现个人目标和组织目标。培育以人为中心的企业文化是现代企业管理的大趋势,世界上优秀企业的企业文化都坚持以人为中心的企业价值观,把对人的关注、人的个性和能力的释放、人的积极性的调动推到中心地位,非常重视对作为知识载体的人以及人群(团队)的研究。并且,在企业中把员工看作是平等的合作伙伴而不是简单的雇员,管理者和员工互相尊重、互相信任,共同为企业的长远发展尽职尽责。企业不单为员工提供工资和福利,还为员工提供学习和培训的机会,为员工营造一种公正、公平的环境氛围,在人员的提拔、任用、考核等工作中做到公正、公平、任人唯贤。如日本的本田技术研究公司一贯坚持"以人为中心"的经营思想,他们认为企业经营的一切根本在于人,他们注意要把公司办成有人情味的集团,公司的基本任务除了制造消费者喜爱的汽车产品以外,还要为员工提供一个能发挥自己才能的安居乐业的场所。

【实例】

企业文化与用人之道

玛丽·凯·阿什是美国一位著名的女企业家,1984年出版了她的《用人之道》一书,充分论述了重视人、尊重人的人本思想在企业管理和企业文化中占据首要地位。

1. 企业最应重视的是人

阿什强烈地意识到要培养独特的、强有力的企业精神。这种精神就是始终强调"人"的重要性,并有机地融合到追求公司的目标中去,这就是她的独到之处。她的管理方式是坦诚的——关心、信任,并且深信每个人都有机会获得成功。因此,这种真正的管理秘诀不仅适合于她的化妆品公司,也适合于其他各类公司。经过二十年的努力,阿什创办的公司已拥有 20 万名员工,年销售额达 3 亿多美元。

2. 企业管理的金科玉律

如果你是一位新进玛丽·凯公司的雇员,你就会得到一块刻有该公司"金科玉律"铭文的大理石。上面写着"您愿意别人怎样待你,你也要怎样待别人"。她力求公正、平等待人,从下属的角度来考虑问题,她也要求公司雇员从顾客的角度考虑问题。

3. 人才比计划重要

在阿什眼里,人才远比计划重要。当你跨进达拉斯的总公司时,会看到一张比真人还大的照片,那是该公司的全国性推销指导员。在其他公司也许喜欢用图画、雕像或是自己的产品来装饰门面,而阿什要表现的正是"我们是一家以人为主的公司"。阿什坚信,一家公司的好坏只取决于该公司的人。首屈一指的公司必须有首屈一指的人才。人才是一家公司最重要的资产。

4. 待人的方法

作为一个经理,待人的方法很重要,应多以表扬的方式鼓励人们去取得成功。因为人人都需要表扬,这里所说的表扬必须是诚心诚意的表扬。表扬的方式多种多样,如口头赞扬、奖给绶带、请被表扬人上台接受众人的祝贺、在刊物上公布先进人物的名单与事迹等。有时精神的鼓励胜过物质。

5. 鼓励人们参加创造性劳动

鼓励人们进行创造性劳动,是因为人人都会支持自己所参与的工作,这是玛丽·凯·阿什激励人们工作激情的又一管理方法。

【即问即答】

玛丽·凯公司的用人之道有什么特色?

(二)具有管理功能

现代管理应该是三个方面的结合,也是三个层次的演化,一个是经验管理,一个是科学管理,一个是文化管理。在管理初期,管理者一般靠经验。从 19 世纪末 20 世纪初开始,科学管理逐步兴起。科学管理就是用科学的方法和科学的手段在一定程度上代替人的经验管理。这很重要,但是最重要的还是要建立文化管理。所谓文化管理,就是要建立企业文化。所谓企业文化,就是企业逐步形成的为全体员工所认同、遵守、带有本企业特点的价值观念。企业文化塑造,就是建立企业员工的群体意识、一致的价值观,从而用这种价值观去管理企业、管理员工。这种通过长期的非强制性的潜移默化来影响和控制人们行为的方式,人们通常称其为"软管理"。因此,从某种程度上讲,企业文化是一种高级的管理手段,具有管理功能。

(三)是企业在发展过程中不断积累形成的

企业文化是企业在发展过程中不断积累形成的,具有发展性。这句话包含着两层意思。首先,企业文化是在生产经营和管理活动中长期培育形成的,这种历史上逐步形成的优秀的企业传统,是企业不断发展的驱动力,如中国大庆油田在 20 世纪 60 年代产生的"铁人精神"。但是一个企业历史上长期积累而形成的文化,或者企业卓越领导者精心培育而形成的、曾经结出硕果的强文化,当企业内外情况发生变化时,那么原有的企业文化内容就需要充实或者重塑。例如,半导体技术的发展,给人们带来了口袋里放收音机和随身听的新的生活方式,使得真空管收音机(又大又笨)成了落伍的传统产品,尽管它有过市场畅销辉煌的历史,但现在与顾客的需求之间存在着断裂性落差。在这种落差面前,企业原有追求"质量"的企业文化,必须充实或转变为树立"顾客至上"的经营理念或者其他的适合企业现有情况的企业文化。

(四)全体员工共同享用

企业文化是由企业所有员工的共同价值观和趋同行为模式构成的,具有群体性和普遍性的特征。一个企业的企业文化一旦形成,便会在日常经营活动中通过各种形式,无孔不入地渗透到职工思想中,像无声的命令促使员工朝同一目标前进。它是由一个企业的全体成员共同接受、普遍享用的,而不是企业中某些人特有的。

每个企业的职工都具有区别于其他企业的共同特征,而每个企业的企业文化,又代表了这个企业多数员工的思想和价值认知、价值选择,部分先进的企业文化,甚至代表着这个时代、这个社会的价值观。如 Merck 公司,他们的目标是:我们的工作是维持和改善人类的生活;Disney 公司的目标是"给千百万人带来快乐";鄂尔多斯的目标是"温暖全世界"。

二、企业文化的类型

分析企业文化类型有助于我们认识企业文化的丰富多样性和具体的个性本质,对于制定正确的企业文化战略,推动企业管理的变革与更新,具有重要指导意义。根据不同的标准,可以把企业文化分成不同的类型。在本节中我们分别就西方企业文化和中国企业文化各自类型展开分析。

(一)西方企业文化的类型

美国哈佛大学教授特雷斯·迪尔和麦金赛咨询公司顾问阿伦·肯尼迪合著的《企业文化》一书根据企业经营活动的风险程度以及企业及其雇员工作绩效反馈速度把企业文化分成四种类型:

1. 风险型企业文化

风险型企业文化,又称强人型企业文化,它形成于高风险、对市场反应快的企业。常见于以下行业:建筑、化妆品、广告、影视、出版、体育用品等。

这类企业要冒很大的风险,而对于所采取的行动是正确或者错误,又能迅速得到反馈。如拍一部电影,要冒着耗资数千万美元的风险,是否卖座在一年内就一目了然。因此,在这类企业中往往形成一种独特的文化,它的特点是:以成败论英雄,崇尚个人英雄主义,谁孤注一掷并取得成功,谁就是公司英雄;要求员工坚强、乐观、敢于冒高风险,以承担风险为美德,时刻保持强烈的进取心;企业鼓励竞争和创新,对过失不追究并承认其价值。

这类企业文化的主体往往是年轻人。他们的着眼点是速度而非持久性。他们都是敢冒着得到一切或失掉一切的高度风险的人。

无可否认,风险型企业文化有许多优点,如能够适应高风险、快反馈的环境,勇于竞争等。但这种文化存在一些不成熟的方面:例如往往不把财源放在长期投资上,认为长期投资没有价值,过分注重企业的短期行为;公司奖赏目光短浅的个人,忽视那些"厚积薄发"的人;人人追求个人成功,争当个人明星,置公司精神于脑后;在这类文化中那些短期内遭到失利的人的流动率很高,所以企业很难形成强烈的有凝聚力的文化。

2.工作娱乐型企业文化

工作娱乐型企业文化又称"拼命干,尽情玩"企业文化,这种企业文化形成于风险极小、反馈极快的企业,如房地产经纪公司、计算机公司、汽车批发商、大众消费公司等。

工作娱乐型企业文化的表现形式是:(1)企业员工工作时拼命干,娱乐时拼命玩。(2)具有顾客至上的经营理念。如果说风险型企业文化是建立在"寻找一座大山然后爬上去"的原则上,那么,工作娱乐型企业文化是建立在"寻找一种需要然后满足它"的原则上。保持良好的客户服务是渗入大多数具有这种类型企业文化的组织的一种信念。(3)这类企业文化的成功者往往是超级推销员,他们对人友好,善于交际。

工作娱乐型企业文化的优点是:适合于完成所需工作量极大的工作。缺点是这类企业文化往往导致员工缺乏敏锐的思考,特别是当企业陷入困境时,员工不会寻求问题的症结以及解决问题的途径,反而跳槽出走,另谋高就,无法长久地和公司患难与共。

3."下注"型企业文化

"下注"型企业文化亦称攻坚型企业文化,形成于风险大、反应速度慢的企业,比如石油开采、航空航天方面的企业,往往一个项目就得投资几百万美元甚至几亿美元,但却需要几年的时间去开发、研究和试验,才能判断其是否可行,如美国国家航天局将数百亿美元用于航天飞机的研制,这是否可行要数年之后才能得到反馈。

"下注"型企业文化的表现形式是"下注者"对于每一举动都十分小心谨慎,仔细权衡,深思熟虑,因为每个错误的决策都有可能使其垮台。但一旦下定决心,就不会轻易改变决定,即使在没有或几乎没有反馈的情况下仍然具有实现远大志向的精力和韧性,不会因一次错误的投资而一蹶不振。这类企业文化的基本形式是业务会议,在会议上,不同层次的人员严格地按指定的位置坐好,只有高级主管人员发言,决策自上而下进行,不能容忍不成熟的行为。"下注"型企业文化的价值观是着眼于未来,崇尚创造美好的未来。

毫无疑问,这类企业文化可导致高质量的发明和重大的科学突破,从而推动国民经济的向前发展。但它们是缓慢推进的,它们并不进行大范围的尝试,也不可能在一种快速反馈的环境中迅速地运行。而且,由于它们的项目运转周期过长,公司有时对于应付经济形式的短期波动和投资回收的等待能力是相当薄弱的。

4.过程型企业文化

过程型企业文化形成于风险小、反馈较慢的企业,如银行、保险公司、金融服务组织、公共事业公司以及受到严格控制的药剂品公司等。这类企业所进行的任何一笔交易都不大可能使公司破产。

顾名思义,过程型企业文化注重过程和细节,在这种企业文化中,员工遵纪守时,谨慎周到,严格按程序办事,如填写备忘录和记录文件,他们会尽量把每一道工序乃至每一个细节做得无懈可击,但他们从不关心自己的工作结果。他们写的备忘录和报告几乎得不到任何反馈,送出之后似乎消失得无影无踪。在这种企业文化中,仪式体现严格的等级观念,如办公室设施严格按照一个人的升等升级而及时调换,而不会早一天或晚一天调换。

具有过程型企业文化的组织往往比较稳定,但过于保守,官僚主义盛行。

以上四种企业文化类型的划分是理论上进行规范的结果。任何一个企业,不会完全属于某一个类型,相反,很可能是四种类型的混合:比如市场部门是强人型企业文化,销售部门和生产部门是工作娱乐型企业文化,研究和发展部门是攻坚型企业文化,会计部门则是过程型企业文化。也就是说,四种企业文化模式各有利弊,如何扬长避短,去迎接企业未来的竞争和挑战,是企业管理的一个重大课题。

当然,西方关于企业文化的划分方法绝不只有以上一种,比如德国学者海能在《企业文化——理论和实践的展望》一书中,根据企业文化的牢固程度、一致程度及其与企业系统的和谐性三个标准,将企业文化分成了由强到弱再到"无"的十六种类型。美国哈佛大学教授科特、赫斯克特在《企业文化与经营业绩》一书中,根据企业文化促进经营业绩增长的具体情况,将企业文化分成了三种类型:强力型企业文化、策略合理型企业文化、灵活型企业文化。

(二)中国企业文化的类型

1. 根据所有制分类

根据所有制分类是比较常见的一种分类法。根据企业隶属的所有制不同,可以把企业文化分成七种类型:

(1)国有独资企业文化

国有独资企业所对应形成的企业文化即革新型文化。这种文化的特征是积极改革管理体制,渴望改造设备技术,重视改组组织形式与产业结构。

(2)集体所有企业文化

集体所有企业所对应的企业文化即赶超型企业文化。这种文化的特征是穷而思变,急起直追,后来居上。中国的集体所有制企业,原是非常落后的,可是如今它们已经异军突起,旧貌换新颜。

(3)个体企业文化

个体企业所对应的企业文化即灵巧型企业文化。这种文化的特点是求生为主,见缝插针,小巧起家,趁势发展。

(4)私有企业文化

私有企业所对应的企业文化即自我型企业文化。这种文化的特征是追求自我,实现自我,管束自我,消融自我。

(5)外商独资企业文化

外商独资企业所对应的企业文化即异国型企业文化。这种文化的特点是坚持异国风格,固守原有模式,如"麦当劳"。

(6)中外合资企业文化

中外合资企业所对应的企业文化即融合型企业文化。这种文化的特征是中外磨合,相互适应,市场选择。

(7)混合所有企业文化

混合所有企业所对应的企业文化即股权型企业文化。这种文化的特点是控股者主导价值观念,参股者形成亚文化。

【实例】

外资企业的三种企业文化

跨国公司在华企业越来越多地通过企业文化进行治理,因此某大学国际商学院公司治理课题组对跨国公司在华企业的公司治理状况进行一次全方位的调查,调查对象为1000万美元以上的200家三资企业的总经理或副总经理,采取直接走访和问卷调查的方式,以信函、传真或电子邮件的方式进行,调查历时两年。

报告显示,由于三资企业都是非上市公司,雇员不持股,因而不能通过股东大会对公司进行有效的治理。在这里,雇员是通过企业文化对公司进行治理的。这种治理带有被动的色彩,不是雇员首先想到的,而是公司主动采取的。企业文化将母公司一些好的经营理念和行为方式传导给合资企业员工,让他们按照公司所倡导的方式行事。这一方面增强了员工对企业价值观的认同感,另一方面也使员工能够对管理人员的行为形成一定的监督。

报告显示,外资企业目前已形成三种企业文化,一种是欧美型企业文化,一种是日本型企业文化,再一种是借鉴型企业文化。

以摩托罗拉中国电子有限公司、天津可口可乐有限公司等为代表的欧美型企业文化,所表现的是以人为本的价值观,即"信任、自由、尊重个人","大家都是一家人",充分尊重人的个性,努力营造平等、透明、宽松的氛围,充分调动员工参与企业生产管理的积极性和创造性,从而树立一流的产品形象和企业形象。

日立公司、松下公司等为代表的日本型企业文化,追求"人和"、"至善"、"上下同欲者胜"的群体共同意识,强调"献身"、"报恩"的精神,严格遵守等级秩序,极力提倡约束个性、服从大局的理念,等等。

以韩国、新加坡等东南亚国家企业为代表的借鉴型企业文化,融汇吸收了东西方经济发展和企业管理的特点,具有较强的"亲和性"。

(资料来源:闻华:《外资企业的三种企业文化》,《市场报》,2004-04-05。)

【即问即答】

不同外资企业的企业文化特色来源于什么?

2.其他分类

根据我国的实际情况,目前,在各种文献中关于企业文化的分类还有多种,比如:按生长点划分的企业文化类型有老树开花型企业文化、落后奋起型企业文化、改革全新型企业文化、保稳求发型企业文化、政策开拓型企业文化、政策夹缝型企业文化。

按引进程度的不同划分的企业文化类型有全面引进型企业文化、部分引进型企业文化、土生土长型企业文化。

按内容特色划分的企业文化类型有政策调控型企业文化、公用事业型企业文化、国家命脉型企业文化、知识智慧型企业文化。

按最高价值划分的企业文化类型有改革型、创新型、质量型、服务型、市场型、主人型、严管型、育人型、报国型、发展型。

任务二　企业文化的结构

企业文化结构,是指企业文化系统内各个要素之间的时空顺序、主次地位与结合方式,它表明各个要素如何联系起来,形成企业文化的整体模式。从广义的角度讲,企业文化是指企业物质文化、企业行为文化、企业制度文化、企业精神文化的总和,也就是说,企业文化主要由以上四个方面构成。如果用一组同心圆来表示(见图 2-1),那么第一层是表层的物质文化;第二层是浅层的行为文化;第三层是中层的制度文化;第四层是核心层的精神文化。

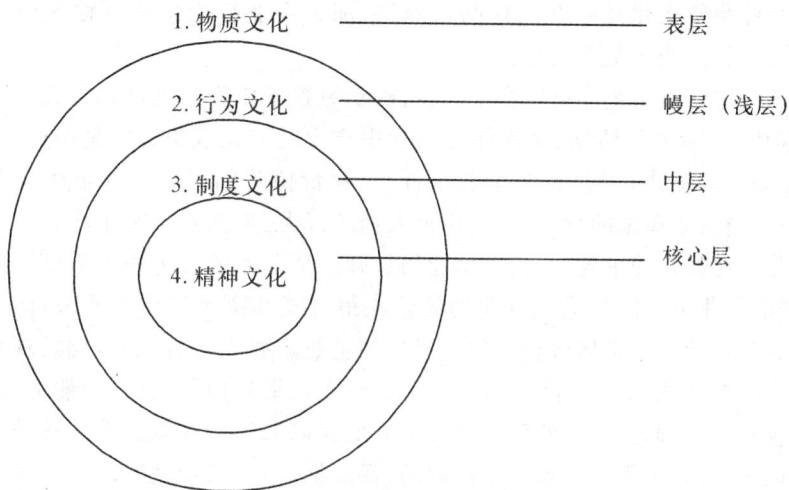

图 2-1　企业文化结构

操作指南

一、企业的物质文化

企业的物质文化,是由企业职工创造的产品和各种物质设施等构成的器物文化,是一种以物质形态为主要研究对象的表层企业文化。

企业生产的产品和提供的服务是企业生产经营的成果,它是企业物质文化的首要内容。其次是企业创造的生产环境、企业建筑、企业广告、企业标志、企业技术等,它们都是企业物质文化的主要内容。

企业的产品,是指人们向市场提供的能满足消费者或用户某种需求的任何有形产品和无形服务,有形产品主要包括产品实体及其品质、特色、式样、品牌和包装;无形服务包括可以给买主带来附加利益和心理上的满足感及信任感的售后服务、保证、产品形象、销售者声誉等。企业环境主要是指与企业生产相关的各种物质设施、厂房建筑以及职工的生活娱乐设施。企业环境的优劣直接影响企业员工的工作效率和情绪。优化企业的环境,为员工提供良好的劳动氛围,是企业重视人的需要,激励人的工作积极性的重要手段。企业的名称、企业的标志、企业的广告、企业的象征物等都是体现企业个性化的标志。企业的技术是企业形成物质文化的保证,企业技术的发展水平决定企业的竞争力,关系到企业物质文化发展的水平。

如果说,企业文化的"根"是企业的精神文化,那么企业文化的"果"就是企业的物质文化。企业的精神文化决定着企业的物质文化,企业的物质文化又反映企业的精神文化。一个企业树立什么样的价值观,往往决定这个企业向人们提供什么样的产品和服务,营造什么样的企业环境,采用什么样的企业标志、企业象征物、企业技术。同时,从企业产品、企业环境、企业标志等一系列企业物质文化中我们可以感受到企业的精神文化。例如,上海宝钢的不锈钢铸像,象征宝钢人奋起腾跃,暗示着一种自强不息的企业文化。

二、企业的行为文化

如果说企业物质文化是企业文化的最外层,那么企业行为文化可称为企业文化的幔层,或称为第二层,即浅层企业文化。

企业的行为文化是指企业员工在生产经营、学习娱乐中产生的活动文化。它包括企业经营、教育宣传、人际关系活动、文娱体育活动中产生的文化现象。它是企业经营作风、精神面貌、人际关系的动态体现,也是企业精神、企业价值观的折射。从企业员工结构上划分,企业行为又包括企业家的行为、企业模范人物的行为、企业员工的行为。

企业家是企业经营的主角,是整个企业的统帅。企业家的行为很大程度上影响着企业的行为,也影响企业员工的行为。企业的经营决策方式和决策行为主要来自企业家,企业家的决策行为与企业命运是休戚相关的。成功的企业家要求是有眼光,能发现别人不能发现的机会;有胆量,即看准了项目,不是议而不决,而是果断拍板;有组织能力,即会把各种生产要素组合到一起,而产生高效率。这三个方面何以取得?这就要求现代企业家要不断地学习。知识像牛奶、水果一样是有保鲜期的,保鲜期一过,知识就落后了。尤其在知识经济时代,新知识不断产生、不断变更。只有不断学习、更新知识,企业家才能名副其实,免遭淘汰。企业模范人物是企业的中坚力量,他们的行为在整个企业行为中占有重要的地位。他们的行为是企业价值观的化身,是人们所公认的最佳行为和组织力量的集中体现,是企业文化的支柱和希望。企业员工的群体行为决定企业整体的精神风貌和企业文明的程度,企业员工群体行为的塑造是企业文化建设的重要组成部分。

三、企业的制度文化

在企业文化中,制度文化是人与物、人与企业运营制度的结合部分,是一种约束企业和员工行为的规范性文化。它既是人的意识与观念的反映,又是由一定物质形式所构成的。与此同时,企业制度文化又是精神和物质的中介,它既是适应物质文化的固定形式,又是塑造精神文化的主要机制和载体。制度文化的这种中介的固定传递功能,使企业在复杂多变、竞争激烈的经济环境中处于良好的状态,从而保证了企业目标的实现。

企业制度文化是反映企业制度规范的文化层面,其主要要素包括三个部分,即企业领导体制、企业组织结构、组织管理制度。

(1)企业的领导体制是企业领导方式、领导机构、领导制度的综合,其中主要是领导制度。在企业制度文化中,领导体制影响着企业组织的机构设置,制约着企业管理的各个方面。因此,企业领导体制是企业制度文化的核心。

(2)企业组织结构是企业为了有效地实现企业目标而筹划建立的企业内部各组成部分

及其关系,是企业的"支架"和"骨骼"。因此,组织结构的设计能够适应经营管理的要求,便显得尤为重要。同时,企业组织结构是企业文化的载体,不同的企业文化有着不同的组织机构,它的设立必须以组织的有效运作为前提。

(3)企业为了获得最大的利益,在生产经营活动中制定的各种带有强制性的义务,能保障一些权利的规范,包括企业的人事制度、生产管理制度、民主管理制度等。

企业制度文化是企业文化的重要组成部分,首先,制度文化是一定精神文化的产物,是精神文化的基础和载体,同时又反作用于精神文化。其次,制度文化是物质文化建设的保证,没有严格的岗位责任制和科学的操作规程等一系列制度的约束,任何企业是不可能生产出优质的产品的。第三,企业的制度文化也是企业行为文化得以贯彻的保证。一个企业,其经营作风是否具有活力、是否严谨,精神风貌是否高昂,人际关系是否和谐,职工文明程度是否得到提高等,无不与制度文化的保障作用有关。

四、企业的精神文化

企业的精神文化,是指企业在生产经营过程中,受一定的社会文化背景、意识形态影响而长期形成的一种精神成果和文化观念。其内容主要包括企业哲学、企业价值观、企业精神、企业道德等,是企业意识形态的总和。相对于企业物质文化和行为文化来说,企业精神文化是一种更深层次的文化现象,在整个企业文化体系中,它处于最中心的地位,是企业物质文化、行为文化的升华。

1.企业价值观

企业价值观是指企业及员工的价值取向,即对事物的判断标准。换句话说,是企业在追求经营成功过程中所推崇的基本信念和奉行的目标。从哲学上说,价值观是关于对象对主体有用性的一种观念,而企业价值观是企业全体或多数员工一致赞同的关于企业意义的终极判断。

作为企业文化最深层次的文化要素,企业价值观决定了企业的基本特征、生产经营风格、管理特色以及每个员工的个人取向。价值观的精神作用可以化为无穷的力量,它可以帮助企业摆脱困境。对每个员工来说,企业价值观也是其精神上的寄托和依赖,是其努力工作的最终理由。成功的企业都有一个共性——非常注重价值观的作用,而这些成功价值观有着许多的相似之处,如争取最好、尊重每个员工、支持创新、树立质量和服务意识、坚持不懈等。国内外成功企业的获胜经验表明,企业能否有一个正确的价值观,直接关系到企业的生存和发展。综观世界 500 强企业,许多优秀的企业之所以长盛不衰,无不与它们的价值观很大联系。如摩托罗拉公司的价值观是短短两句话:保持高尚的操守,对人的永远的尊重。

2.企业的经营哲学

经营哲学是指企业在经营管理过程中提升的世界观和方法论,是在处理人与人(雇主与雇员,管理者与被管理者,企业利益与员工利益,企业利益与社会利益等)、人与物(产品质量与产品价值、职工操作规范、技术开发与改造等)关系上形成的意识形态和文化现象。经营哲学是企业的最高指导思想,它是企业必须回答的有关企业生产经营的最重要、最基本的问题,反映了企业行为的基本取向,其中包括企业存在的目的和价值、企业的社会责任、企业与环境的关系。

3.企业精神及道德规范

企业精神是指企业所拥有的一种积极向上的意识和信念,它是一种个性化非常强的文化特征。企业精神是现代意识与企业个性相结合的一种群体意识。一般来说企业精神是企业全体或多数员工共同一致、彼此共鸣的内心态度、意志状态和思想境界,它可以激发企业员工的积极性,增强企业活力。企业的道德规范是用来调节和评价企业和员工行为规范的总称。它包括企业与员工之间的道德规范、企业与企业之内的道德规范、企业与顾客间的道德规范以及员工之间的道德规范。

【实例】

摩托罗拉的企业文化

摩托罗拉公司全球文化战略是:"精诚公正、以人为本、跨文化管理中的本土化"这样的三位一体的核心理念。其中"以人为本"可以说是其文化核心,它并不是停留在口头上,而是落实在公司的各项管理制度和企业行为中。具体内容包括"肯定个人尊严、实施充分的培训、创造无偏见的工作环境、关心每个人的成长和个人前途、为每个员工创造事业成功的条件和体验成功的成就感",在此基础上配合开展"论功定酬"的薪酬制度,让员工有机会通过不断提高业绩水平而获得加薪,并在评级加薪过程中真正做到公平、公开、公正。此外,公司为员工创造良好的物质文化环境和制度文化环境,例如为员工提供每年80小时的带薪休假,以保证员工的身心健康和良好的工作状态,公司通过员工援助计划向员工及其家属成员提供心理健康咨询,举办健康和保健教育。公司还实施开放的沟通制度,随时了解和关注员工中存在的各种问题,员工可以根据个人情况选择不同的直接沟通方式参与"总经理座谈会"、"恳谈会"、"业绩报告会"、"对话会"。

【即问即答】

摩托罗拉公司的企业文化由哪些构成?

任务三　企业文化的功能

所谓功能是指一系统影响、改变他系统以及抵抗、承受他系统的影响和作用的能力,是一系统从周围环境中取得物质、能量、信息而发展自身的功用。企业文化功能可以说出很多,主要有以下几个。

操作指南

一、导向功能

任何文化都是一种价值取向,规定着人们所追求的目标,具有导向的功能。如果把经济比喻为"列车",把科学技术比喻为纵横交错、四通八达的"铁路网络",那么文化就可以比喻为"扳道工"。没有铁路、列车和铁路网络,扳道工是无所作为的;但在具备铁路网络和列车的基础上,文化"扳道工"却规定着经济"列车"在哪条轨道上奔驰。回顾历史,同样是火药,西方用它来炸山开矿,旧中国却用它来做爆竹敬神;同样是罗盘针,西方用它来航海,旧中国却用它来看风水,这是资本主义文化和封建主义文化各自发挥其导向功能的结果。

所谓导向功能就是通过它对企业的领导者和职工起引导作用。企业文化的导向功能主要体现在以下两个方面。

1.经营哲学和价值观念的指导

经营哲学决定了企业经营的思维方式和处理问题的法则,这些方式和法则指导经营者进行正确的决策,指导员工采用科学的方法从事生产经营活动。企业共同的价值观念规定了企业的价值取向,使员工对事物的评判形成共识,有着共同的价值目标,企业的领导和员工为着他们所认定的价值目标去行动。美国学者托马斯·彼得斯和小罗伯特·沃特曼在《寻求优势》一书中指出:"我们研究的所有优秀公司都很清楚他们的主张是什么,并认真建立和形成了公司的价值准则。事实上,一个公司缺乏明确的价值准则或价值观念不正确,我们则怀疑它是否有可能获得经营上的成功。"

2.企业目标的指引

企业目标代表着企业发展的方向,没有正确的目标就等于迷失了方向。完美的企业文化会从实际出发,以科学的态度去制定企业的发展目标,这种目标一定具有可行性和科学性。企业员工就是在这一目标的指导下从事生产经营活动。

企业文化是一个企业的价值取向,规定着企业所追求的目标。卓越的企业文化,规定着企业具有崇高的理想和追求,总是引导企业去主动适应健康、先进的、有发展前途的社会需求,导向胜利。拙劣的企业文化,使企业鼠目寸光,总是引导企业去迎合不健康、落后的、没有发展前途的社会需求,最终使企业破产。

国际商用电器公司(IBM)在经济大萧条的艰难情况下,树立了开发电子计算机的战略目标,确定了开发市场、培训销售人员,采取电子计算机租用制、加强售后维修等策略,并提出放眼明天的口号,向大学投资,委托大学进行计算机教育。经过多年的努力,该公司终于成为世界上最著名的电子工业企业。该公司的总裁托马斯·沃森曾说:我把我们的成功归功于 IBM 整套信念的力量。IBM 的成功,正是显示了企业文化的导向功能。

二、振兴功能

通过抓企业文化,使企业摆脱困境,走出低谷,持续发展,在竞争中长期立于不败之地。这是被国内外许多企业的实践经验所证明的真理,也是企业文化具有振兴功能的表现。企业文化的振兴功能,不仅表现为振兴企业的经济,也能振兴企业的教育、科学以及整个企业的文明总体状态。例如 1995 年海尔兼并青岛红星电器厂展示了海尔文化的威力,当时青岛红星电器股份有限公司总资产 4 亿多元,而负债高达 5 亿元,兼并后海尔没有注入一分钱,没增加一台机器,只是派了三位管理人员将海尔文化、海尔的管理体系带到被兼并企业,使被兼并企业的员工从思想观念上实现脱胎换骨的转变,三个人进去后三个月就停止了亏损,五个月后摆脱困境,盈利 151 多万元。

三、凝聚功能

企业文化的凝聚功能,是指当一种价值观被该企业员工共同认可后,它就会成为一种"黏合剂",把全体员工团结起来,从而产生一种巨大的向心力和凝聚力。企业文化实际上是企业全体员工共同创造的群体意识。

在企业文化建设方面,创建企业风格、企业名牌,最主要的是培育企业全体员工所认同的价值观。只有得到职工的认同,企业才会有凝聚力,竞争力才会增强。这首先要对公平的含义有一个全面的理解。人们对公平的认识通常有三种说法。其一,平均分配是公平;其二,机会均等是公平;其三,收入分配合理差距是公平。第一种说法只能在特定的环境下才能成立。比如一个城市缺水时,向市民供应水都是同一标准份额。第二种说法必须体现大家都站在同一起跑线上,但有它的局限。第三种说法难以确定合理差距。除以上三种说法之外,第四种应为:公平来自于认同。不论在什么情况下,大家看法一致、认同一致,就能体现公平。每个人都是群体的一分子,你对群体认同了,公平感就产生了。例如:在一个家庭里有三个孩子,老大只上了中学就工作了,老二上了大学,老三不仅上了大学还出国留学了。在另一个家庭里,常常是老大穿新衣,老二、老三穿旧的。三个孩子从没有感到自己受到不公正的待遇,这就是出于对父母的谅解,对家庭的认同。正是企业文化具有培育认同感的功能,从而使其显示出凝聚功能。①

四、约束功能

企业文化的约束功能,是企业文化对每个企业员工的思想、心理和行为具有约束和规范的作用。企业文化的约束,不是强制性的约束,而是一种软约束,这种软约束产生于企业中,弥漫在企业文化氛围里,形成一个群体的行为准则和道德规范。

关于企业文化的约束功能可以从第三种调节说起。平时我们只听说过两种调节:一种调节是市场调节,另一种调节是政府调节。市场是一只无形的手,靠市场供求规律来调节;政府调节是一只有形的手,通过法律、法规、政策来配置资源。有没有第三种调节呢?从历史上看,市场的出现不过是几千年前的事,原始社会后期才出现了商品交换。政府调节的出现就更晚了。那么之前,人类社会是靠什么力量来调节的?靠的是道德力量调节。再看,市场出现以后,政府出现以后,在某些偏远的小村落里,市场的力量是达不到的,政府的管辖是鞭长莫及的,但当地还有人生活,他们还在繁衍后代,这是什么力量在调节?是道德力量在调节。道德力量调节介于有形无形之间:"道是无形却有形,道是有形又无形。"我们说,企业文化建设不是市场调节,也不是政府调节,而属于道德力量的调节。它通过将企业共同的价值观、道德规范和行为准则将企业员工个人价值观内化,在员工中建立了一种道德基础,受企业文化影响和熏陶的企业成员,对企业所承担的社会责任和企业目标有透彻的领悟和深刻的理解,从而自觉地约束个人的行为,使自己的思想、感情和行为与企业整体保持相同的取向。不管人前人后、领导在与不在、有无检查,都能自觉地按照企业文化的要求办事,制止或减少消极行为、越轨行为、违纪违法行为的发生。同仁堂药店"济世养生、精益求精、童叟无欺、一视同仁"的道德规范约束着全体员工必须严格按工艺规程操作,严格质量管理,严格执行纪律。企业文化这种具有道德力量调节的功能,可以弥补其他控制手段的不足,并具有更强的持久力和影响力,对员工行为发挥着有效的自我控制、自我约束的作用。因而,我们认为企业文化具有约束的功能。

---

① 厉以宁:《搭建企业文化平台》,《经济日报》,2002 年 2 月 21 日。

五、激励功能

激励功能是指运用激励机制和艺术,使职工产生一种情绪高昂、奋发进取的力量。企业文化的激励功能,是指通过以人为中心的软性管理,强调尊重人、相信人,发挥非计划、非理性的感性因素在企业管理中的作用,最大限度地开发人的潜能、激发企业员工的积极性和创造性。而且共同的价值观念使每个职工都感到自己存在和行为的价值,自我价值的实现是人的最高精神需求的一种满足,这种满足必将形成强大的激励。

发挥企业文化的激励功能,最有效的途径是坚持精神激励和物质激励相结合的原则,强化整体激励机制。如美国国际商用机器公司是世界上最大的计算机制造公司,该公司为了在企业内培养创新思想,激励科技人员的创新欲望和开拓精神,促进创新成功的进程,在公司内部营造了别出心裁的激励员工创新的企业文化环境:对有创新成功经历者,不仅授予"IBM 研究员资格",而且还对获有这种资格的人,给予 5 年时间和提供必要的物质支持,从而使其有足够的时间和资金进行创新活动。他们可以在自己的专业范围内,根据自己的兴趣与直觉,任意选择研究项目,自由制定工作计划。他们可以根据提高专业水平和交流经验的需要到任何地方旅行。他们可以完全摆脱日常工作,不受公司一般行政规定的约束。公司为每个研究员配备了一个由部门主管为首的科室人员与后勤人员组成的班子处理日常工作,使研究员能专心从事研究。不愿意搞管理工作的技术人员不必担任经理职务,而这丝毫不会影响他们的提升。只要研究的项目与公司经营的大方向相符合,研究员并不受五年期的限制。一般来说,每个研究员每年有几十万美金可供自由支配,进行实验和研究。只有当某一项目的资金需要达到几千万乃至几亿美元时,才须经总部的批准。

六、育人功能

文化具有育人功能。企业文化同样有育人功能,一个企业塑造企业员工共同价值观的过程,实际上也是职工的精神境界、文明道德素养得以提高的过程。例如非常重视企业文化的松下,经常说:"松下电器公司是造就人才的,也是生产电器产品的,但首先是造就人才的。"三洋公司的信条是"三洋是生产人的,首先是生产优质的人,然后再由优质的人生产优质的产品"。丰田公司的第三任总经理石田退三说:"谋事在人,任何事业要想获得较大的发展,最重要的必须以造就人为根本。"因此,丰田公司从文化知识、技术技能、道德修养和思想感情等方面对员工进行教育培训,从而奠定了其世界著名公司的地位。

西方管理中的行为科学,比较重视人的研究,但主要研究如何适应人的需要,很少或完全不研究如何提高人的素质,这也是它和企业文化学的一个主要差别。

【实例】

跨国公司竞争的感觉怎么找

20 世纪 70 年代初期,火石经历了七十多年从不间断的增长,成为美国轮胎业的霸主。那时,米其林带着新产品子午线轮胎从法国登陆美国。短短几年间,火石眼睁睁地看着米其林一口一口地吃掉原本是火石的美国市场。到了 1979 年,火石已是病入膏肓,工厂利用率低于 40%,成品销售呆滞,次品退货不断。1988 年,火石最终被来自日本的普利司通以低价买走。

　　从表面上看,技术上的革命和顾客要求的转变似乎是火石轮胎失利的诱因。米其林将子午线轮胎带入美国市场时,所有美国厂家生产的均是传统的斜层模压轮胎。子午线轮胎在各类性能指标上都优于斜层轮胎,使用寿命长,不易爆,不易破,行驶安全增加。美国各大汽车制造公司,没有多少犹豫都决定转向子午线轮胎。是火石不了解这个市场大趋势,还是火石没有技术优势? 实际上两者都不是。火石在欧洲市场立足稳固,早在60年代已见证了子午线轮胎在欧洲大陆的风光。火石内部研究报告也预期子午线轮胎会很快风靡美国本土市场。早在70年代初,火石已投资近4亿美元准备子午线轮胎的生产,包括建设专门制造子午线轮胎的新厂和转变几个生产传统轮胎的现有工厂。

　　除经济原因外,火石与客户及员工的关系,它的管理流程,甚至它的公司文化和策略思维框架,都被认为是火石失败的因素。火石历来视客户及员工为一家,火石乡村俱乐部不仅对所有员工,不论职位高低,一律开放,而且经常被火石客户们使用。火石的创始人与三大汽车公司的高层经理私人关系甚密。这种关系对任何一个企业来说真是求之不得。但在70年代,火石与主要客户的亲密关系却多少掩盖了火石产品和业务上问题的严重性。如果客户对待火石的要求像对待外来客米其林或国内小厂商那么严格的话,火石的转型会彻底些。

　　火石经过七十多年的成长,决策层已形成了一套独特有效的思维模式:大客户在二百里外的底特律,主要竞争对手均在河对岸,决策所需的原始数据的收集、处理都已成规成矩。这规矩中隐含着火石"二百里方圆"的眼界。另外,火石的运作及资金配置管理流程曾广被称道。投资扩大生产能力、增减产量等决策主要由中层经理、大多数工厂主管负责。销售前线的员工将市场信息甚至生产方案直接反映到中层经理处,由中层经理修改选定再送交最高层。而最高层会迅速批准中层经理的决策建议。这套管理流程在轮胎需求持续上升的几十年中使火石能以最快的速度满足市场的需求,成了火石制胜的法宝之一。但因子午线轮胎寿命长造成轮胎需求增长减缓,火石生产线面临改造的当口,此管理流程的弊端却暴露无遗。成功实施多年的中下层主导决策的企业常规成了工厂关停并转的主要阻力。

【即问即答】

企业文化如何更好地发挥激励功能?

项目小结

　　◆不同的企业,由于其所处内外环境的不同,形成不同的企业文化,但这些企业文化有一些共同的特征:强调以人为中心、具有管理的功能、具有历史性并且是全体员工共同享用的。

　　◆根据不同的角度,可以把企业文化分成不同的类型。美国哈佛大学教授特雷斯·迪尔和麦金赛咨询公司顾问阿伦·肯尼迪合著的《企业文化》一书中根据企业经营活动的风险程度以及企业及其雇员工作绩效的反馈速度把企业文化分成四种类型,即风险型文化、工作娱乐型化、"下注"文化、过程文化。

　　◆中国的企业文化从不同角度可以分为多种类型。

　　◆广义的企业文化由四个方面组成,即企业物质文化、企业行为文化、企业制度文化、企业精神文化。国内外学者通常用一组同心圆来表示它们之间的关系。

◆企业文化对企业所起的作用主要有约束功能、激励功能、导向功能、振兴功能、凝聚功能、育人功能。

模仿训练

知识题

1.名词解释

（1）企业文化结构

（2）企业组织机构

（3）企业精神文化

2.填空题

（1）企业文化的特征主要有以下四点：以人为中心、＿＿＿＿＿＿＿＿、企业在发展过程中不断积累形成、＿＿＿＿＿＿＿＿。

（2）企业文化主要有物质文化、＿＿＿＿＿＿＿＿、制度文化、＿＿＿＿＿＿＿＿四方面组成。

（3）企业文化主要有导向功能、＿＿＿＿＿＿＿＿、振兴功能，＿＿＿＿＿＿＿＿、约束功能、育人功能。

3.简答题

（1）简述工作娱乐型企业文化的优缺点。

（2）为什么说企业制度文化是企业文化的重要组成部分？

（3）为什么要把企业精神文化作为企业文化结构的核心？

技能题

1.结合本地的你所熟悉的企业，从该企业的精神文化着手，为他们设计1－2句经典的价值观。

2.列举一个企业，了解该企业的企业文化，并对其文化构成进行分析，理解其企业文化的功能。

案例题

1.案例一

"情传万家"为"品牌服务"时代添彩

中国通信业应该如何打造核心竞争力参与世界竞争？中国网通山东省通信公司青岛分公司，以"为客户创造价值"为导向建立新的价值观和服务体系，打造了一个堪与世界电信服务水平媲美的新形象，构筑起了中国通信企业新的"核心竞争力"。

青岛通信创立通信服务品牌的根本目的是为了提高服务水准，提升客户满意度，从而创造良好的企业成长环境。而要做到这一点，关键是要建立一套支持品牌成长的新体系。为此，青岛通信公司根据通信服务全程全网、后台维护支撑与前台服务保障直接相关的特点，先后实施了12项网络设备更新改造工程，实现了网络集中维护管理，保证网络运行质量达到部、省标准。在保证后台支撑的基础上,开发完善了性能稳定、功能齐全的业务处理、计费账务集中管理系统,与多家银行合作使交费网点从过去的几十处扩大到 500 多处,实现了用户交费自动开机、前台装机选号、话费纠纷"先退后查"等一系列方便客户的举措,并且要求重点客户申告障碍后 1 小时内、普通客户申告障碍后 2 小时内,工作人员必须到现场处理。他们还在全省通信行业率先设立外语座席,通过了 1SO9002 质量认证,并且自己研发了网上营业厅。

"情传万家"品牌这个"载体"的框架搭起后,围绕服务品牌的核心内容"情"字,青岛通信分公司又在"软件"上狠下工夫。员工们创造了许多"传情"方式:话务员"声音传情",营业员"形象传情",装移机员"行为传情",支撑部门"保障传情"……在青岛通信的 10000 号客户服务中心,每个话务员桌上都有一面小镜子,目的是提醒话务员工作时把微笑融入话音,让用户在电话里"看"到微笑,"看"到真情。目前,这个创建只有两年时间的中心,正由投诉台向网上营业厅转变。最近,他们又将业务范围拓展到了全业务受理,即除通信数据业务和用户产权主变更外,拨打 10000 号用户可以办理其他所有青岛通信业务。10000 号客户服务中心已成为青岛通信"情传万家"品牌的一个闪亮窗口。

"情传万家"品牌的创立,使青岛通信公司面貌焕然一新。现在,只要拨打一个 10000 号免费电话,两三天内就会有人登门为您安装电话;无论到哪个电信营业厅办理业务,进门有迎声,走有送声,办业务有亲切的回应声。营业厅还设立特殊档案,对孤寡老人、残疾人、革命功臣实施特殊服务。如果遇到不满意的事情,您的投诉会在三天内得到满意答复。普通市民纷纷说,进了青岛通信的门,你能够感受到一种温馨;而包括企事业单位、政府机关的用户们感慨:青岛通信服务的科技含量越来越高了。这两年,他们利用宽带 IP 网组建的市、县、镇三级"农经网"成为农民的"致富网",他们为国税、地税、公安、海尔、98111 等各大机关、企业搭建的宽带应用网络,成为推进青岛信息化建设的数个范例……

核心价值观明确了,就会避免诸多纠纷的发生。家住国棉三厂宿舍年过八旬的王大爷向测量台申告,最近他家里电话经常掉线,测量台值班员张红接到申告测试了电话线路没发现问题,据判断很可能是王大爷家的话机连线有毛病,按规程客户话机应自己维修,但王大爷表示老伴患白内障,儿女又都不在身边,自己实在无法解决。张红就在电话上问清老人话机颜色,利用自己休班时间购买了红色话机线,找到王大爷家更换了接触不良的话机线,使通话恢复了正常。这事被班长知道后批评了小张,认为内勤人员不能超越职权从事外线工作。按照规程,班长说的似乎也有道理,但是小张热心为用户似乎也不应该有错,这在过去,就将是一笔糊涂账,进而便会影响员工积极性。而现在,"情传万家"要求的是以客户的满意为标准,所以,小张的行为不但不应该批评,而且应该大力表扬和提倡。所以,同事们都支持小张的做法,小张所在的区局局长了解后也表扬了张红这种对客户认真负责的精神。

青岛通信人创品牌的体会是,一个服务品牌要有长久的生命力,还要为这个品牌提出更高的要求,注入更新的理念。

思考题:

(1)在本文中,哪些内容是属于企业的物质文化,哪些内容是属于企业的行为文化,哪些内容是属于企业的制度文化,哪些内容是属于企业的精神文化?

(2)青岛电信所塑造的企业文化发挥了哪些功能?

2.案例二

生生不息的华为文化

华为成立于1988年。经过10年的艰苦创业,华为建立了良好的组织体系和技术网络,市场覆盖全国,并延伸到欧洲、中亚。公司现有员工3000余人,其中研究开发人员1200余人。在发展过程中,华为一直坚持以"爱祖国、爱人民、爱公司"为主导的企业文化,发展民族通信产业,连续3年获得深圳市高科技企业综合排序第一,1995年获得中国电子百强第26名。1996年产值达26亿元,1997年已超过50亿元,到1999年已达到120亿元左右。

目前,华为在大容量数字交换机、商业网、智能网、用户接入网、SDH光传输、无线接入、图像多媒体通讯、宽带通讯、高频开关电源、监控工程、集成电路等通信领域的相关技术上,形成一系列突破,研制了众多拳头产品。1996年交换机产量达到250万线,1997年达400万线(含出口)。华为的无线通讯、智能网设备和SDH光传输系统正在大批量装备我国的通信网。华为不仅在经济领域取得了巨大发展,而且形成了强有力的企业文化。因为华为人深知,文化资源生生不息,在企业物质资源十分有限的情况下,只有靠文化资源,靠精神和文化的力量,才能战胜困难,获得发展。

民族文化、政治文化企业化

华为人认为,企业文化离不开民族文化与政治文化,中国的政治文化就是社会主义文化,华为把共产党的最低纲领分解为可操作的标准,来约束和发展企业高中层管理者,以高中层管理者的行为带动全体员工的进步。华为管理层在号召员工向雷锋、焦裕禄学习的同时,又奉行决不让"雷锋"吃亏的原则,坚持以物质文明巩固精神文明,以精神文明促进物质文明来形成千百个"雷锋"成长且源远流长的政策。华为把实现先辈的繁荣梦想、民族的振兴希望、时代的革新精神,作为华为人义不容辞的责任,铸造华为人的品格。坚持宏伟抱负的牵引原则、实事求是的科学原则和艰苦奋斗的工作原则,使政治文化、经济文化、民族文化与企业文化融为一体。

双重利益驱动

华为人坚持为祖国昌盛、为民族振兴、为家庭幸福而努力奋斗的双重利益驱动原则。这是因为,没有为国家的个人奉献精神,就会变成自私自利的小人。随着现代高科技的发展,决定了必须是坚持集体奋斗不自私的人,才能结成一个团结的集体。同样,没有促成自己体面生活的物质欲望,没有以劳动来实现欲望的理想,就会因循守旧、故步自封,进而滋生懒惰。因此,华为提倡欲望驱动、正派手段,使群体形成蓬勃向上、励精图治的风尚。

同甘共苦,荣辱与共

团结协作、集体奋斗是华为企业文化之魂。成功是集体努力的结果,失败是集体的责任,不将成绩归于个人,也不把失败视为个人的责任,一切都由集体来共担,"官兵"一律同甘共苦,除了工作上的差异外,华为人的高层领导不设专车,吃饭、看病一样排队,付同样的费用。在工作和生活中,上下平等,不平等的部分已用工资形式体现了。华为无人享受特权,大家同甘共苦,人人平等,集体奋斗,任何个人的利益都必须服从集体的利益,将个人努力融入集体奋斗之中。自强不息,荣辱与共,胜则举杯同庆,败则拼死相救的团结协作精神,在华为得到了充分体现。

"华为基本法"

从1996年初开始,公司开展了"华为基本法"的起草活动。"华为基本法"总结、提升了公司成功的管理经验,确定华为二次创业的观念、战略、方针和基本政策,构筑公司未来发展的宏伟架构。华为人依照国际标准建设公司管理系统,不遗余力地进行人力资源的开发与利用,强化内部管理,致力于制度创新,优化公司形象,极力拓展市场,建立具有华为特色的企业文化。

附录:《华为公司基本法》摘要

核心价值观

追求

第一条　我们的追求是在电子信息领域实现顾客的梦想,并依靠点点滴滴、持之以恒的艰苦追求,使我们成为世界级领先企业。

员工

第二条　认真负责和管理有效的员工是我们公司最大的财富。新生知识、新生人格、新生个性,坚持团队协作的集体奋斗和决不迁就有功但落后的员工,是我们事业可持续成长的内在要求。

技术

第三条　广泛吸收世界电子信息领域的最新科研成果,虚心向国内外优秀企业学习,独立自主和创造性地发展自己的核心技术和产品系列,用我们卓越的技术和产品自立于世界通信列强之林。

精神

第四条　爱祖国、爱人民、爱事业和爱生活是我们凝聚力的源泉。企业家精神、创新精神、敬业精神和团结合作精神是我们企业文化的精髓。我们决不让雷锋们、焦裕禄们吃亏,奉献者定当得到合理的回报。

利益

第五条　我们主张在顾客、员工和合作者之间结成利益共同体,并力图使顾客满意、员工满意和合作者满意。

社会责任

第六条　我们以产业报国,以科教兴国为己任,以公司的发展为所在社区做出贡献。为伟大祖国的繁荣昌盛,为中华民族的振兴,为自己和家人的幸福而不懈努力。

基本目标

顾客

第七条　我们的目标是以优异的产品、可靠的质量、优越的终生效能费用比和周到的服务满足顾客的最高需求。并以此赢得行业内普遍的赞誉和顾客长期的信赖,确立起稳固的竞争优势。

人力资本

第八条　我们强调人力资本不断增值的目标优先于财务资本增值的目标。具有共同的价值观和各具专长的自律的员工,是公司的人力资本。不断提高员工的精神境界和相互之间的协作技巧,以及不断提高员工独特且精湛的技能、专长与经验,是公司财务资本和其他资源增值的基础。

核心技术

第九条　我们的目标是在开放的基础上独立自主地发展具有世界领先水平的通信和信息技术支撑体系。通过吸收世界各国的现代文明,吸收前人、同行和竞争对手的一切优点,依靠有组织的创新,形成不可替代的核心技术专长,持续且有步骤地开发出具有竞争优势和高附加值的新产品。

利润

第十条　我们将按照我们的事业可持续成长的要求,设立每个时期的足够高的利润率和利润目标,而不单纯追求利润的最大化。

公司的成长

成长领域

第十一条　只有当我们看准了时机和有了新的构想,确信能够在该领域中对顾客做出与众不同的贡献时,才进入新的相关领域。

公司进入新的成长领域,应当有利于提升我们的核心技术水平,有利于增强已有的市场地位,有利于共享和吸引更多的资源。顺应技术发展的大趋势,顺应市场变化的大趋势,顺应社会发展的大趋势,就能使我们避免大的风险。

成长的牵引

第十二条　机会、技术、产品和人才是公司成长的主要牵引力。这四种力量之间存在着相互作用。机会牵引人才,人才牵引技术,技术牵引产品,产品牵引更多更大的机会。加大这四种力量的牵引力度,促进它们之间的良性循环,并使之落实在公司的高层组织形态上,就会加快公司的成长。

成长速度

第十三条　我们追求在一定利润率水平上的成长的最大化。我们必须达到和保持高于行业平均的增长速度和行业中主要竞争对手的增长速度,以增强企业的实力,吸引最优秀的人才,和实现公司各种经营资源的最佳配置。在电子信息产业中,要么成为领先者,要么被淘汰,没有第三条路可走。

成长管理

第十四条　我们不单纯追求规模上的扩展,而是要使自己变得更优秀。因此,高层领导必须警惕长期高速增长有可能给公司组织造成的紧张、脆弱和隐藏的缺点,必须对成长进行有效的管理。在促进公司迅速成为一个大规模企业的同时,必须以更大的管理努力,促使公司更加灵活和更为有效。始终保持造势与务实的协调发展。

我们必须为快速成长做好财务上的规划,防止公司在成长过程中陷入财务困境而使成长遭受挫折,财务战略对成长的重要性不亚于技术战略、产品战略和市场战略。

我们必须在人才、技术、组织和分配制度等方面,及时地做好规划、开发、储备和改革,使公司获得可持续的发展。

思考题:

(1)结合案例分析华为企业文化的构成。

(2)华为企业文化的核心价值观是什么? 在企业的发展中发挥了什么功能?

3.案例三

LY 公司的企业文化

LY 公司是一家民营休闲食品加工企业,规模虽然不是很大,但在当地不仅是纳税大户,还是出口创汇大户,董事长林海在当地也算是家喻户晓的人物。短短五六年间,林海几乎是凭借一人之力,白手起家,将 LY 打造到现在这个地步。在 LY 公司里,林海就是"神",说一不二。

通过不断接触各类优秀的企业管理者,林海觉得对公司存在的很多问题有点力不从心,有时甚至感到孤立无援,外表风光,内心却很苦闷。2003 年 12 月底,他碰见了一个多年以前的朋友。他们所从事的行业相近,创业同时,但其朋友的公司规模已大 LY 好几倍。朋友轻松、超然的精神状态让林海更是羡慕不已。

"为什么条件和机会差不多,你的公司发展那么快,你还那么轻松?而我却感到非常累,企业也好像遭遇了瓶颈?"

朋友没有正面回答,而是给林海讲了自己的经历:"三年前,我也有同样的苦恼。一个偶然的机会碰见了一个朋友,他问了我几个问题,是关于员工的。你的员工是不是全身心地在为你工作?为什么感觉员工不能为你分忧?你的工作思路和想法有没有与员工进行分享?"

林海陷入深思之中:"这么多年来,自己埋头苦干,一直没有时间来考虑这些问题。看来 LY 考虑企业文化的时候也到了。"

林海心中一直装着企业文化这事。在最近一次市内企业管理者的交流活动中,林海特地把企业文化作为一个专题召集了"研讨会",请教于几个相熟的企业负责人。研讨会上大家各抒己见。

国企 A 老总:企业文化对于公司的意义在于使员工拧成一股绳,关键在于制定出企业文化的口号,别的没有什么作用,有点像党组织的政工工作。这种企业文化的宣传是一定要有的,至于宣传后的结果是什么我觉得上到领导下到员工没有一个人会去关心的。

国企 B 总经理:我们在几个月前请人对企业的 VI 进行了设计,感觉非常好,一进公司大门就感到非常舒心,映入眼帘的都非常统一、协调。但是我认为企业文化只是外在的表现,内部的东西我不清楚,也不关心。对于企业来说,外部形象比较重要;对于员工来说,能多挣点钱才是最重要的。

民营企业 C 老总:我认为我就是企业文化。我的做事准则、行为方式、价值认识对企业来说肯定是最正确的,所有的员工必须以此为指导,以同样的方式来处理事务,表现出同样的工作状态。因此,我经常召开全员大会,宣讲自己的事迹、理论,以此来鼓舞员工、教导员工。

D 公司老板:企业文化是做给外边的人看的。我们要让外界知道我们公司的理念、我们对员工的态度、对股东的态度,扩大自身的影响力,也可以到处宣扬,使人们觉得"这样的公司还不值得信赖吗"?实际上,不用从根本上去关心员工、顾客。管理层或企业自身的利益才是真正追求的目标。

E 公司总经理王某:我们公司只有十个人,但这十个人个个都是综合型人才,都是多面手。为了公司的业绩,不管是谁遇到了困难,其他的同事都会帮忙,不管是谁具体负责的事情,每个人都会非常关心。我们公司的赢利虽然不能跟营业利润上亿的公司比,但是年年也能达千万。在我们公司内部从来没有过什么制度和约束,也没有讨论过什么企业文化的问题,甚至会都很少开。只要到年底能给员工满意的奖金,一切就都 OK 了。

F 公司老板赵总:我们前几年的业绩不太好,每年公司的盈收和支出正好持平。公司在招募员工的时候给的薪资都很低,老员工也几乎没有拿过年终奖。为了弥补员工的这种心理落差,我会经常搞一些聚会和活动,对员工的关怀也是无微不至。可是(公司)很难招募到有能力的员工,好不容易培养起来的人也在高薪的诱惑下跳槽了。近几年业绩好转,我们增加了员工的薪酬,对老员工都进行提拔和奖励。但是我已没时间经常和员工聊天了,更别提关心员工了。逐渐地,一些骨干员工离开了。我以为应该将困难时期的企业文化继承下来,可这个时候再重新建立企业文化似乎非常困难。以前是我一句话,大家就都积极响应。现在(对活动和聚会的)支持资金多了,响应却不积极了。我的感受是,企业文化是企业的一个特色,(如果)不能持续,将来再重新去构建就会非常难。

G 公司老总:在没有所谓的企业文化以前,我们的员工流动性非常大,对业务的进展非常不利。我那时候就在想我一定要想办法阻止人才的流失。因此,我们为员工打造了一个舒适的办公环境,在独自的办公楼里面空出五间房来做员工的娱乐休息室,所有员工都可以在任何时间去娱乐室喝茶、聊天、打桌球。我们还实行弹性工作制。员工过生日,公司都会出面挑选一份适合这个员工的礼物。下雨天,公司会配放很多雨伞在办公室门口。整个企业形象一下子就提升了。我们不仅吸引到了很多的优秀人才,而且争取到了很多的市场份额。但是,如果这样的企业文化再继续执行下去,我恐怕会更加担心。进入公司的新人,刚开始表现得还不错,工作积极、态度认真。可是没过多久,就散漫了很多。他们严格遵照八小时工作时间,一分钟也不在工作岗位多待,时间一到立刻打卡。下雨天公司配备的雨伞总是被一抢而空,不管是带没带伞的都去拿,好像有便宜不占是傻子似的。娱乐室从早到晚好像总是挤满了人,尽管隔音效果很好,但还是免不了乱哄哄的。有时候我突然出现在娱乐室的门口会纳闷这是办公室还是酒吧。我现在越来越困惑,企业文化到底还要不要?长久这样下去,我真不知道企业会变成什么样子。我花那么大的精力做企业文化,效果大家都看到了,所以说建设企业文化是正确的,可是为什么有了企业文化后还是存在那么多的问题?

（案例来源:《财经界·管理学家》）

思考题:
(1)结合企业文化的相关理论,评论和总结案例中各个企业老总对企业文化的观点。
(2)谈谈 LY 公司构建企业文化的思路。

实训题

实训项目一:调查与访问——当地企业的企业文化

【实训目标】
1.初步了解一个企业的运营流程;
2.使学生结合实际,加深对企业文化的感性认识与理解;
3.认知企业文化在企业发展中的功能和作用。

【实训内容与形式】

1.由学生自愿组成小组,每组6—8人。利用课余时间,选择1—2个中小企业进行调查与访问。

2.在调查访问之前,每组需根据课程所学知识经过讨论制定调查访问的提纲,包括调研的主要问题与具体安排,具体问题可参考下列问题:

(1)该企业基本情况;

(2)从企业文化的物质文化、行为文化、制度文化、精神文化四个构成方面,了解企业这些方面的企业文化现状;

(3)该企业的企业文化是如何推动企业发展的,给企业带来哪些经营业绩?

(4)该企业中有哪些你感兴趣的管理制度?并作简要分析。

3.调查访问结束后,组织一次课堂交流与讨论。

【成果与检测】

1.每人提交一份简要的调查访问报告。

2.各组提交一份成果报告,并制作演示文稿,在课堂上交流和讨论。

3.教师进行评估和打分。

讨论题

1.企业的制度文化如何影响企业文化?

2.结合国情和现状,谈谈中国的企业如何建设企业文化,如何使企业文化对企业发展起推动作用。

模拟提升训练营

重庆铁通开展"促和谐、助发展"企业文化年活动

为进一步推进企业文化建设,激发企业文化活力,凝聚员工队伍,以文体活动交流、技术练兵为平台,充分展示企业员工的新风采、新面貌、新形象,努力营造"促和谐、助发展"良好发展环境,进一步有序平稳推动市场经营的发展,铁通重庆分公司今日在全公司氛围内组织开展企业文化年系列活动。此次活动以"弘扬企业文化 推进公司发展"为主题,活动从2011年5月至2011年10月。活动内容有以团体、男子单打、女子单打为主要项目的乒乓球比赛;以男子单打、女子单打、男女混双为主要项目的羽毛球比赛;以及涵盖光缆接续、宽带故障处理、客服技能等技能大赛项目和运动项目类比赛项目的重庆铁通生产技术运动会。

此次活动要求各单位要重视企业文化年系列活动,要因地制宜在本单位开展各种选拔赛,通过层层选拔,选出优秀选手参赛,进一步活跃公司员工业余文化生活,营造浓厚和谐氛围,培养员工的竞争意识和进取意识,塑造团队精神。

要求各单位领导要带头参加此次"促和谐、助发展"活动,通过开展健康向上的文体活动,增强员工体质,进一步加强与员工交流,凝聚人心,形成合力,调动员工积极性,激发广

大员工推动市场发展的热情,促进今年各项任务的完成。

（资料来源：人民网）

图片展示

活动体验

体验步骤

为了丰富职员娱乐生活,提高综合素质,培养积极向上的进取精神,同时创造更多的交流机会,特组织举办此次职员聚会活动。

一、活动安排

活动时间：

活动场地：餐饮、KTV、棋牌、游园等活动,地处茶山竹海,环境优美

活动宗旨：为公司职员提供聚会交流的机会

聚会主题：团结向上 青春健康

聚会形式:以职员聚会交流为契机,提供一个和谐交流谈心的平台,其中穿插些有意义的游戏

会场布置:聚会地点安静、温馨而和谐,选择农家乐等休闲山庄,适合娱乐玩耍

参加人员:全体职员

二、活动流程

1.安排职员

2.自由活动(中午用餐前)

3.安排就餐(12:30—14:00)

4.集体合影

5.游戏(见当日活动安排)

三、活动预算

1.交通费用

2.餐饮费用

3.收费细则

4.买瓜子果糖预计

5.买活动奖品

四、活动准备

1.由部门负责人提前做好准备工作(包括统计参加人员数、熟悉路线、费用收取及财务管理等);

2.提前通知参加人员活动时间、地点;

3.确定负责人员及各自职责;

4.餐后安排主要游戏活动(K歌我最牛,游戏规则参照湖南卫视挑战麦克风)。

(1)餐后抽取自己所在的小组。

(2)在节目的开始每组派一个代表出来抽取歌曲库中的歌曲3首。

(3)每组派3个代表,这3个代表可由小组内部决定,也可采取现场比拼。现场比拼就是在小组推荐的几个同学中进行现场K歌保证歌词的正确完整,其他成员做裁判。

(4)歌唱时背朝大屏幕,节目组会把一首完整的歌曲分成3段,这3段就是需要代表选手接唱的段落。＊歌词一定要对＊。如果选手接不上来的话可以向本组其他两位求助。如果在特定时间内还没成功接对的话,台上选手也可以求助台下的自己小组成员,台下的小组接唱成功后会扣取3分(毕竟他们看到了歌词)。每段10分共90分。

(5)几组歌曲唱完累计分最高的为获胜者,如果有两个得分相同的组,就需要双方PK,主持人会抽一首歌,双方选手各自唱白段让对方去接暗段,最好看谁能接对最多,胜方就是今晚的"K歌之王"。

(6)这个节目是团队性的,所以那个组赢了除了代表有奖品外,本组其他所有的小组成员也都会有奖品,奖品敬请期待)。

五、负责人员及职责

1.负责活动的完善、负责组织宣传和活动安排,寻找活动地点及现场摄影;

2.负责登记参加活动人员及费用收取和财务管理;

3.负责人员集合、路途安全。

六、注意事项

1.参加人员必须准时到达活动地点,并提前向职员们讲解一些注意事项及具体要求;

2.聚会未结束之前不得擅自离开,提前离开要向负责人员打招呼,以便组织安排;

3.个人随身携带物品各自保管好,注意人身安全和财产安全;

4.餐后的活动更精彩,为了下面的活动更好地开展和自己的健康,本次聚餐提倡"健康聚餐",大家请控制好自己的酒量,避免因饮酒过量导致不能参加下面精彩的节目。

(注意:若活动时间有所变动将另行通知)

组织单位:×××

××年×月×日

活动感悟

　　每一家公司现在都必须分析其文化,这不仅是为了加强本身的总竞争地位。虽然这已经是充分的理由,而且还因为我们国家未来的财富要由公司的文化来决定。公司唯有发展出一种文化,这种文化能激励在竞争中获得成功的一切行为,这样公司才能在竞争中成功。每个公司都必须为它的员工和股东订出一套文化的发展计划。凡能正确掌握在未来环境中影响企业文化的内外力量,并能采取对应措施的人,才能在竞争中获胜。一个企业要想健康发展,成为百年老店,企业文化是最为重要的。如果企业没有自己的企业文化,就没有办法对其员工进行相应的约束,也就没有办法具体地告诉其员工,哪些事情是应该做的,哪些事情是不应该做的;如果企业没有自己的企业文化,员工就不知道如何处理公司的正常业务,只能按照领导的意思去做。久而久之,员工的心思就不会放在公司的业务之上,而去揣摩领导的心思,搞人际关系,这样做的结果势必对企业健康的发展产生不利的影响,最终导致企业的衰落。企业文化的树立,不仅仅是一种公司的宣传手段,最重要的是如何将其落实下去,让公司里面的每一名员工都能深刻地体会到企业文化对公司发展的重要性。只有当员工深刻地意识到自己的行为是符合企业文化要求的,处处以企业文化来严格要求自己,那么企业文化才能真正地发挥其最终的效果。

项目三

企业文化的塑造 >>>   >

业务导入

一个企业的文化不是在它一成立就形成的，它的形成是一种各色人物和文化背景在企业中进行融合的过程，需要经过一段时间才能完成，要分若干阶段才能成型。因此，企业文化不是自发形成的，而是经过企业长时间、有目的性建设而形成的，所以对企业来讲，要想建立属于自己的优秀文化，必须要自觉地进行企业文化塑造。

目标设计

知识目标——了解企业文化的符号；

技能目标——掌握企业文化建设中企业形象系统、企业文化行为、企业文化环境的塑造；

能力目标——联系企业实际或案例深入理解企业形象系统和企业文化行为的塑造。

引例：

智邦公司

在台湾地区的科技产业中，智邦可以说是最具"人文"特色的公司，这种人文的企业文化，从领导人的身上及办公环境可以得以证实。

虽然网络科技日新月异，但杜仪民始终将工作与假日生活区隔分明。周一至周五全力投入工作，周六、周日则全部奉献给家庭，要充分与家人沟通，取得家人谅解；不过由于企业主的工作实在太过忙碌，杜仪民偶尔还是会用无线网络，在饭桌前敲敲打打。而为了让员工对公司有"家"的感觉，智邦非常鼓励员工同仁结婚，一来可以让员工的心安定下来，再者夫妻同在一家公司上班，了解公司文化，也比较能相互了解体谅，对公司及家庭生活皆有所助益。

因此，1999年12月1日，人事处公布一项新规章，本公司员工结为夫妻，男女同仁皆加薪3000元；此外，为了让员工更安心上班，智邦还在公司内设立托儿所，并在托儿所装设网络猎取影像系统，让员工随时可以通过桌上的电脑，看到孩子上课的情形。

喜欢品尝日式生鱼片以及意大利菜肴的杜仪民，经常在寿司吧台品尝寿司之余，和寿司师傅讨论如何做好吃的寿司。同时，古典音乐是杜仪民的另一项重要嗜好，尤其是巴洛克音乐，更是他的喜爱，在他的房间内则更是放满了整屋的CD唱片。或许是受到杜仪民的影响，每天一到下午，整个智邦大楼沉醉在悠扬的古典音乐声中。整个智邦大楼充满历史、古色古香、美食、艺术气息的办公环境,无处不是惊奇。走进智邦大楼,迎面摆放在大厅内侧的,是古色古香的中式家具,在右手边的服务台后方,挂着"文化源知"、"科技兴邦"的对联。一楼的员工餐厅内,以深海的风景彩绘布置而成,坐在此处用餐,让人得以放松心情,尽情享受美食。办公室走廊的两旁,挂着一幅幅的画,这些画都是智邦员工的绘画创作,仿佛令人置身在画廊、美术馆中。即使是公司开发、生产的各种网络硬件产品,在透明玻璃、蓝色镁光灯的照映下,原本冰冷的科技产品,却散发铁汉般的柔情,仿佛就像艺术品的展示区。洁白的墙上,随处可见一幅幅的书法与画作,连洗手间的门都画着美丽的女神维纳斯、温馨小品及短篇笑话集,贴心地提醒每一个人,敞开心胸,笑一笑,别让工作压力给逼坏了。

看来一向在园区创造新话题的智邦科技,"文化源知"、"科技兴邦"的八字对联,正道出智邦的企业文化精神——文化的生活,让科技人更有智慧、更有创意!

任务一　企业文化符号

文化是一种深层次的、抽象的东西,人们对文化的认识和把握必须借助一定外在形式,这个外在形式就是我们所说的文化符号。我们在认识企业文化时有必要从认识企业文化符号开始。

操作指南

一、文化习俗

一个优秀的企业文化形成之后,可以通过多种方式传递给员工和公众,其中常用的一种就是通过企业的各种文化仪式、习俗进行传递。所谓文化仪式是指企业内的各种表彰、奖励活动、聚会以及文娱活动等,它可以把企业中发生的某些事情戏剧化和形象化,来生动地宣传和体现本企业价值观,使人们通过这些生动活泼的活动来领会企业文化的内涵,使企业文化"寓教于乐"之中。这种方式由于具有轻松、喜庆的特点,可以很容易取得受众的接受和认同,因而成为企业文化教育的一种重要方式。具体来讲,企业文化仪式和习俗可以分为三种。

第一种是带有风俗民情的聚会活动。风俗民情是特定时间里和特定人群中的一种影响重大的生活习惯或认知观念,有效利用风俗民情对企业经营具有积极意义。企业可以将自身文化与传统风俗习惯相结合,营造不忘传统、亲近平和的企业形象。如端午节是中华民族一个盛大的节日,全国各地都会举办一些诸如划龙舟比赛的活动,有很多企业都积极组队参与到比赛活动中去。这种活动一方面可以增强企业内部员工的凝聚力,另一方面可以借机向社会公众传递企业积极的形象。

第二种是消遣娱乐性文化活动。消遣娱乐性文化活动是企业为了满足内部员工和社会公众对放松紧张心理的需求而举办的。现代快节奏的生活使每个人都感到了紧张,对消遣娱乐性活动的需求随之增加,很多企业乘势在企业内和企业外推出一些相关的活动,比如庆周年、庆国庆、庆新春等,这些活动多选择在重大节庆日或发生重大事件之际。这些活动都会集中体现企业的一个主题宣传,通过这些主题,可以真切地体现出企业的文化主张。

第三种是企业举办的各种表彰活动。企业的不断进步有赖于员工正确行为的树立,而企业的各种表彰活动就是树立企业榜样的一个有效方式。一个注重表彰先进、鞭策落后的企业必然会适时举行各式表彰活动,借助这些活动对内外宣扬企业对员工行为的是非判断标准,有利于规范企业员工的行为。

企业文化状况如何,我们通过企业的这些活动就可以了解一二,凡是注重企业文化建设的企业,必然会有针对性地、高效地举行或参与各种活动,因而这些活动在一定程度上就成为企业文化的表现符号。

二、企业文化的"图腾"系统

"图腾"一词源于原始社会母系氏族时期。原始人认为每个氏族都和某物(多为动物)有血缘关系,此物即被尊奉为该氏族的"图腾",即该氏族的保护者。当时图腾现象出现,是源于社会生产力低下,人们对不可控制的力量充满了恐惧,企求能够得到外部力量保护。社会发展到了今天,很多企业都着力建立一套属于自己的"图腾"系统,这就是我们在企业文化建设中所讲的企业形象系统。企业文化"图腾"系统作为一个信息系统,更多地以企业形象的展示与识别即CIS来表述。企业的整体形象称为CIS (Corporate Identity System,简称CI),亦即企业形象识别系统(体系)。一般认为,企业形象识别系统的基本构成要素,主要由三个部分构成:一是企业理念识别(Mind Identity,简称MI);二是企业行为识别(Behavior Identity,简称BI);三是企业视觉识别(Visual Identity,简称VI)。CIS已经从Corporate Identity System 发展为 Corporate Image System 系统。

(一)理念识别系统(MIS)

理念识别系统是企业形象系统的基本精神所在,是整个形象系统的最高决定层,也是整个识别系统运作的原动力。

1.经营理念

经营理念是为了要实现企业目标、企业使命和企业生存意义所制定出来的企业规范,也是有效地分配经营资源和经营能量的方针。不同企业有不同的经营理念和经营哲学。如摩托罗拉公司把"为用户提供品质超群、价格公道的产品和服务,满足社会的需要"作为经营理念,沃尔玛本着为顾客节约每一分钱的思想,建立了"低价销售、保证满意"的企业经营理念。每一个成功企业都有一个成功的经营理念。

2.企业精神

企业精神是指企业员工在长期生产经营中,在正确价值观念体系支配和影响下,逐步形成和发展出来的现代意识和企业个性相结合的一种群体意识。它通常以简洁而富有哲理的语言形式加以概括。如松下公司的企业精神是:光明正大、团结一致、奋斗向上、礼貌谦让、适应形势、感恩报德。松下公司用企业精神为20万员工提供了一个非宗教制度,从而使企业成员具有共同的信念,并朝着一个方向前进。湖南常德卷烟厂在改革开放初期根据时代的特点提出了"三爱三争"(爱国爱厂爱岗位,争优争先争贡献)的企业精神,正是这种企业精神的力量让常德卷烟厂在竞争激烈的市场经济中获得了快速发展。

3.价值追求

在一个企业里,全体成员应形成明确的、共同的价值追求,成为企业发展的驱动力。例如,雅戈尔集团股份公司职工根据服装行业的特点,把"装点人生,还看今朝"作为企业的价值理念,反映了雅戈尔人的价值追求。它包含独特的内涵:第一,表明了雅戈尔集团的宗旨:为天下人士装点美,为社会大众竭诚服务。第二,表达了雅戈尔人不断进取的精神:过去的已经过去,重要的是把握今朝。第三,表达了雅戈尔人的夙愿:在装点社会大众生活的同时,创造自己美好的人生。

4.道德伦理观念

企业的道德观念是在生产经营实践基础上,基于对社会和对人生理解所作出的评判事物的伦理准则。企业道德观念首先是企业家道德观念的体现,而企业家道德修养中最重要的是正直和使命感,讲究职业道德和社会意识。本田创始人本田曾经讲过一句话:"在汽车制造行业,不把防止公害列为企业发展战略的地位,没有环境伦理意识,企业就赶不上时代前进的步伐,就可能被淘汰"。此外道德伦理观念还体现在企业对待顾客和员工的方法上。

【实例】

麦当劳企业理念识别系统

麦当劳在中国的餐厅目前都经营得非常红火,黄金双拱门"M"、巨无霸汉堡、麦当劳叔叔等标志深入人心,麦当劳小饰品到处飘洒。

麦当劳公司创始人雷·克罗克在麦当劳创立初期,就设定了麦当劳经营的四信条,即:向顾客提供高品质的产品;快速、准确、友善的服务;清洁幽雅的环境;做到物有所值。这也就是麦当劳的经营理念——品质(Q)、服务(S)、清洁(C)、价值(V)。麦当劳几十年恪守"Q、S、C、V"四信念,并持之以恒地落实到每一项具体的工作和职工行为中去。

1.品质(Quality)。麦当劳大部分的产品在当地采购,但这要经过4—5年的试验。例如,1984年麦当劳的马铃薯供应商就派出专家来到中国,考察了黑龙江、内蒙古、河北、山西、甘肃等地的上百种马铃薯,最后在承德围场培育出达到麦当劳标准的马铃薯。麦当劳对原料的标准要求极高,面包不圆和切口不平不用;奶浆接货温度要在41摄氏度以下,高1摄氏度就退货;单是一片小小的牛肉饼就要经过40多项质量控制检查。任何原材料都有保存期,生菜从冷藏库拿到配料台上只有2小时的保鲜期,过时就扔掉,炸薯条超过7分钟、汉堡包超过10分钟就扔掉,这些被扔掉的食品并不是变质不能食用,只是麦当劳对顾客的承诺是:永远让顾客享受品质最新鲜、味道最纯正的食品。

2.服务(Service)。从员工进入麦当劳的第一天起,就开始训练如何更好地服务顾客,使顾客100%满意。麦当劳全体员工实行快捷、准确和友善的服务。按麦当劳标准,员工必须按照柜台服务三部曲服务顾客,在顾客点完所要食品后,服务员在一分钟之内将食品送至顾客手中,同时餐厅还专门为小朋友准备了漂亮的高脚椅和精美的小礼物。餐厅也为顾客举办各种庆祝活动,为小朋友过欢乐生日会和安排免费店内参观,为团体提供订餐及免费送餐服务。

3.清洁(Cleanness)。麦当劳员工行为规范中明文规定:男士必须每天刮胡子,修指甲,随时保持口腔清洁,经常洗澡,工作人员不留长发;女士要戴发网;餐厅内不许出售香烟和报纸,器具全是不锈钢的;顾客一走便要清理桌面,凡是丢落在容人脚下的纸片要马上捡起来;上岗操作必须严格洗手消毒,用洗手槽的温水把手淋湿并使用麦当劳杀菌洗手液,刷洗手指间和指甲,两手一起搓至少20分钟,彻底清洗后再用烘干机把手烘干;手在接触头发、制服及其他任何东西后,都要重新洗手消毒;各个岗位的员工都不停地用消毒抹布和其他工具清洁,以保证麦当劳餐厅里里外外整洁干净;所有餐盘、机器都会在打烊后彻底拆洗,清洁消毒。

4.价值(Value)。麦当劳食品不仅质量高,而且营养也是经科学计算后配比的。营养丰富,价格合理,让顾客在清洁、愉快的环境里享受快捷、营养丰富的美食,这就是"物有所值"。

【即问即答】

麦当劳理念识别系统设计有什么启示?

(二)视觉识别系统(VIS)

视觉识别是一种相对静态的识别方式,是在企业经营理念的基础上,根据经营活动的要求,设计出识别符号,传递企业信息,使员工、消费者和社会各界直接感知企业,形成对企业特性的深刻印象。

视觉是人类获取外部信息的主渠道,据科学统计,一个人的视觉占全部获取信息的83%,而听觉只占11%,其他方式只占6%。所以,要想企业形象产生高度的效果,必须要重视视觉识别系统。VIS基本要素包括:

1.企业名称

随着企业主动适应市场和引领市场的意识的增强,都会意识到企业名称对企业经营的影响。企业名称越简洁、越通俗就越能够让人产生一种较强的视觉效果。如香港著名的金利来公司原名为"金狮"(英文 goldlion),其企业个性不凸显,后改为"金利来",展现了企业的价值观念,符合华人传统的文化要求,因此取得了巨大成功。日本索尼电器公司,其以前的名字是一串难以拼读的长名,外国人难以记忆,因而在国际上名气一直不佳。后取拉丁语"声音"(SONUS)和英语"好儿子"(SONNY)合为"索尼"(SONY),简单、响亮,使企业形象鲜明地凸显出来。

2.标志

企业标志是一种特殊的符号,是企业或产品的名称、图案记号或两者结合的一种设计,用以象征企业或产品特性。企业标志传递着企业形象、特征、信誉、文化等众多信息,因此企业标志的设计与识别十分重要。中国电信为了适应社会的发展,启用了新标志,新的企业标志整体造型质朴简约,线条流畅,富有动感。在新标志中,以中国电信的英文首个字母"C"的趋势线进行变化组合,似张开的双臂,又似充满活力的牛头和振翅飞翔的和平鸽,具有强烈的时代感和视觉冲击力,传递出中国电信的自信和热情,象征着四通八达、畅通、高效的电信网络连接着每一个角落,服务更多的用户,也强烈表达了中国电信"用户至上,用心服务"的服务理念,体现了与用户手拉手、心连心的美好情感。同时也蕴含着中国电信全面创新、求真务实、不断超越的精神风貌,展现了中国电信与时俱进、奋发向上、蓬勃发展、致力于创造美好生活的良好愿景。世界最大的快餐企业麦当劳凭借其独具特色的金黄色M字符号,赢得了大众的青睐,成功地树立了其优质服务的形象,进而很快主导了中国快餐业市场。

3.标准字体和标准色

企业和品牌为了强化其名称和品牌的传达力和识别力,通常需要对其名称的字体和色彩进行统一,即标准化。它是企业规模、力量和尊严等内涵的外在表现形式,是视觉识别的核心,构成了企业的第一特征及基本气质。这也是大众识别企业的统一符号。比如在中国电信采用的新标志中,以代表高科技、创新、进步的蓝色为主色调,文字采用书法体,显得有生命力、感染力与亲和力,与国际化的标识相衬,使古典与现代融为一体,传统与时尚交相辉映。美国 IBM 公司企业标志的设计最初是粗体黑字,明晰易读,具有强烈的视觉震撼力,达到了易读易认的效果。随着企业的发展,企业要求以表现经营哲学为第一要义,于是设计出以蓝色条纹构成的 IBM 字型标志,成功地树立起 IBM 高科技"蓝色巨人"的形象。

4. 企业象征图案

企业象征图案是指企业标志和品牌图形以外,企业用以象征自己特性的图形或图案,目的在于强化视觉传递形象,如吉祥物、辅助形象等。日本松下公司的企鹅形象以及美国快餐食品"肯德基"的老人像等图案形式总是与企业的经营行为紧密结合在一起,已经成为家喻户晓的企业形象标志。

5. 企业专用物品

企业在日常经营活动中有一系列专用的物品,比如招牌、标语、旗帜、制服、办公用品、交通工具、包装用品、陈列用品等,这些用品承担着对内对外宣传企业文化的作用,成为企业文化氛围营造和企业形象建设不可或缺的重要内容。

(三)行为识别系统(BIS)

企业行为是指企业在管理、经营、生产和学习、生活、娱乐等一切运转过程中行为活动的表现,它是企业经营作风、精神风貌等在员工行为中的动态表现。概括地讲,企业行为识别系统由两大部分组成:一是内部系统,如企业内部环境营造、员工教育和员工行为规范,其宗旨在于使企业及员工在观念与行为上取得认同,为树立良好企业形象奠定基础。二是外部系统,如产品销售、广告宣传、公共关系、促销等活动,其目的在于通过整体、系列的营销行为进行信息传递,在优质高效地满足顾客及社会大众需要的过程中,塑造良好企业形象。

2001 年大庆企业全面导入 CIS 系统,其中行为识别系统包括"坚持三老四严,做到五项要求(人人技术过得硬,项项工作质量全优,事事做到标准化,处处厉行勤俭节约,时时注意精神文明)"的行为规范。福特汽车则通过广告向世人传达其行为规范:在汽车的斑马线上,一位白发苍苍的老人正准备过马路,但车水马龙,谁也不肯停下一会儿,这时画外音就是"人人都有老时"。这则广告成功地向社会表达了福特汽车关心他人的企业形象。

【实例】

第 29 届奥林匹克运动会会徽的设计

当国际奥委会向世人展示了第 29 届奥林匹克运动会的会徽后,会徽的始创者郭春宁和他那个舞动的人形便成了媒体关注的焦点。

国际奥委会执委何振梁先生曾经说过,如何将中国五千年的文明与奥林匹克精神结合起来,这是一道难题。郭春宁想成为解答这道难题的人。

"前期创作过程里,我不是用笔在画,而是将我以前所学的、所看的、所接触的,像放电影一样在脑子里回顾。传统的装饰绘画、壁画、石刻、石雕、甲骨文、铭文、篆刻,这些中国的历史、文化和奥林匹克精神、运动精神以及节日特征,全部在我脑海里相互交汇。"

　　什么最能代表中国,最具有中国特色? 我们一直在向世人诉说中国的文化灿烂、历史悠久,但如何从视觉上去体现,用什么描绘中国文化的形象? 在这一系列的疑问下,郭春宁首先想到了文字。"人类早期的文字都是象形文字,但至今仍保留象形文字特性的还要属汉字。汉字在世界上独树一帜,人们看到它就会联想到中国。而且文字一直伴随人类文明的进程,记载人类的历史。"

　　中国文字有成千上万,到底选哪个字呢? 郭春宁查阅了大量的资料,最终确定了"京"字作为会徽的主体。"京"在现代汉语中特指北京,而且"京"字的形态与人的形象很接近,具备可变性。选择"京"作为中国文化的视觉表现符号后,为了体现奥林匹克精神所倡导的"更快、更高、更强"的理念,郭春宁将"京"字演变为一个运动中的人形,这个人形似跑、似跳,双臂张开,显示出力量。对郭春宁来说,这个人形还象征着一名舞者,表达中国人民盛邀五大洲的人们来中国聚会,共同庆贺这个盛大的活动。

　　在围绕"京"字做文章的同时,郭春宁也在思考中国最早的人文标志,他自然而然地联想到了印章。"篆刻是中国一门古老而独特的艺术,在艺术史中占一席之地,方寸之间能包容万物,是一个浓缩的视觉符号,它同样也伴随着中国几千年的文化历程流传至今。一方印章后面是一个人的诚信,一个民族的诺言。"郭春宁说。

　　【即问即答】
　　1.民俗风情的活动如何表现企业文化?
　　2.VIS基本要素有哪些?

任务二　企业文化行为塑造

　　企业文化现象是以人为载体的现象,由一个企业的全体成员共同营造、共同接受和普遍享用。任何一个良好企业文化的建立都离不开企业全体成员的共同努力。在研究企业文化的塑造时,需要对包括企业家、员工及其全体在内的所有企业主体行为进行研究。

操作指南

一、企业家的行为

　　中外著名企业的实践证明:企业家不仅创造了经济奇迹,而且创造了各具特色的企业文化。企业家不仅是一种经济现象,而且是一种文化现象。企业家属于现代社会全体中的一个特殊阶层,拥有一套独特的价值观念、思维模式和行为模式,直接影响了企业文化塑造和企业兴衰。美国经济学家熊彼特曾多次提醒经济学家注意企业家精神在西方工业化中的重要作用。

　　企业家对企业文化的影响是由其在企业中的特殊地位决定的。企业家是企业股本拥有者、经营决策者、日常管理者以及发展目标制定者。企业家的特有地位,能够决定员工的"命运",那些与企业家文化理念相悖的人,自然为他所统领的这个群体所不能接纳。首先,企业的经营管理活动,日常的、个别的、战略层的、操作层的,都是由企业家来决定的,企业家作为决策者的意志力,是不可撼动的。其次,企业家又是企业日常管理者。一个真正的企业家不仅关心企业宏观运作,而且还关心企业一切日常微观活动,对企业的每个人、每个部位、每个岗位、每个细节都投入了注意力。企业的权力结构决定了企业家有资格依据自己的价值观和评价尺度，对所属的每个组织、每个人作出评价。因此，企业家必然会对企业文化塑造起到重要作用。

(一)企业家是企业文化的人格化

企业文化塑造是靠人实现的。员工是企业主体，企业发展是其全体员工努力的结果，这是历史唯物主义的基点。在正确看待人类在历史发展中的地位和作用的同时，我们也不能否认个人在特定历史条件与环境下的作用。列宁曾经指出，在路线确定后，干部是起决定作用的因素。企业的成败与发展，是与企业家的作用及企业家精神实现密切关联的。而企业文化以及体现在企业产品中的文化，往往表现出企业家对其所处的客观社会经济环境的一种理念。实践证明，企业根本战略上的东西，不是每个员工制定的，而是企业家管理团队提出的。

在企业理论有关企业家的论著中，在强调企业家的职能主要在于实施管理与决策的同时，文化价值标准一直受到强烈关注。在信息不对称的客观经济环境中决策所需的很多信息不仅获得的成本昂贵，而且靠直接观察是得不到的。换言之，决策不仅受到客观信息的支配，而且受主观信仰的支配。一个人的信仰来源于他的文化、宗教以及直接生活经历。可见，企业家及其个人的文化价值标准，在企业的经营管理、资源配置决策和企业文化建设中，有着十分重要的作用。

企业文化是一个企业员工普遍认同的理念和行为规则系统。企业家的精神境界在这里起着重要的导引作用，但并不等于企业文化全部。企业家是企业精神领袖，但企业文化创建不只是企业家个人行为。企业家在创建企业文化方面，更重要的是把自己萌芽的理念和思路定格化，固化下来，再经过提升，变成企业群体共有的东西，真正形成企业文化符号、文化环境，最后塑造出文化人格。

企业家是企业的管理者，其基本职能就是创新，在管理企业创新活动中，企业家刻意营造一种体现自己个性的企业文化，用以形成强大的凝结力和向心力，激励和引导全体员工去实现企业发展目标。企业文化的形成和渗透性扩散，又处处体现了企业家人格和追求。因此，从某种意义上讲，企业文化是企业家个人价值标准在企业中的体现与实现，企业家就成为了企业文化的人格体现。

(二)企业家是企业文化示范者

企业文化是企业家和全体员工意识的能动产物，不是客观环境的消极反映。在客观上出现对某种文化的需要往往交织在各种相互矛盾的利益之中以及羁绊于根深蒂固的传统习俗之内，因而企业文化建设初期需要倡导改变旧观念及行为方式的先驱者，企业家由于其天生的特征，便承担起了这个角色。企业文化建设必须由企业家身体力行、示范推广，才能出成效。一个企业要树立鲜明的企业精神，要让员工信守企业价值准则，企业家首先要作出表率，企业家言行一致、知行合一，从某种意义上说，就是最有影响力、最有号召力的企业精神，因而优秀的企业家不仅是企业文化的设计者，而且是企业文化建设的楷模。只有通过自己良好形象在员工中产生模仿效应，带动全体员工共同努力，才能有力地促进企业文化建设和发展。

(三)企业家是企业文化倡导者和培育者

企业家在企业中既是卓越的管理者，又是员工的思想领袖，他以自己的创业实践以及新观念、新思维、新的价值取向来倡导和培植卓越的企业文化。企业文化是个人价值观与整体价值观的统一,企业家个人的价值观及其创业实践,往往给企业共同价值观念的形成以深刻的影响。企业家的积极倡导是企业文化确定、形成的重要推动力量。企业文化作为一种群体意识,其形成呈自发和自觉的统一。企业或员工只有在个人价值观念的基础上,结合企业整体价值观念并内化为个人的行为准则,企业文化才能形成并发挥内在控制的作用。要做到这一点,不仅取决于某种企业文化本身,而且要取决于这种文化在多大程度上被企业员工所认同和接受。在这个过程中,企业家的积极倡导和培育是一个重要的推动力量。成功的企业必然有成功的企业家,成功的企业家必然倡导卓越的企业文化。

【实例】

张瑞敏与海尔文化

在 1997 年美国《家电》杂志公布全世界范围内增长速度最快的家电企业中,海尔名列榜首。1998 年海尔集团总裁应邀登上哈佛大学讲坛,"海尔文化激活休克鱼"的案例正式写进哈佛大学教材,标志着海尔真正走向了世界。1999 年《财富》论坛上,张瑞敏总裁作为唯一一名中国家电企业家参会并发表演讲。1999 年 12 月 7 日,英国《金融时报》公布了"全球 30 位最受尊重的企业家"排名,海尔集团总裁张瑞敏荣居第 26 位。海尔的成功,张瑞敏的成功,都源于在张瑞敏这位优秀企业家的带领下,实现了成功的管理,建立了较为完整的海尔文化体系。张瑞敏把海尔的企业文化看做是海尔的无形资产,是具有海尔特色的意识形态。海尔文化包括企业理念和具体体现两大部分。企业理念是经营企业的总的指导思想和各个方面工作的指导思想,是比较抽象的,如海尔精神、海尔作风、海尔管理模式、思想政治工作等。这些理念又具体体现为具有海尔特色的企业经营策略和各种规范、规章制度,如海尔集团构成、晋升制度、奖励制度、环境建设、行为仪表等。张瑞敏曾经说过:"理念的领先几乎决定企业的命运,可以这样讲,没有思路就没有出路。"

海尔员工人手一本小册子《海尔企业文化手册》,其中有两个著名的管理理念:一是斜坡球论:企业如同一个爬斜坡的球,受到来自市场和内部职工惰性形成的压力,如果没有一个上动力它就会下滑,这个上动力就是基础管理。依据这一理念,海尔创造了"OEC 管理模式"也称"日清管理法",张瑞敏将它解释为:"今天的工作必须今天完成,今天完成的事情必须比昨天有质的提高,明天的目标必须比今天更高。"二是 80/20 原则:这是海尔管理人员与员工责任分配的原则。管理人员是少的、是关键的,工人是多数的,却是从属地位的,少数制约着位于从属地位的多数,因此出现问题,管理人员应首先承担责任,80/20 的原则就是要抓干部、抓管理人员。张瑞敏说:"海尔的管理并不是为了达到某个数字标准,而是提高整个企业的凝聚力,增强每个职工的责任感。"

【即问即答】

企业家在企业文化塑造中的角色和作用是什么?

二、企业员工的行为

企业员工是企业组织的个体,有着共同价值观念和行为方式,但企业员工同时又是一个独立的个体,由于个体差异,每个员工都有属于自己的行为,反映企业员工的不同需求和心理特征。

(一)员工行为的深层研究

员工行为表现,是由员工所处企业的文化和员工的个性共同决定的,作为企业的管理者,要想有效地实施管理,必须重视对员工行为进行深层研究,掌握员工行为产生的原因和背景,进而改善管理方式方法,同时有的放矢地进行企业文化的建设。员工行为深层影响因素有员工价值观、宗教信仰、教育、风俗习惯以及职业精神等。

1.价值观念。价值观念是员工对包括自己在内的所有事物的看法、评价或所持态度,它是一种比较持久的信念,可以确定个人或群体、社会采取什么样的生存形态、行为模式或者交往准则,以及如何判别是非、好坏、美丑、爱憎等。它体现为员工对人本性的认识、对人与世界的认识以及人与人之间关系的认识。员工良好的价值观念,就会使员工对自己有一个正确定位,能够摆正个人与社会、个人与组织的关系,进而更大程度地为社会和组织作出贡献,也为自己的长远发展打下坚实基础。

2.宗教信仰。宗教是文化中处于深层次的东西,是文化中真正能够持久的基质,凝聚了民族历史和文化,对人的价值观、态度、生活习惯和偏好有着直接影响。世界上有许多宗教和宗教团体,不同的宗教有不同文化倾向和戒律,从而影响着人们认识事物的方式、行为准则和价值观念。不同宗教信仰对员工个体的影响是不同的,由于宗教信仰的自由,作为企业只能认同员工的宗教偏好,并尽可能采取一定措施,满足员工宗教信仰的需要。

3.教育。一个国家国民受教育程度直接与它的经济发展状况相联系,对一个企业来说,企业员工受教育的程度直接决定了该企业发展速度和发展潜力。教育决定了员工的文化素养,影响了员工观念、需求以及对新观念和新技术的接受程度,同时也决定了对企业文化和管理方式的认同和接受程度。受教育程度直接决定了员工行为方式,是企业员工行为研究的主要内容。

4.风俗习惯。风俗习惯是人们自发形成的习惯性行为模式,是一定社会中大多数人自觉遵守的行为规范,对个体具有深远和持久影响。比如回族将猪视为其民族的图腾,因而不吃猪肉,这个习惯每个回族人都会自觉遵从。

5.工作态度。工作态度是企业员工对所从事工作的基本看法和投入程度。包括劳动观念、时间观念和创新观念等。有的员工将工作看作是实现自身价值的最好表现形式,因而很乐于从事劳动,有很强的敬业精神,在工作中积极主动,勇挑重担而且不事张扬。而有的员工仅仅是将工作看作是自己谋生的手段,在工作中被动应付,满足于现状,不求有功,但求无过。有的员工性格开朗、视野开阔,对新生事物具有天生的敏感,并能够积极接纳,而有些员工思想僵化、行为保守,对新生事物持怀疑和反对的态度。这些都直接反映了员工的一种工作态度。

员工的每一种行为背后都有其本质的原因,对企业管理者来讲,需要透过员工的行为表现这个现象找出其本质,作出有针对性的调整,以营造开放、积极、创新、和谐的工作环境。

(二)员工需求层次

员工的需求是指员工发自内心对物质条件和精神条件的渴望。员工是企业生存和发展的主体。对于企业经营者来讲,只有激发员工的工作积极性,企业才能取得成功。企业员工的行为直接由其心理状态和需求层次决定,因此要想建立良好的企业文化,促进企业发展,就必须对员工需求状态进行分析。

在员工的需求层次研究上,马斯洛需求层次理论是被应用得最广泛的理论。亚伯拉罕·H.马斯洛(Abraham H. Maslow)提出,人有一系列复杂的需要,按其优先次序可以排成梯式的层次,其中包括四点基本假设:

第一,已经满足的需求,不再是激励因素。人们总是在力图满足某种需求,一旦一种需求得到满足,就会有另一种需要取而代之。

第二,大多数人的需要结构很复杂,无论何时都有许多需求影响行为。

第三,一般来说,只有在较低层次的需求得到满足之后,较高层次需求才会有足够活力驱动行为。

第四,满足较高层次需求的途径多于满足较低层次需求的途径。

马斯洛理论把需求分成生理需求、安全需求、社交需求、尊重需求和自我实现需求五类,依次由较低层次到较高层次。

1. 生理需求:对食物、水、空气和住房等的需求都是生理需求,这类需求级别最低,人们在转向较高层次需求之前,总是尽力满足这类需求。一个人在饥饿时不会对其他任何事物感兴趣,他的主要动力是得到食物。即使在今天,还有许多人不能满足这些基本的生理需求。管理人员应该明白,如果员工还在为生理需求而忙碌,他们所真正关心的问题就与他们所做的工作无关。当努力用满足这类需求来激励下属时,我们是基于这种假设,即人们为报酬而工作,主要关于收入、舒适,等等,所以激励时试图利用增加工资、改善劳动条件、给予更多的业余时间和工间休息、提高福利待遇等来激励员工。

2. 安全需求:安全需求包括对人身安全、生活稳定以及免遭痛苦、威胁或疾病等的需求。和生理需求一样,在安全需求没有得到满足之前,人们唯一关心的就是这种需求。对许多员工而言,安全需求表现为安全而稳定以及有医疗保险、失业保险和退休福利等。主要受安全需求激励的人,在评估职业时,主要把它看作不致失去基本需求满足的保障。如果管理人员认为对员工来说安全需求最重要,他们就在管理中着重利用这种需求,强调规章制度、职业保障、福利待遇,并保护员工不致失业。如果员工对安全需求非常强烈,管理者在处理问题时就不应标新立异,并应该避免或反对冒险,而员工们将循规蹈矩地完成工作。

3. 社交需求:社交需求包括对友谊、爱情以及隶属关系的需求。当生理需求和安全需求得到满足后,社交需求就会突显出来,进而产生激励作用。在马斯洛需求层次中,这一层次是与前两层次截然不同的另一层次。这些需求如果得不到满足,就会影响员工的精神,导致高缺勤率、低生产率、对工作不满及情绪低落。管理者必须意识到,当社交需求成为主要激励源时,工作被人们视为寻找和建立温馨和谐人际关系的机会,能够提供同事间社交往来机会的职业会受到重视。管理者感到下属努力追求满足这类需求时,通常会采取支持与赞许的态度,十分强调能为共事的人所接受,开展有组织的体育比赛和集体聚会等业务活动,并且遵从集体行为规范。

4. 尊重需求:尊重需求既包括对成就或自我价值的个人感觉,也包括他人对自己的认可与尊重。有尊重需求的人希望别人按照他们的实际形象来接受他们,并认为他们有能力,能胜任工作。他们关心的是成就、名声、地位和晋升机会。这是由于别人认识到他们的才能而得到的。当他们得到这些时,不仅赢得了人们的尊重,同时就其内心因对自己价值满足而充满自信。不能满足这类需求,就会使他们感到沮丧。如果别人给予荣誉不是根据其真才实学,而是徒有虚名,也会对他们心理构成威胁。在激励员工时应特别注意有尊重需求的管理人员,应采取公开奖励和表扬的方式。布置工作要特别强调工作的艰巨性以及成功所需要的高超技巧等。颁发荣誉奖章、在公司刊物上发表表扬文章、公布优秀员工光荣榜等手段都可以提高人们对自己工作的自豪感。

5. 自我实现需求:自我实现需求的目标是自我实现,或是发挥潜能。达到自我实现境界的人,接受自己也接受他人。解决问题能力增强,自觉性提高,善于独立处事。要满足这种尽量发挥自己才能的需求,他应该已在某个时刻部分地满足了其他的需求。当然有自我实现需求的人可能会过分关注这种最高层次需求的满足,以至于自觉或不自觉地放弃满足较低层次需求。自我实现需求占支配地位的人,会受到激励,在工作中运用最富于创造性和建设性的技巧。重视这种需求的管理者会认识到,无论哪种工作都可以进行创新,创造性并非管理人员独有,而是每个人都期望拥有的。为了使工作有意义,强调自我实现的管理者,会在设计工作时考虑运用适应复杂情况的策略,会给身怀绝技的人委派特别任务以施展才华,或者在设计工作程序和制定执行计划时为员工群体留有余地。

马斯洛需求层次理论假定,人们被激励起来去满足一项或多项在他们一生中很重要的需求。更进一步说,任何一种特定需求的强烈程度取决于它在需求层次中的地位,以及它和所有其他更低层次需求的满足程度。马斯洛的理论认为,激励的过程是动态的、逐步的、有因果关系的。在这一过程中,一套不断变化的"重要"的需求控制着人们的行为,这种等级关系并非对所有的人都是一样的。社交需求和尊重需求这样的中层需求尤其如此,其排列顺序因人而异。不过马斯洛也明确指出,人们总是优先满足生理需求,而自我实现的需求则是最难以满足的。马斯洛的需求层次理论阐明人们究竟会重视哪些目标,也说明了哪些类型的行为将影响各种需求的满足,但是对为什么会产生需求涉及得很少。这些理论也指出,大多数人都存在着较高层次的需求,而且只要环境不妨碍这些较高层次需求的出现,这些需求就能激励大多数人。许多研究表明,高层管理人员和基层管理人员相比,更能够满足他们的较高层次的需求,因为高层管理人员面临着有挑战性的工作,在工作中他们能够自我实现,在另一方面,基层管理人员更多地从事常规工作,满足较高层次需求就相对困难一些。而且需求的满足根据一个人在组织中所做的工作、年龄、公司规模以及员工文化背景等因素的不同而有所差异。

生产指挥系统的管理人员在安全、社交、尊重和自我实现方面比科室人员感到更大的满足,双方在尊重和自我实现需求上差距最大。在尊重和自我实现的需求方面,年轻员工(25 岁或以下)的要求比较年长的员工(36 岁或以上)更强烈。低层次的管理部门和小公司的管理人员比在大公司工作的管理人员更易感到需求得到满足。事实表明,个人和组织中的事件能够而且确实能改变需求。组织中的习惯做法会强烈地影响许多高层次需求产生并给予满足。例如,根据过去胜任工作而给予晋升能够激发员工的尊重需求。而且,随着管理人员在组织中的发展,安全需求逐渐减弱,而社交、尊重和自我实现需求则相应增强。下面是需求层次理论的主要研究发现的概括:

1. 需求可以认为是个人努力争取实现的愿望。

2. 只有满足较低层次的需求,高层次需求才能发挥激励作用。

3. 除了自我实现,其他需求都可能得到满足,这时它们对于个人来说,重要性就下降了。

4. 在特定时间内,人可能受到各种需求的激励。任何人的需求层次都会受到个人差异的影响,并且会随时间推移而发生变化。

三、企业群体的行为

企业员工群体行为决定企业整体精神风貌和企业文明程度,因此,企业员工群体行为塑造是企业文化建设的重要组成部分。员工群体行为塑造不能简单地理解为组织职工政治思想学习、企业规章制度学习、科学技术培训,开展文化、体育、读书以及各种文艺活动。虽然这些活动是必要的、不可或缺的,但员工群体行为塑造不仅仅限于此,它包括以下几个方面的内容:

1. 增强全体员工的凝聚力,使全体员工目标明确、团结一致、不畏艰辛、开拓进取。这里所提到的"凝聚力"也是指企业员工之间的"团结力",我们也常用"团结就是力量"来说明凝聚力的作用,其实"凝聚力"是属于企业经营者在管理企业中,运用管理手段,超值完成员工使用价值,同时员工也获得了自我人生价值实现的一个新途径,它由文化力、自我力、作用力三个方面组成。文化力主要是指一个企业文化的号召力量,包括着企业理念力(软性文化力)和管理制度力(硬性文化力);自我力指一个人先天和后天所接受的新事物后改造自己所达成的信念;作用力指企业文化力与员工自我力之间力的大小对比所产生的吸引力与排斥力的一个表现。

作为企业文化建设来讲,必须要重视企业凝聚力建设,但在凝聚力使用时要注意以下几点:

(1)转化阻力。在企业凝聚力的使用过程中,我们肯定会遇到这样或那样的阻力,当碰到问题的时候,我们不应该一棍子把阻力打死,我们要学会分析阻力为什么会产生。如果阻力是准确的,是为企业发展服务的,那么我们就应该调整凝聚力的方向;如果分析得知阻力的产生不是建立在企业利益基础上的,而是建立在个人利益之上的,我们应该将阻力排除,并且转换阻力为统一,形成新的凝聚力。

(2)讲究方法。凝聚力的使用是要讲究方法的,因为凝聚力是个变量,我们在运用凝聚力的时候应该保持着凝聚力所产生的能量,补充凝聚力的动力,如给员工以鼓励(物质、精神)。作为企业资源,它的利用需要更新和补充,只有这样才能长久地运用凝聚力来为企业服务。

(3)使用过程中培育。凝聚力是可以培育的,作为一个企业发展过程中的一个资源,它的增展性是无限的,硬件上可以完成员工素质的培育工作,在软件上可以完成政策的鼓励工作。企业凝聚力培育是长久而艰巨的工作,我们应该重视并且引导它培育方向,使它能尽快成长并保持与企业同步发展。

2. 把员工个人的工作同自己人生的目标联系起来。这是每个人工作主动性、创造性的源泉,它能够使企业发挥集体协同作用,唤起企业员工的广泛热情和团队精神,达到企业既定目标。当全体员工认同企业的宗旨、每个员工体验到在共同目标中有自己的一份时,他就会感到自己所从事的工作不是临时的、权宜的、单一的,而是与自己人生目标紧密联系的。当个人目标和企业目标之间存在着协同关系时,个人实现目标的能力就会因为有了企业而扩大,把这种"组合"转变成员工个体行为,就会有利于员工形成事业心和责任感,建立起对企业、对奋斗目标的信念。

3.每个员工都必须认识到,企业文化是自己最宝贵的资产,它是个人和企业成长必不可少的精神财富,以积极处世的人生态度去从事企业工作,以勤劳、敬业、守时、惜时的行为规范指导自己的行为。

从事企业工作就像从事其他一切经济活动一样,必须有一种精神力量和内在动力去推动。一个良好企业文化氛围的营造离不开全体员工的努力,要让企业每位员工都意识到良好企业文化的形成不仅客观上有利于企业的发展,而且一个好的企业文化会在潜移默化中改造员工的思想观、价值观和经营观,规范员工的行为,成为员工个体的宝贵精神财富。

【实例】

从华农文化看企业家精神境界的导引作用

华农集团董事长李广富反复讲这样一句话:几十个人搞乡镇企业时,我可以自己管好;几百个人的企业,要靠制度管理;发展到现在跨区域的大集团,就要靠文化管理。每次听到这句话,我都会想起有经营之神美誉的松下幸之助说的那句名言:"几十个人的企业,我身先士卒,几百个人的企业,我监督管理,几千人上万人的企业,我唯有祈祷。"这位大师级人物所说的祈祷是什么? 这就是指文化。

华农集团抓文化管理,创造了"华农现象",为华农文化作了最好的诠释。下面提供一组数据。2002年华农进入了中国500强,人均创利和人均销售指标,排在第31位,销售利润率和资产利润率指标,排在第45位。15年来,生产加工规模增长了几十倍,利润额增长了500多倍,销售额增长了600多倍,给国家创造税收由26元增长到1.1亿,职工的人均收入增加了10多倍。这就是华农集团在李广富董事长的带领下所取得的业绩,这也就是他最津津乐道的企业文化管理的成果。

应该指出,企业文化是一个企业员工普遍认同的理念和行为的规则系统。企业家的精神境界在这里起着重要的导引作用,但并不等于企业文化全部。我强调企业家是企业精神领袖,并不是说企业文化创建只是企业家个人的行为。企业家在创建企业文化方面,更重要的是把自己萌芽的理念和思路定格化,固化下来,再经过专家学者提升,变成企业群体共有东西,真正形成企业文化符号、文化环境,最后塑造出文化人格。当今全球化已从传统竞争层面上升到文化竞争层面上,企业到了必须导入文化战略的时候了,有作为的企业家都认识到了这一点。

(资料来源:姚祖军:《论企业家精神的内涵与中国企业家精神的缺失》,《经济师》,2004-08-05。)

【即问即答】

1.为什么说企业家是企业文化的人格化?

2.探究员工行为的原因对企业文化建设有何作用?

3.如何理解企业文化是员工最宝贵的资产?

任务三　企业文化环境塑造

任何企业都生存于一定的环境之中,并在环境中发展。企业在适应环境的同时,又要对环境进行改造。企业环境是企业文化建设中一个不可忽略的内容,一个良好企业文化的建设,离不开其环境的塑造。美国学者迪尔和肯尼迪在《企业文化》一书中提到,企业文化是由企业环境、价值(观)、英雄、习俗和意识、文化网络等五个因素组成。其中第一个因素就是企业环境,他认为企业环境是形成企业文化的唯一的而且是最大的影响因素。他们所说的企业环境不包括企业的内部环境,而是指企业经营所处的极为广泛的社会和业务环境,包括市场、顾客、竞争者、政府、技术等周围的境况。有的学者认为,严格地说,这种作为企业文化的"影响因素"的企业环境,并不能视作企业文化的组成因素,他是在企业文化系统之外的东西。

企业环境是指企业生存和发展所依赖的各种相关因素的综合。这个定义告诉我们,每个企业生存和发展都要依赖于周围其他事物,因为每个企业都不能孤立存在,都同其他事物联系着,而周围其他事物就是这个企业生存和发展的外部条件,即企业外部环境。同时,每个企业的生存和发展还要依赖于其内部各个相关因素,因为企业内部各个因素不能孤立存在,都同其他因素联系着。企业内部各个相关因素,就是这个企业生存和发展所依赖的内部条件,即企业内部环境。由上可知,企业环境是一个综合概念,它既包括企业外部环境,又包括企业内部环境。

操作指南

一、企业内部环境

(一)组织环境

主要是指企业组织结构、管理体制、企业家的素质、职工队伍的素质以及用人机制、管理机制和约束机制等。这些因素直接影响到企业是否具有活力、人才是否发挥作用、管理是否科学民主、监督和约束机制是否有效。

(二)人文环境

主要是指企业良好的生产、生活环境,先进的技术设备,以及融洽的人际关系、良好的公共关系、协调的人与环境关系等。这些因素对于提高企业的经济效益、社会效益和环境效益有着重要意义。

(三)经营环境

经营环境既包括企业内部组织环境、心理环境、人文环境,还包括企业外部市场环境、技术环境、资金环境、信息环境、投资环境、劳动力环境等。这些因素是确保企业形成良好经营环境不可缺少的重要条件。

(四)物质环境

主要是指企业开展正常经营活动所离不开的物质要素,如原材料、燃料、动力、场地、厂房、机器设备、资金等,这些要素参与了企业经营的全过程。这些物质条件是否具备及其利用程度都在很大程度上影响着企业的经营效益。随着当今社会环境保护意识的加强,一个企业要持续发展,必须要做到降低能耗、降低污染,为此,需要从可持续发展观念入手,这是企业文化建设中不可忽视的一个方面。

二、企业外部环境

所谓企业外部环境是指影响企业经营活动的各种因素和条件的总和,分为一般环境和任务环境,其中一般环境是对所有企业都产生影响的因素总和,而任务环境是对特定企业产生影响的因素总和。企业是一个开放的组织,通过从外部输入各种组织需要的资源,通过企业内部运作,形成企业产品(服务)输送到外部,完成企业的一个经营循环。企业正常运营离不开企业外部环境,不同环境对企业经营活动产生着深远影响。从企业外部环境属性来看,其主要有以下几种:

(一)社会业务环境

社会业务环境是指企业开展正常经营直接相关的各种业务因素和业务条件。包括一定社会的基本经济结构、社会劳动生产率水平、人们生活方式、社会金融体制、工资水平、商品价格水平、经济发展水平和速度等。这些环境的优劣直接关系到企业经营效益高低,进而影响到企业经营思路和具体的经营行为。

(二)市场环境

市场环境是指企业所处要素供应市场和竞争市场以及社会共同的价值观念。企业需要从外部输入资源,要求要素市场健全,如原料市场、动力市场、人力市场、资本市场、信息市场和技术市场等。同时一个规范有序的市场竞争环境和兼容并蓄的社会价值观念环境也是一个企业正常发展必不可少的外部环境。

(三)政府环境

随着市场经济的进一步发展,政府对企业影响从直接干预转向间接影响,但这并不等于政府放弃了对企业的作用,只不过是政府在对企业管理的方式上发生了根本变化。政府为了营造良好的经济环境和社会环境,会通过制订相应政策制度对经济生活施加影响,如制定方针政策、法规法令调整社会经济、文化、教育等方面的行为,进而对企业日常经营行为进行影响。由于政府环境属于一般环境,对所有企业都发生着作用,具有很强的刚性,因此作为企业来讲,对政府环境只能采取积极主动方式进行适应,而不能怨天尤人、消极悲观。

三、企业内外部环境与企业文化的关系

企业内外部环境与企业文化有着十分密切的关系。企业环境在企业文化的形成中起着重要作用,对企业文化的形成起到了基础性作用,但一个良好企业文化氛围形成,在客观上为企业经营管理营造了良好环境。

(一)企业环境对企业文化的促进作用

企业文化的形成与发展离不开一定环境,企业环境对企业文化建设的作用表现在以下几点:

第一,通过企业环境建设,可以改善员工的劳动和生活条件,为企业文化建设创造一定物质条件。企业是员工赖以劳动和生活的地方,任何企业首先要有一个适合于劳动和生活的环境,并且具备必要的设施,以保证员工及其家属和附近居民的安全、健康,使员工能够安全地、文明地生活和工作。如果员工经常处于不安全、有害健康、条件恶劣的环境中,得不到关心、重视和改善,员工就不可能有积极性、创造性,更不会产生对企业的向心力、凝聚力。

第二,通过企业环境建设,提高员工素质和能力,促进企业文化内涵的提升。心理学认为,影响人智力和性格的因素,有遗传的,也有环境的。其中环境因素,主要是社会环境和

文化环境,它们相对于遗传因素而言,是后天的,并能影响员工素质和能力。一个企业能创造一个让企业员工实现"自我价值"的最佳环境,员工的思想素质、道德素质、业务素质以及各种能力就会有较大提高,他们的聪明才智就会得到充分的发挥,进而为良好企业文化形成提供了宽松环境。

第三,通过企业环境建设,在员工中形成和谐的人际关系和共同的价值观,促进企业文化的形成和发展,发挥企业的整体能量。就企业内部环境而言,企业内部人际关系是否和谐十分重要。而人际关系的和谐有赖于企业共同价值的引导。因为价值观一致意味着有共同价值标准和价值目标,从而会形成相近的价值评价、价值追求和进行协调一致的创造活动,员工就会发挥主动性和积极性,最终形成并发挥企业整体能量。一旦企业形成了整体能量,就可以大大加强企业的凝聚力和向心力,为企业进一步发展创造强大的动力。

第四,企业环境的建设,可以促进企业改善对科学技术的态度。在科学技术迅猛发展的环境中,企业必须善于学习科学技术,善于引进、消化和吸收别人的先进技术,更要善于创新,以发展自己的专有技术。这要求企业建立起一种能够调动广大员工追求科技进步的积极性和创造性的企业精神,建立科技是第一生产力的经营思想,正确对待科学技术。一旦在企业中形成了正确务实的科学观念,则可以大大加速企业成长。

(二)企业文化对企业环境的反作用

首先,企业文化能创造和谐稳定的内部环境。企业文化具有的协调功能,可以营造和谐稳定的内部环境。由于每个企业成员都有自己的成长背景和教育背景,形成了不同的性格特点和价值观念,因此企业越大,企业成员越多,企业管理难度就越大,企业内部环境就越难和谐和稳定。因此,现代企业管理需要借助企业文化的同化作用,由于建立了组织成员认同的企业文化,就可以通过文化的"润滑"和"消声"作用,企业成员之间会努力通过一些文明方式解决矛盾,而不至于发生"过火的"、"越轨的"行为,营造协调和稳定的企业环境,为企业的运营提供良好环境。

其次,企业文化能有效引导良好企业外部环境建设。我们在对企业环境进行分析时,认为企业外部环境分为一般环境和任务环境,对于一般环境企业只能进行适应,而对于任务环境,企业则可以通过自己的努力对之施加影响,使其朝有利于自己的方向发展。社会是由众多个体组成的,社会的基本价值观念和行为方式是由众多个体价值观念和行为方式综合提升而来的。企业在日常的经营过程中,通过各种媒介,向社会公众不断地传递企业信息,其中就包括企业文化方面的情况,一个良好的企业文化一旦传递到了公众中并被社会公众予以接受,则可以深刻地影响社会公众行为,进而通过公众个体的行为改变,起到影响整个社会行为的作用。在信用缺失的社会环境中,各社会个体的正常运行受到了严重影响,作为每个社会个体来说,渴望能拥有一个信用良好的社会环境,此时,如果一个或若干个恪守信用的企业通过各种途径大力传播自己诚信的企业文化,则容易引起社会的共鸣,获得各社会个体(包括政府)的支持和身体力行,最终改变整个社会的诚信状况。

企业环境与企业文化是相互联系、相互作用的,良好的企业环境有利于企业文化建设,反之,良好的企业文化则可以有效地影响企业环境或使企业更好地适应企业环境。企业文化不能脱离企业环境而孤立存在,企业环境的改善也离不开企业文化的建设,它们是辩证统一的关系。

【实例】

松下企业文化的"中国化"

在中国,松下是高质量的代名词。与其他大多数国外公司一样,松下是在中国改革开放以后才开始大举进军中国市场的,但在仅仅 20 年的时间里,松下在中国就取得了巨大成功。松下在经营过程中,充分发挥了其在技术、管理和经营等方面的优势,除此之外,它的成功还有更秘密的法宝,那就是适应中国的环境,培植适合中国的企业文化。

松下在遵循根本经营理念的同时,前社长山下俊彦于 1984 年提出了松下在海外开拓事业的基本思路:(1)从事受所在国欢迎的事业;(2)依照所在国的有关方针促进事业的发展,同时力争使所在国政府充分理解公司的做法;(3)积极推进海外技术的转让;(4)使在海外生产的产品在质量、性能和成本方面具有国际竞争力;(5)建立能赢利的经营体制,自己解决事业扩大所需的资金;(6)努力培养当地员工。总而言之,松下的投资必须受所在国欢迎,更明确地说,就是"为了所在国的人们,依靠所在国的人们"来实现松下的经营目标。

在中国,松下一直坚持制定切合中国实际的经营目标。松下集团希望通过积极培养当地管理人员来实现产品开发和设计的当地化,同时促进国际间的人才交流,从而使松下的经营理念和企业文化在中国得到认可。松下电器中国有限公司的总经理青木俊一郎把这种做法称为松下企业文化的"中国化",并将能否彻底实现"中国化"看成是松下能否在中国取得成功的关键。

松下公司也将其颇具特色的松下企业文化带到了在华的合资企业中,并与中国文化逐渐融合,而且在两种文化相互碰撞和摩擦过程中,初步形成了具有中国特色的松下企业文化。

外资企业管理蕴含着文化的交流、冲突与碰撞以及文化的摩擦、融合与再生,跨文化管理已成为外资企业经营与管理成功与否的重要因素。松下在华的成功就是一个很好的例子。松下从一开始进入中国时就清醒地认识到,要想在中国取得成功,就必须扎根于中国,踏踏实实地从头干起。松下并没有把它在其他地区的成功经验直接搬过来套用,而是针对中国的实际情况和文化背景,力求松下企业文化与中国企业文化的融合和再发展,所以松下在投资初期就确定了能够为中方员工所接受的企业目标,统一了认识。在经营管理过程中,松下的价值观、管理模式和企业精神也渐渐被中方员工所接受,并促使员工在工作中积极地推行它,这都对松下的发展起到了重要推动作用。

【即问即答】

1. 企业内容环境有几种类型?
2. 你如何看待企业环境与企业文化之间的关系?

项目小结

◆文化有其独特的表现形式。企业文化可以通过企业各种行为方式予以显现,这些方式包括企业的各种活动和企业专门设计的形象识别系统。

◆企业文化的塑造与企业主体行为和认识紧密相连。在企业文化建设中,必须重视企业主体的各种自觉和不自觉的行为。

◆企业家是企业文化塑造的领导力量和中坚力量,在中外著名企业的文化建设中,都离不开企业创始人或企业著名领导者的深刻影响。

◆企业的生存和发展都脱离不了一定环境。这个环境就是企业环境,重视企业环境的建设是企业文化建设的必然要求。

◆在企业环境中特别要掌握企业内部环境对企业文化建设的影响,通过适当的方式改善企业内部环境,加强企业文化塑造。

模仿训练

知识题

1.名词解释

(1)企业环境

(2)企业精神

(3)企业行为

(4)价值观念

2.填空题

(1)CIS 包括＿＿＿＿＿＿、＿＿＿＿＿＿、＿＿＿＿＿＿三个系统。

(2)企业文化现象是以人为载体的现象,由一个企业的全体员工＿＿＿＿＿＿、＿＿＿＿＿＿、＿＿＿＿＿＿。

(3)＿＿＿＿＿＿是企业生存和发展的主体。

(4)企业员工群体行为决定企业＿＿＿＿＿＿、＿＿＿＿＿＿。

(5)＿＿＿＿＿＿在企业文化的形成中起着重要的作用,对企业文化的形成起到了＿＿＿＿＿＿作用。

3.简述题

(1)企业文化仪式和风俗可以分为哪三种?

(2)企业家会对企业文化塑造起到什么重要的作用?

(3)企业内部环境包括哪些方面?

技能题

1.CIS 对一个企业有着重要的作用,若你是一个企业家,你将如何有效运用 CIS?

2.企业文化形象地体现了一个企业的内在和外在形象,你认为一个企业拥有自己独特的文化重要吗? 如果重要,是如何体现的? 如不重要,请分析一下。

3.加入 WTO 后,外资企业进入我国,东西方拥有着截然不同的文化背景,企业文化也会有较大的区别,试分析一下,外资企业如何在中国塑造自己的企业文化环境。

案例题

1.案例一

TCL 顺势而变

TCL 在 2002 年初提出了二次创业口号。为什么 TCL 要进行经营变革呢? 这是由于

TCL所处环境发生了根本变化。据国内有关部门提供的资料显示,在市场方面,买方市场已形成。我国消费市场高速增长一直是带动我国经济增长的主要动力,但消费市场增长率逐年下降,1997年是13%,1998年降至10.5%,2001年为7.5%,过去由高速增长的市场带动起来的经济增长格局已发生变化,大部分消费品供过于求,造成许多产品领域过度竞争,而且这种竞争更趋激烈。

在竞争对手方面,TCL面临着三种类型的竞争对手:大型国有控股企业如联想、方正、海尔、康佳、海信等;民营或混合型经济企业如华为、创维、厦华、步步高、爱多等;跨国公司在华所设企业如索尼、东芝、松下、三星、飞利浦等。与跨国企业和大型国有控股企业相比,TCL在企业综合实力、经营管理水平、技术开发能力等方面并没有优势;与民营、混合型经济企业相比,TCL在经营机制、应变能力、经营成本等方面,也没有多少优势可言。另一方面,市场竞争也对企业提出更高的要求。在以往,企业凭借自己某些方面的优势,就能争得一席之地。1993年TCL上彩电项目时,在技术、生产方面并无优势可言,只是将市场优势和经营体制优势比较好地发挥起来,然后再逐步加强产品开发和生产能力,使得TCL在很短时间内崛起。但若在今天市场环境下,按这种方式搞同样一个新项目,几乎是不可能的。现在,企业要在市场竞争中生存发展就必须具备综合优势,必须适应经济发展和市场竞争要求,不断提高经营管理水平和竞争力。

基于以上考虑,TCL全面开展了企业经营变革和管理创新活动,要为自身争取更大的生存和发展空间。TCL认为,企业文化是企业领导和员工共同遵循的价值观。企业文化应该是全体员工思想观念的提升概括,而不完全是一种从上到下的灌输。经营变革、管理创新过程,就是企业经营理念的实践和传播过程。经营变革、管理创新一方面要对企业过去成功的经营思想、观念、方法、体制等进行回顾和总结,使之更广泛地为企业员工理解和接受;另一方面则应根据企业的发展目标和发展战略,积极主动地改善不足之处,提高经营管理水平,更新经营观念,建立更有效率的组织结构,以获得更大成功。同时,全体员工在向企业发展目标共同努力的过程中,逐步达成对共同价值观和共同行为准则的共识,从而形成能保障企业实现"创中国名牌、建一流企业"目标的企业文化体系。

思考题:
谈谈TCL的企业文化是怎样变革和发展的?

2.案例二

WATE公司重塑企业文化

WATE市政公司是美国芝加哥市给排水公用事业团体,它雇有2600名职工,年度预算达6700万美元,每年技术措施费用200万美元。

这些年来,WATE以恰当的方式执行了它的委托管理。不过它在发展过程中也面临着很多困难和争议,其高级官员时时受到责备,被判定为滥用公共基金。

WATE所面临的第一个问题,是众多的保护人问题。历届行政当局都设法把亲信人物安插到WATE的不大的职工工资名册之中,这样既增加经费负担,又影响决策效率。WATE所面临的第二个问题是官僚主义蔓延——这是组织管理理论家亨利·明茨伯格认为影响到一切较老组织的一个问题。一般的合同需要72个部门分别签署,且要花近9个月时间在官僚机构中做公文旅行,最后才能得到通过。

虽然有一套现代化的计算机系统在运行,WATE 中仍有至少一套的人工记录系统在分别运行,并且这些系统的反馈还有差别,没有人能肯定地说出任何时候的职工名册上到底有多少人。

WATE 的一切业务都用高度规范的官方备忘录格式进行。日常事务的处理都用书面方式,而不是面对面的——没有写在纸面上的事情别指望办成。

到了 70 年代后期,由于城市用水量的不断上升,用水量已超过系统的设计容量,使得这个机构的效率低下问题愈发突出。根据联邦环境保护局的有关法规,WATE 必须改善其设施。州环境保护局长认为,在 WATE 处于目前这种低效无能的官僚主义状态下,向这一组织增加投资是极不慎重的。而且,他还认为,要使这死气沉沉的公司恢复生机是十分困难的。尽管如此,他和他的新总经理亚当斯·李是个关键人物。亚当斯在接管 WATE 时年近六旬,已退居二线。他是个成功的企业家,富有进取精神,他的上任,使 WATE 中的绝大多数人受到鼓舞。

在使 WATE 恢复生机的头几个月中,亚当斯对该组织作了认真的调查,调查结果并不令人鼓舞。WATE 特别臃肿的上层,使得尽管在职务上规定由亚当斯负责该组织的运行,但大多数事情无论巨细都要受到一个顾问委员会的评审,任何决定都要委员会表决通过,尽管亚当斯本人拥有否决权。

更使亚当斯难于理解的是这一高度集中化的组织要向执行主管——一名人事文职官员汇报。设置此职位的原始意图是杜绝倾心政治的总经理们利用 WATE 去谋取私利。而实际上,这意图使亚当斯在 WATE 的日常管理中仅有很小的直接权力。因为每件事他都要向这位执行主管汇报,而后者能越过亚当斯直达顾问委员会。

从 WATE 的工作人员来看,存在着激励和不满的基础。最大的问题是人员的平均年龄达到 55 岁或更大。机构中大龄化的人员在第二次世界大战刚结束时就加入了公司,且其全部经历就是在这个机构中工作。所以,由退职而伴随的知识和技能的损失是有待亚当斯处理的一个严重的长期问题。而在另一方面,绝大多数人的忠诚和激励却是异常出众的。尽管在公众印象中,这是一个充斥保护人的官僚主义机构,但这些人员确实富有献身精神,他们真诚地盼望 WATE 尽可能有效地运行。

亚当斯在这一变革中的目的,不折不扣地要把 WATE 从一种倒退的、官僚主义的文化转变为他过去在自己公司内所熟悉的主动、肯干的姿态,从按部就班型的文化向努力工作、尽情娱乐型文化转移。

经过 6 个月的研究之后,亚当斯认为已到了行动的时机。为了重新塑造企业文化,他开始采取两个重大步骤:他聘用咨询顾问以加强这种变革的力量。并向 WATE 的主体——2600 名正式职工发布了一项备忘录,声明他开展变革的结果不会开除或解雇什么人。他说,他的目的是与 WATE 的有才能的职工们一起工作,以改进它的效能。后来人们对这第二个步骤很有争议:赞成者认为它为巩固某些基本变革赢得了时间,反对者则认为以宽济宽,有失公允,会形成不良惯性。

由 4 名咨询顾问组成的小组开始花 6 周时间来熟悉 WATE。在这一时期结束的一次会议上,决定了变革过程的第一个动作——建立由 WATE 职工组成三个重要的特别工作组与咨询顾问们在三个一致认为成问题的领域内一起工作。所选定的三个领域是:合同、公司运行和维护、人事。(1)合同,大家普遍认为应该做某些工作以加速签订合同的过程。(2)运行和维护,不顾执行主管下属的职能经理们的反对,委派了对运行和维修工作负责的第二个特别工作组。(3)人事,WATE 的经理们全都认为,有的人事方面的种种约束,不论问题的性质如何,事情没法按不同方式处理。

总共有25名专业或中层管理人员被指派组成这些不定期全脱产的特别工作组,这一动作本身在机构中引起了很大的震动,WATE 中的人们习惯于毫无保留地执行命令,因而25名成员很负责地出席了安排他们工作的首次会议。

与此同时,亚当斯又安排与执行主管、职能官员、总经理及他们的助手召开每周工作人员例会。他特意不把特别工作组成员作为例会成员,他要自己单独与他们一起工作。特别工作组在第一周并没做多少事。成员们不习惯于独立地工作;他们中有不少人感到对新任务不适应。到了第二周,小组成员开始在他们的会议桌上侃起来了。例如,合同工作组的工程师们在曾为之工作的项目未能为操作人员热情地接受时,听到了不满之声。他们惊讶地得知,由于工程师们未能向操作人员所做之工作进行指导,加上他们交付的设备难以操作和维护,使操作人员十分烦恼。双方都同意十分有必要就项目进行更好的相互联系。在其他工作组中,情况亦颇类似——每个人都大为惊异。

到了第三周,所有工作组都十分卖力地工作,就如何处理他们已辩明的问题酝酿意见。他们的建议书(在第七周时提交)由亚当斯、高级经理人员和顾问委员会审阅。在等待管理部门作出反应之前,这些工作组就已回去执行他们的建议了。工作组又增加了半打以上的成员。随着时间的推移,看来每个人都越来越专心致力于变革过程了。后来,反对设置工作组的人认为此举换汤不换药,公司高层领导应对前几周的混乱负责。

六周以后,各工作组提出他们的最终建议书——基本上是按他们的原始方案提供具体细节。高级管理部门提出某些反对意见并讨论修改。接着,注意力转向咨询顾问们关于使WATE 顺利进行和权力分散的建议书。他们提出:(1)取消执行主管一职;(2)取消各职能经理助理职位;(3)建立一条业务线(即排水和给水结构系统);(4)对于重要职能,诸如工程和环境计划等,重新委派工作人员,以期在排水和给水两个部门内建立真正的工程职能核心;(5)为新的计划系统设置计划主任这一新职位;(6)设立合同管理处,以掌握项目管理和合同系统。经过评审后,此方案已得到签署。

文件一签署,亚当斯就迅速行动。果真按照原先的诺言,没有解雇一名职工,人们全都各得其所。改组是十分全面的,事实上,就位的是一个新的经理班子。

六个月之后,再也没有人怀疑 WATE 已经发生了显著变化。尽管仍然有许多的文件和书面材料,但是也有了很明确的一致同意的重点。贯彻这些重点的真正的紧迫感,以及开始出现一种"我们能使事情发生"的精神。亚当斯相信,按此新模式运行一年或几年以后,新的企业文化将真正地建立起来。

思考题:
从企业家和员工行为出发,企业发展中企业文化如何建设?

3. 案例三

王安电脑的兴衰

1967 年,王安公司已在同行激烈的竞争中不仅站稳了脚跟,而且在不少方面处于领先地位。王安一举成为拥有 5000 万美元的富翁,王安公司也被评为美国成长率最高、最有潜力的少数精英公司之一。

80 年代中期,王安公司冲上了巅峰。其时,它的分公司遍及全球百余国家,员工 3 万多人,总营业额达 235170 万美元。80 年代中期是王安公司的鼎盛时期。然而,它未能摆脱"盛极必衰"的宿命,在极盛的巅峰中显示出了种种危机的征兆。

1. 产品趋于老化,缺乏新产品。自 60 年代以来,王安公司屡屡推出新产品,前后称雄达 10 多年。享尽成功之悦的王安自傲于自己的产品在设计和技术水平上的优势和声誉,未认识到微型电脑的崛起之势,而仍以中型电脑为主营方向。当 80 年代中后期 IBM 等公司都已致力于更为廉价和多功能的个人电脑之时,王安仍无视各方忠告,拒不开发新产品,致使公司的产品趋于老化而又缺乏新生代。

2. 客户逐步减少。电脑客户从使用方便出发,要求厂家保证电脑具有某些技术标准和兼容性,以便在不同机种和资料处理系统之间易于交换资料或交互使用。不少公司为了适应这一需求,纷纷推出与 IBM 产品相容的个人电脑。王安则固执己见,长期坚持生产与 IBM 产品不相容的电脑,引起客户的反感和不满。此外,王安还通过机器维修和其他附加费用,从老客户那里不断吸取钱财,伤害了众多老客户的感情。

客户 A 说:"我们公司因技术问题打电话询问王安公司,他们竟然要求收费 175 美元,简直不可思议。"

客户 B 说:"王博士可能是杰出的发明家,但绝不是杰出的企业家。"

3. 近亲繁殖,人才流失。王安出于浓厚的父爱,对其长子王菲德寄以厚望,非常希望王菲德能够继承父业,将王氏家庭的事业发扬光大。为了达到这一目的,王安曾安排王菲德在公司各个部门熟悉情况,但菲德经营素质欠缺且刚愎自用,表现令人失望。而王安却不顾他人的劝告,仍让菲德接任父职,出任公司总裁。公司决策层一时矛盾四起,跟随王安 20 年的销售能手愤而离去。与此同时,一系列的家族企业急剧膨胀,引起公司的进一步动荡。一些董事规劝无效后,亦挂职离去,致使公司的人才流失严重。1989 年 9 月,公司竟出现令人震惊的奇事:股东联名控告王安父子营私舞弊。无奈之下,王安撤掉了王菲德的职位,但公司已错过大好的发展时机,且已元气大伤。

1989 年,各国电脑业不景气,本已危机四伏的王安公司更是雪上加霜,公司股票从 1983 年的每股 40 美元降至 1989 年的 6 美元。1990 年 2 月,GEC 以最低价格收购了王安公司的海外租赁融资作业机构。3 月,法国的一家公司吞并了王安公司一家分公司……

面对如此态势,王安公司被迫在 8 月 18 日向法院提出破产保护申请,向社会公开承认了公司的崩溃局面。

思考题:

从企业文化塑造出发,谈谈王安公司失败的原因。

实训题

实训项目一:模拟公司的企业视觉识别系统设计

【实训目标】

1.理解企业文化建设中企业形象系统的角色和地位;

2.初步训练学生创意能力、设计能力。

【实训内容与形式】

1.以自愿为原则,6-8人为一组,组建一家模拟公司,自定公司名称,确定公司的经营范围。

2.结合所学知识和模拟公司实际,设计模拟公司的视觉识别系统,包括企业名称、标识、企业象征图案等。

3.方案要有新意,实用性强,部分可具有实验性。

4.班级组织一次评比交流。

【成果与检测】

1.每个小组提交一份公司视觉识别系统设计方案。

2.结合班级评比情况进行打分。

实训项目二:组建模拟公司,塑造模拟公司的企业文化

【实训目标】

1.培养初步运用企业文化理论解决问题的能力;

2.培养分析与建设企业文化的能力。

【实训内容与形式】

1.以自愿为原则,6-8人为一组,组建一家模拟公司,自定公司名称,确定公司的经营范围。

2.根据所学知识以及对实际企业所获得的信息资料,研讨并确定本公司的经营管理理念。

3.对本公司的企业文化塑造提出各种设想,并制定企业文化建设方案。

4.班级组织一次交流,各组谈谈公司的文化建设方案。

【成果与检测】

1.每个小组提交一份公司企业文化建设方案。

2.教师根据交流表现和书面材料评估打分

讨论题

1.如何理解企业"图腾"对企业文化建设的影响?

2.你是怎样理解企业文化塑造与企业管理之间关系的?

3.跨国企业在企业文化塑造中应注意什么问题?

模拟提升训练营

工商银行广西钦州分行开展主题教育活动

工商银行广西钦州分行深化开展"建设一流企业文化,培育服务价值理念"主题教育活动,在传承总行企业文化理念的基础上,发动全行员工参与提炼和总结,分行正式确立了具有鲜明特征的工行钦州分行企业文化"十字主题语",即"稳健、发展、敬业、服务、创新"。集中反映了该行现阶段的核心理念,浓缩了经营管理中所形成的思想精华,营造了"人人认真学习企业文化、个个自觉践行企业文化"的良好氛围,不断将主题教育活动推向纵深。

"十字主题语"之"稳健"

稳健是工行钦州分行的兴行之本,是各项业务开展的基础。任何时候都要依法合规、风险可控,在风险与效益的博弈中寻求平衡,在目标和步骤的选择上实现统一。坚持统筹兼顾、深思熟虑,坚持安全第一、制度至上,有章必循、执章必严,做到"三个相统一"——速度与质量相统一、业务发展与风险控制相统一、当期发展与可持续发展相统一。

"十字主题语"之"发展"

发展是工行钦州分行的第一要务,是一切工作的出发点和落脚点。实现发展,才能从根本上克服前进中的困难;坚持发展,才能真正有效应对激烈竞争。该行倡导的发展是全面、协调、稳健、可持续的发展,是同业争先、追求卓越、永无止境、与时俱进的发展,是事事抓落实、讲求实干、抢抓机遇、只争朝夕的发展。提高质量效益是工行钦州分行发展的本质要求,壮大经营规模是工行钦州分行发展的方向,以人为本是工行钦州分行发展的基本保障,实现经营效益和员工收入两个最大化。

十字主题语"之"敬业"

敬业是工行钦州分行生存发展的坚强基石,是事业取得成功的重要保障。敬业是一种态度,是一种责任,其内在表现为"四个做事"——用心做事、尽力做事、踏实做事、激情做事,具有一种勤奋不息、忠于职守、甘于奉献、敢于担当的思想境界,具有一种顾全大局、精诚合作、目标同向、工作同心的团队精神。敬业的外在表现为讲求细节,将每一个细节都做得精益求精;追求完美,将每一项工作都做到尽善尽美;少说多做、不找借口;注重落实、不打折扣;主动出击,不等不靠。

"十字主题语"之"服务"

服务是工行钦州分行的天职和生命线,是难以复制的核心竞争力。领导为员工、二线为一线、一线为客户是服务工作的根本要求,规范化、标准化、专业化是服务工作的必经之路,差别化、个性化、特色化是服务工作的必然选择。铸造良好的服务品牌,成为客户满意度最高和客户首选的银行是该行永不放弃的追求。

"十字主题语"之"创新"

创新是工行钦州分行兴旺发达的动力,是永葆生机的源泉。大至发展战略、小到服务形式,都要不断与时俱进,以新方法、新思路解决新情况、新问题,以新行动、新举措提高工作效率和竞争能力。创新的过程是一个"从无到有,有中做优,优中求进,进中求新"的过程,没有最好,只有更好。思维观念、工作方法、营销方式要创新,产品技术、服务管理、经营机制也要创新。创新要善于借势,善于学习,总结得失经验,放眼四海、博采众长;创新要有胆有略,勇于探索,敢为人先,超越对手,提升自我。

(资料来源:企业文化网)

图片展示

活动体验

体验步骤

一、动员阶段

1. 加强学习教育,认真学习贯彻活动主题:

组织职员通过多种渠道、多种活动形式,各部门负责人亲自组织主题班会组织学习讨论,营造感恩的气氛,唤醒员工意识,增强责任意识。

2. 加大宣传力度,使各职部门了解活动安排,统一思想

(1)号召全体员工,了解本次活动的具体安排,学习贯彻本次活动的主题,让主题深入人心,唤醒他们的责任感,增强责任意识。各部根据本部门实际情况制定出切实可行的计划。

(2)以各种板报、宣传海报等形式进行宣传,号召员工认真学习贯彻本次活动主题。宣传部负责检查各部门板报,并评出优秀部门。

二、全面实施阶段

扎实有效地开展一系列活动,推动各部门开展各种主题教育活动,来建设我们的文明和谐企业。

各部门采取可行措施,进一步巩固、深化宣传,达到理想效果。

三、总结阶段

各部门应积极主动地举办活动,开展活动总结、开展活动材料、图片及文明先进个人事迹材料上交,根据活动开展的情况和有关数据进行综合考评,然后评出文明单位、优秀个人。

活动感悟

　　主题活动的开展,有助于提高员工的思想认识水平,也是实现员工自我教育和不断学习的忠言手段,更能促进公司整体的文化建设。主题活动的顺利开展,可以产生良好的凝聚力,促进职员的内在团结和协作能力。在主题活动中,职员的主人翁意识会得到极大的增强,会形成很强的向心力和向上的意识。本次活动,要求活动的主体是全体员工。这样就能突出员工的能动性,自我要求、自我完善、自我进取的精神就会不断增强。

项目四

企业营销文化

>>>> >

业务导入

  企业营销文化贯穿于企业文化活动过程的始终,是一项复杂的系统工程。企业的任何营销活动都包含有一定的文化因素,也是在一定的文化背景中进行的。因而,企业在进行市场营销活动时,必须站在文化的高度才能立于不败之地。有人称"21世纪的营销是文化的营销",这句话不无道理。

目标设计

  知识目标——了解传统文化、地域文化、情感文化对企业营销行为的影响;

  技能目标——掌握企业品牌文化的含义、价值、作用;

  能力目标——联系企业实际或案例深入理解品牌文化营销策略。

引例:

杉杉实施品牌文化战略

  1993年公司率先提出品牌战略,从此,"杉杉"这一品牌风靡神州大地,成为家喻户晓的知名品牌。1994年,公司斥资200万元人民币,成功导入企业形象识别系统,促进了杉杉品牌、市场、产品的全面提升。同年,杉杉西服被中国服装协会及其他权威机构评为"中国十大西服之一"和"中国十大名牌服装之一",确立了"杉杉"品牌在全国的名牌地位。1995年杉杉又推行了行为识别系统,在北京香格里拉饭店举行了以"我们与世纪同行"为主题的展示会和时装表演;在中央电视台推出了"我爱绿色家园"植树节大型文艺晚会;在上海、南京、杭州、苏州、青岛、合肥、武汉、南昌、西安等城市,推出"让大地披上绿装"的绿化宣传活动和"绿叶深情"万人签名活动;同时企业还资助教育事业,向宁波大学广告专业捐资50万元,向中央音乐学院指挥系捐资200万元。通过这些活动,极大地提高了杉杉的美誉度,提升了杉杉的企业形象,这也符合杉杉集团美化人类环境、投身绿化和环境保护的企业理念。

  1999年,杉杉推出了大型品牌推广活动"不是我,是风"全国巡演。22个城市跑下来,为此投入了2000万元资金。2000万元只在中国刮了一阵风,杉杉认为很值:"第一次让中国人真切地感受到为什么服饰不仅是服饰,还是美学,还是文化。"杉杉品牌前些年在市场上一度出现过37%的最高市场占有率,以唯我独尊的品牌姿态出现。但在如今的品牌时代,企业盲目追求高的市场占有率,企图用单一品牌垄断市场,这是不可能的。杉杉强调:"我们要经营品牌,我们不再盲目扩张;相反,我们试图通过缩减规模来提升品质和品牌。"

杉杉用国际品牌来要求自己,"我们要做文化,叙述更多更美的故事,去引导时尚"。杉杉要做的是多品牌国际化战略。于是,市场上出现了"法涵诗"女装,还有"菲荷"女装、"意丹奴"休闲装以及与意大利、法国合作的"玛珂·爱萨尼"、"纪诺思"男装等十大品牌。

任务一　企业营销文化

人们常常将营销文化理解为商品完美的设计,精美的包装,充满诱惑力的广告以及独到的设计和别出心裁的展示会,等等。从形式或表面上来看,这些无疑都是营销文化的体现。然而,从实质上讲,营销文化则是对消费者心理需求、审美情趣以及性情偏好等精神方面特性的深层次探究。

操作指南

一、营销文化的含义

所谓企业营销文化,是企业在执行一系列营销策略基础上形成的一种文化现象,是一种高起点、智力型的竞争手段,服务并服从于企业的价值目标,渗透于企业营销过程的各个环节。营销文化作为文化建设的重要内容,它不仅蕴含着企业的经营哲学、价值观念、审美和道德观,而且体现在产品构思、设计、造型、包装、广告、商标、款式等方面。其根本宗旨就是把商品作为文化的载体,通过市场进入消费者群体,创造消费者需求由实用功能型消费向文化审美型消费转变,达到"以文促销,以商兴文"的目的。①

二、营销文化的传递过程

企业的营销文化是企业在执行一系列营销策略基础上形成的一种文化现象,它服务并服从于企业的价值目标,渗透于营销过程的各个环节。菲利普·科特勒将营销定义为:个人和集体通过创造并同别人交换产品和价值以获得其所需所欲之物的一种社会过程。

产品传递给消费者的价值和满足更多的是生理的需要,而当社会物质生活非常丰富时,消费者的价值和满足是在生理满足的基础上偏向文化价值观念。也就是说,营销者在产品传递过程中往往也传递着某种文化价值观念,消费者接受这种文化价值观念才能真正满意。市场营销者要实现文化价值观念的传递,从另一角度说,只有在营销过程中包含文化价值观念才能达到。这个过程如图 4-1 所示。

---

① 李晴:《企业营销文化建设》,《航空企业管理》2002 年第 4 期,第 38 页

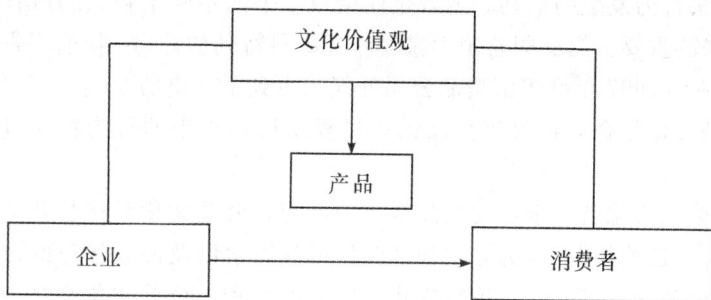

图 4-1　营销文化传递过程

三、企业营销文化的内容

(一)产品文化

一位营销大师说过这样一句话:不要卖牛排,而要卖嗞嗞声。看过德芙巧克力广告的人们一定忘不了广告中那位在渴望和感觉德芙巧克力的女士的"魂牵梦绕"的神态,而没有品尝过的人便会盼望自己也能有这样一种感觉。有时,产品实体中体现的差别很难辨别,其主要差别体现在附加层次、增值层次中的"文化差别",据此来影响消费者的心理和精神倾向,从而决定人们的购买行为,这就是产品中文化的魅力。①

产品文化主要是指反映在产品的设计构思、造型样式和商标、包装等方面的文化,作为商品必须适应消费者的消费心理与消费需求,影响消费者的消费观念。从广义上讲,产品不仅包括实体的物质属性,还包括产品的包装、品牌、特征、式样、安装、售后服务等无形特性。从文化学的角度,产品的有形实体和无形特质都是人类文化的体现,有形实体体现的是一种物质文化,主要满足人的基本需要,如蕴含中国 5000 年历史的酒类产品是为了满足人们"醉"的需要;无形物质则更多地表达一种价值和意义,如产品的式样、包装的设计、售后服务的保证和完善,已超越了基本满足的需要,是社会文化积累在产品概念上的拓展。我们将产品文化定义为提供给市场,在人们选取、使用或消费中满足人们某种欲望或需要的一切实体和价值观念的综合体现。

(二)品牌文化

品牌是市场竞争的强有力手段,但同时也是一种文化现象。优秀的品牌是具有良好文化底蕴的,消费者购买产品,不仅只是选择了产品的功效和质量,也同时选择了产品的文化品位。在建设品牌时,文化必然渗透和充盈其中,并发挥着不可替代的作用;创建品牌就是一个将文化精致而充分地展示出来的过程;在品牌的塑造过程中,文化起着凝聚和催化的作用,使品牌更有内涵;品牌的文化内涵是提升品牌附加值、产品竞争力的源动力。

品牌文化是在品牌的外在表现、品牌形象的树立方面重视文化因素的作用,体现品牌的文化内涵。海尔两个小孩拥抱的品牌标志和"真诚到永远"的品牌形象,IBM"服务第一"的品牌形象和蓝色底的标志等都表现品牌的文化内涵。

(三)促销文化

促销是通过一定的方式将产品或服务的信息传递给消费者,影响其购买决策和消费行

---

① 　陈亭楠:《现代企业文化》,企业管理出版社 2003 年版,第 344 页。

为,从而促使购买行为发生的活动。随着企业绩效水平的不断增强,在营销产品和服务中,促销的地位越来越重要。据美国营销学家菲利普·科特勒估计,10年前广告和促销的比率为60:40。他估计1997年许多消费品公司的促销占到了支出的60%—75%,最近20年来都在增长。促销文化是企业在促进商品销售过程所反映出来的行为特征,包括广告文化、公关文化等。

　　例如,企业公关文化就是企业文化高素质的显现。公关文化是指公共关系所体现的思想意识、价值取向、道德规范、行为方式和经营作风等因素以及民族优秀的传统文化所体现的价值观念、道德观念、风俗习惯、思维方式等因素的总和。公关文化是"内求团结,外求发展"的文化,它具有促进和加强企业凝聚力和向心力的功能。它把树立企业的良好社会形象,争取社会对企业的信任和支持放在首位,因而能够处理正确个人和企业之间的关系,对企业的向心力产生影响,从而使向心力成为凝聚力的推进剂,使企业内部形成"全员公关"的公关文化,指导公共关系行为。企业通过各种传播媒介,将企业的有关信息及时、准确、有效地传播出去,争取公众对企业的认知、了解、信任与好感,提高企业的知名度和美誉度,为企业及其产品推广形象,扩大影响,这是公关文化的重要功能之一。公关文化贵在坚持不懈,潜移默化地持续传播,而不能急功近利,追求一时的舆论轰动。当企业树立了较好的企业形象后,公关文化也应不断创新,做好传播推广普及等工作,不断加深公众对企业及产品、人员的良好印象,使之不断积累、巩固和强化。

　　在营销文化中,促销文化形式最为丰富,是最直观、最具活力的文化艺术形式,直接影响消费者的消费行为和消费心理。

(四)包装文化

　　包装对于商品来说,是种附属品,但包装的规格、形状等因素却常常影响商品的销售。因为,包装对商品具有美化作用,可以体现商品的附加价值即魅力价值。一种商品进行包装以后,首先进入消费者视觉的,往往不是商品本身,而是商品的包装。例如在自选商场中,包装起着"无声推销员"的作用。此外,包装本身也是一种商品,也是通过劳动创造的,它也具有使用价值和价值。一种商品有无包装,包装得是否得当,会直接影响到商品的价值。

【实例】

耐克的营销文化

　　耐克公司创建于20世纪60年代,当时公司首席执行官菲尔·奈特断定高档优质跑鞋一定会有销路,于是发动了一场制鞋业的革命。到80年代,他又把红红火火的运动鞋公司变成了一部营销机器。自1986年以来,该公司的股票收益率每年平均增长47%,在1986—1996年期间,《财富》杂志排出全美1000家公司中,该公司排在前10名之内。目前,该公司变成了一部体育运动机器,主办高尔夫球锦标赛之类的赛事,同时还销售运动器械和服装。

　　"体育、表演、洒脱自由的运动员精神"是耐克追求的个性化的公司文化。这个具有鲜明特征的公司文化一反传统观念的企业形象,是由公司创始人菲利普·奈特创立的。

　　耐克公司初创时为蓝带体育用品公司,它是以奈特在斯坦福商业研究生院上学时写的一篇论文为模拟创建的。奈特胡乱地收集了一些田径赛名将和体育迷的想法写在文章中,他们的头脑中有一个共同的目标:打败阿迪达斯。

作为公司的创始人,奈特把永不停息的个人奋斗和商业伦理贯穿于企业运营的始终。奈特被选入俄勒冈州大学田径队,成为专业中长跑队员后,他对体育用品的激情被磨掉了。后来他曾在 Price Waterhouse 当了 5 年会计师,他的商业意识也就是在那时培养起来的。俄勒冈传奇人奈特的田径教练彼尔·鲍尔曼,总是给他的明星运动员定做跑鞋。他告诉奈特,一个田径队是由一些个体队员组成的,每个人必须永不停息地拼命提高他或她的成绩,径赛运动员的信条是:"没有端点"。而 Price Waterhouse 给的启示是"商业行为有最基本的原则"。耐克的历史是以上两个信条不断对话的过程,是运动员的个人奋斗精神与商业约束相协调的过程。奈特与鲍尔曼开始共同创办蓝带,并于 1972 年更名为耐克,从那以后,它开始设计带本公司商标的鞋,并在亚洲生产。

永不停息是耐克的公司文化。当时,在美国运动鞋市场占据统治地位的是阿迪达斯、彪马和 Tiger。70 年代初期,慢跑热逐渐兴起,数百万人开始穿用运动鞋,因为运动鞋不仅穿着舒适,而且还是健康而年轻的象征——这就是大多数人向往的形象,运动鞋即将流行起来,但以阿迪达斯为首的"铁三角"却没有掌握这一发展趋势,"耐克"却跑步进入了。1974 年,鲍尔曼教练在烤华尔饼干的铁模中摆弄出一种脲烷橡胶,制成一种新型鞋底。这种鞋底是"华尔饼干"式的,鞋底还有小橡胶圆钉,使它比市场流行的其他鞋底的弹性更强,这项看上去很简单的产品革新推动了奈特的事业,产品迅速打开市场,耐克 1976 年的销售窗口从前一年的 830 万美元猛增到 1400 万美元。公司为开发新样式跑鞋而花费巨资,到 70 年代末,耐克公司有将近 100 名研究人员,其中许多人有生物、化学、实验生物学、工程技术、工业设计学、化学和多种相关领域的学位。这雄厚的研究力量开发出 140 余种不同式样的产品,其中不少产品是市场最新颖和工艺最先进的。这些样式是根据不同脚型、体重、跑速、训练计划、性别和不同技术水平设计的。这些风格各异、价格不同和多种用途的产品,吸引了成千上万的跑步者,使他们感到耐克是提供品种最齐全的跑鞋制造商,数百万各式各样、各种能力的跑步者都有了这种观念,这在一个正在发展的行业里是个非常吸引人的形象。

【即问即答】
耐克公司的营销文化是如何创立的?

任务二　企业品牌战略文化

世界管理学大师彼得·德鲁克认为:管理是一种文化现象,世界上不存在不带文化的管理。而在企业管理过程中,对于企业品牌、产品品牌的管理,我们也有理由认为:品牌是一种文化现象,品牌中蕴含有丰富的文化内涵。

品牌文化的管理也是企业文化管理中不可忽视的重要组成部分。

操作指南

一、品牌文化的含义

品牌(Brand)一词来源于古挪威文字 brand,意思是"烙印"。它非常形象地表达出品牌的含义——"如何在消费者心中留下烙印?"它是商标、名称、包装、价格、历史、声誉、文化内涵、符号、广告风格的无形总和。品牌文化,是指有利于识别某个销售者或某群销售者的产品或服务,并使之同竞争者的产品和服务区别开来的名称、名词、标记、符号或设计,或是这些要素的组合;是指文化特质在品牌中的沉积和品牌经营活动中的一切文化现象;以及它们代表的利益认知、情感属性、文化传统和个性形象等价值观念的总和。

(一)品牌附着特定的文化

品牌,是一种文化,而且是一种极富经济内涵的文化。品牌是文化的载体,文化是品牌的灵魂,是品牌的生命、产品的精髓、企业形象的内核、产品品质的基础,是凝结在品牌上的企业精华。所以,企业不能没有文化,产品不能没有文化,品牌不能没有文化,没有文化的企业及其产品、品牌是不具有品牌的生命、灵魂和气质的。

品牌是市场竞争的强有力手段,同时也是一种文化现象,含有丰富的文化内涵。在塑造品牌形象的过程中,文化起着催化剂的作用,使品牌更加具有意蕴与韵味,让消费者回味无穷,牢记品牌,从而提高品牌的认知度、知名度与美誉度,提高品牌的市场占有率。因为,具有良好文化底蕴的品牌,能给人带来一种心灵的慰藉和精神的享受。市场营销和品牌竞争的实践也证明:文化内涵是提升品牌附加值、产品竞争力的源动力,是品牌价值的核心资源,是企业的一笔巨大财富。所以,一些世界著名的大公司都密切关注"上帝"的消费心理变化,开始以满足消费者心理需要带动物质消费。麦当劳提出:"我们不是餐饮业,我们是娱乐业。"法国香水店说:"我们不卖香水,我们卖的是文化。"可口可乐、麦当劳、万宝路、海尔公司之所以家喻户晓,除了其企业形象策略外,它们还赋予了其企业及其产品、品牌极高的文化内涵和精神价值、人文价值。

品牌包含着文化,品牌以文化来增强其商品附加值。但品牌在吸收借鉴文化时,本身也在创造一种新的文化。当计划经济时代的落后经济环境被市场经济时代的激烈竞争环境所替代时,中国人的心理产生了巨大的变化。人们从新体制、新生活、新产品中感到旧价值已失落,一种新型的文明将主导人们的行为方式和改变人们的生活消费观念。品牌文化中所创造体现出来的那种新型文化,正顺应了时代的潮流,符合市场经济的需要,因此,人们在购买品牌商品时也就在学习、体会这种新的文化。

(二)品牌中蕴涵着民族精神

提及品牌中蕴涵着民族精神,就不能不使人想起可口可乐换配方的往事。1985 年 4月 3 日,当可口可乐公司董事长罗伯特在纽约市的林肯中心宣布更换可口可乐配方,推荐"更圆润,更可口"的 New Coke 以后,借助媒体的广泛传播,在 24 小时之内,有 81% 的美国人知道了这一消息,其公众获悉率竟超过了 1969 年 7 月的阿波罗登月。在"新可乐"问世的当天,就有 1.5 亿人品尝到它。新产品走进市场如此之速,几乎是绝无仅有的。但这并未因此使新可乐代替老可乐的计划得以成功,由于老可乐消费者的极力反对、抗议以及竞争对手的"助力"(通过媒体广告掣肘新可乐入市),可口可乐公司不得不在新可乐上市的 79 天后恢复老可乐的生产。虽然可口可乐更换配方未能如愿,但是,人们却从中发现了可口可乐品牌或产品深处隐含着的文化。"可口可乐"不仅是一种碳酸饮料,而且是享誉全球的饮料品牌,同时它也是美国文化的象征。正像怀特所说,"可口可乐"代表着美国精神。喝一口可口可乐,不仅可以感受到清凉,似乎还把整个的美国精神灌进了体内。可口可乐瓶中装的是美国人的梦。还有"麦当劳",它蕴含着工作标准化、作业高效率、生活快节奏的美国文化。

(三)品牌中蕴涵着企业经营理念

企业经营理念是品牌的灵魂。所有成功的企业都有非常科学的符合企业发展战略目标的企业经营理念以及具有强烈特色性的企业文化。不言而喻,上百年的老企业很多东西都变了,唯有企业的精神恒久不变。企业文化就是企业精神,也就是企业的灵魂,而这个灵魂是企业永远不衰的理念支柱。

通过十多年的市场磨炼,海尔集团在品牌经营的实践中也逐渐形成了自己的一套企业经营理念,形成了"海尔"品牌特有的文化体系。关于竞争,海尔有"斜坡球体论":企业如同一个在斜坡上正在向上运动的球,它受到来自市场竞争和内部职工惰性而形成的双重压力,如果没有一个止动力,它就会下滑,这个止动力就是企业内部管理。以这一理念为依据,海尔集团创造了"OEC管理法"。关于质量,海尔产生了"有缺陷的产品就等于废品"的认识。为此,张瑞敏让工人砸掉了有缺陷的76台电冰箱,从而唤醒了员工的质量意识和品牌意识,建立起了无缺陷管理的品牌文化。关于服务,海尔认为"服务始于销售的开始"。在这一理念指导下,创造了海尔星级服务体系。这个原本是服务业的质量管理体系被引入制造业,的确是创新之举,却也是海尔品牌文化的重要构成。

尼采曾说过:"当婴儿第一次站起来的时候,你会发现,使他站起来的不是他的肢体,而是他的头脑。"对品牌而言,如果说产品的质量、特色、设计等要素是品牌的肢体,那么,蕴涵在其中的文化则是品牌的头脑。品牌正是透过其文化力去赢得消费者和社会公众对其标定的产品的认同感、亲和力,进而提升了品牌形象,促进了产品销售。

二、企业品牌化战略

品牌是文化的载体,文化是凝结在品牌上的企业精华,也是对渗透在品牌经营全过程中的理念、意志、行为规范和团队风格的体现。因此,当产品同质化程度越来越高,企业在产品、价格、渠道上越来越不能制造差异来获得竞争优势的时候,品牌正好提供了一种解决之道,企业品牌应从以下几点突破。

(1)品牌应能使消费者联想到产品的利益。要使产品能从大量的同类产品中脱颖而出,该产品首先要能吸引消费者的注意力。例如Energier电池上市不久便取得了巨大成功。其原因很简单,因为,消费者一眼就将产品的品牌"Energier"与产品的性能"高效"联系在一起。"海飞丝"不仅品牌名称优雅动听,而且还能使人联想到其独有的特色。北京同仁堂集团公司"济世、养生"的宗旨,体现了"讲义气、重人和"的思想,他们真正把职工当做企业的主人,尊重职工的民主权利,富有人情味,极大地调动了职工的积极性和创造性。

(2)应易读、易记。通常,简短的品牌名称效果较好。例如"Coco-Cole"这个名字新颖独特,琅琅上口,很容易给人留下深刻的印象。我国的"王麻子剪刀"、"狗不理包子"、"娃哈哈",等等,皆因名称响亮、易于上口而家喻户晓。市场上,产品或企业的命名即体现了营销文化的内涵。如"俏丽"、"丽人"显然适宜于影楼;"醉和春"、"天然居"显然适宜茶楼酒肆;"夏奈尔"、"雅诗兰黛"虽然只是译音,在中文里无具体意义,但文字所展露出的女性化色彩,显然使受众容易在心理上认可这样一种称呼。

(3)使人联想到产品的某些特征或性能。好的品牌名称不仅使消费者从中联想到一定的寓意,还应使顾客由此联想到产品某些特点或性能。Protector and Gamble,也简写为P&G,译成中文的名称为"宝洁"。每提起宝洁的名称,消费者们不仅想到它是一家生产洗化用品的化学公司,还常常把"宝"字和"优良、卓越"等含义联系在一起。又如宁波雅戈尔集团,原名为"青春制衣厂"。为了创造品牌效应,他们选择了富有时代朝气的"青春"一词的英文"younger",将其变形为"youngor",译成"雅戈尔"。

(4)表示它与众不同。好的品牌应该能很好地表达自己的与众不同,从而从根本上把该公司和该公司的产品与其他公司和其他公司的产品区别开来。此时,品牌中包含的"文化成分"就起着关键的作用。例如,SONY(索尼)原名为"东京通信工业株式会社",但在美国无人能把这个名称记下来。为了使公司拥有一个响亮的名字,公司创始人盛田昭夫查阅了大量资料,终于发现了拉丁文中的"SONUS"这个意为"声音"的词,正好和公司产品有关,且发音与日文"生意"相近,加上日本当时流行的"SONNY"(艳阳)具有乐观、开朗的含义,正符合盛田昭夫对公司的希望。后经过多次修改,变为"SONY",这个词一改就符合了世界上大多数国家的语音习惯,产生了一个世界著名品牌。

三、品牌文化的价值和作用

(一)品牌文化的价值

品牌文化既是企业借助于外在环境和条件而获得的一种"文化背景资源优势",也是企业形象的内核,是产品形象的基础,也是消费者对品牌的认识和理解,只有代表企业品牌的文化被消费者熟知了,认同了,接纳了,企业的品牌才能树立起来,企业的产品才会有市场。所以,国内外一些著名的企业一直都在致力于塑造独特的品牌文化,以适应越来越快的消费者个性消费需求和越来越激烈的市场竞争。

成功的企业都十分重视品牌的文化含量,它们在产品设计、品牌规划、款式、商标、生产、销售、服务和广告宣传等各个环节上都努力增加文化投入。这也是这些企业之所以能够创出名牌,之所以成功的原因。所以,产品的特性需要通过品牌的个性来体现,要增加产品的"含金量",就必须增加产品的"文化势能"。"雅戈尔"最初名称为"青春",后改为"北轮港",最后改为"雅戈尔",给人一种挺拔高雅的感觉,推向市场后深受消费者欢迎。将无形的文化价值转化为有形的品牌价值,把文化财富转化成企业竞争的资本,使产品在商品流通的大江大河中显示出更强的生命力,这就是品牌文化的价值。

(二)品牌文化的作用

1.品牌文化是"无形的手"

品牌文化是无形的,尤其是品牌文化中的价值观、经营哲学、行为准则等是存在人们的头脑中,并不直接表露在企业外部形态上,而是通过折射到产品品牌上而表现出来的。例如企业中全体员工的共同的价值观,是看不见、摸不着的,但是这些价值观可从企业的产品品质和品牌特色及服务行为等方面体现出来,从而被社会大众和消费者所感知。

品牌文化是"无形的手",尤其是品牌文化中精神层结构方面。它对企业创建品牌与发展品牌具有重要的指导作用,它在一定条件下,既对企业员工的行为具有指导与激励作用,而且对企业员工的行为具有一定的约束作用。而所有这些作用都是在无形之中发挥出来的。因此,企业必须注重企业文化建设中的品牌文化,充分发挥其作用。

2.品牌文化的持续性作用

品牌文化作为代表企业一系列相互依存的价值观与行为规范的总和,是为企业全体员工所共同拥有的,是在品牌经营的长期实践中积淀和积累的。因而,它会固定地、长期地存在,尤其是品牌文化中精神层结构方面的内容。

品牌文化不但对企业目前行为具有指导作用,而且一旦品牌已经形成,作为一种"无形的手",它将对企业生产经营活动起长期的、持续的影响作用。因为品牌文化作为企业经营战略的支持系统,必然是与长远谋划有关的长期存在。正是由于品牌文化具有"持续性作用"的特征,因而变革品牌文化不但阻力大而且阻力持久,所以,在品牌文化建设中,应在初期就培育与形成良好的企业文化,并在实践中不断修改和完善企业的品牌文化。

3.品牌文化的软约束性作用

品牌文化对员工的生产、经营行为具有一定的约束作用。因为在品牌文化中,包含着一定成分的行为准则、职业道德、制度等。而所有这些都对员工行为甚至组织行为起一定的约束作用。而在规范员工行为时,总体上有两种方式,一是规章制度的"硬约束",这种约束会使人们产生压抑与被动强制的感觉,而且企业的规章制度不可能包括企业管理行为的一切方面,因而必然具有一定的局限性;二是经营理念的"软约束",品牌文化就是强调利用企业共同的经营理念、价值观、行为准则等对员工行为的"软约束",通过品牌文化中蕴含的经营理念灌输到企业每一个员工的心目中后,必然会起到"润物细无声"的作用,从而转化为员工的主动行为,当转化为员工的主动行为时,它的"软"约束的功能也就发挥出来了。而企业文化作为经营管理中不同于一般的规章制度、管理方法和管理技能,在经营管理中是属于高层的统率作用的因素,可以认为是支配一切经营管理活动的"灵魂"。因此,企业文化的"软约束"远比规章制度等"硬约束"有力、有效。所以,品牌文化更强调这种"软约束"作用及其运用。

四、品牌文化营销策略

所谓品牌文化营销,是指凭借或适应于一定民族或国家、地区的独特的文化习俗及其因素,采取和运用一系列战略和策略,树立企业及其产品良好的形象,构建目标市场对该产品的信心,从而达到扩展营销渠道,扩大产品销售量,实现企业经营目标的一系列营销活动的总和。具体说,品牌文化营销策略的设计,包括利益认知型营销策略、情感属性型营销策略、文化传统型营销策略、个性形象型营销策略等内容的策划。

(一)利益认知型营销策略

利益认知型营销策略是指立足于产品与其他产品的差异之处或产品本身的强势特征,从顾客的角度以消费者对于产品功能价值的特殊感受为对象来进行品牌定位。对于消费者来说,他购买的不仅仅是产品的特征,还有产品特征所带来的主观心理感受。因此,市场营销者不仅要善于发掘产品本身的优势特点,并将这一特征与人们特定的心理需求联系起来,这样才能真正实现品牌文化营销。

海飞丝是一种除去头屑的特效洗发水,这一特点在实际临床实验中得到了验证。然而即使海飞丝的确具有这一优势特征,但几年前人们对于头屑的存在似乎不以为然,怎样才能使消费者能够像消灭虱子和跳蚤一样积极地去消灭头屑呢?海飞丝打出的广告是"你不会有第二次机会给人留下第一印象"。这话听起来悦耳,实际上暗藏杀机,如果谁不坚持消灭头屑,他可能就会给人留下不好的印象,甚至会葬送一生的事业。在日本播放的电视广告上,海飞丝描述了一位豆蔻年华的女生在决定性的入职考试前遭到头屑的袭击。"我的事业完了。"女生绝望地说。这时海飞丝从天而降,挽救了她的职业生涯。这则广告暗示了海飞丝除去头屑的功能外还可以满足人们寻求社会肯定和社会尊重的心理需要。因此,海飞丝打开了向世界营销的大门。也由此,"海飞丝"这个品牌成了消费者心目中"去屑"的代名词。

(二)情感属性型营销策略

也许不同文化背景的人有着不同的文化习俗。然而拥有不同文化背景的人却有着相同或者相通的感情世界。最常见的感情类型莫过于爱国之情、故乡之情、浪漫之情、温馨之情、亲情、友情、爱情,等等。因此情感诉求型的广告所宣传的品牌最易于在全球范围内推广,也最容易引起消费者的共鸣。情感属性型营销策略就是要从目标消费者心中业已存在的情感出发,因势利导,使品牌的形象能强烈地触发消费者心中扎根的"情感结",并与之完美地融合在一起,从而引起消费者的共鸣和认同,最终对这一独特品牌"心生爱意"并"忠诚拥护"。

唐朝诗人王维曾有名句:"红豆生南国,春来发几枝? 愿君多采撷,此物最相思。"从此,红豆便成为世间最纯洁美好情感的象征,浓缩了五千年来中国文化里的爱慕之情、相思之情。周耀庭正是以此为商机,创建了江苏红豆集团。其生产的红豆衬衫也从其他同类品牌中脱颖而出,成为一个颇具文化内涵的品牌。于是,青年人互赠红豆衣服,表达高尚纯洁的爱情;老年人珍藏起红豆衣服,怀念昔日相思之情;华侨留赠红豆衣服,以明爱国之心、思乡之情;甚至连日本人也看重其文化价值,纷纷买来赠送亲友,并力邀红豆集团赴日合资办厂,生产红豆衬衫。如今,"红豆"衬衫已名列中国10大名牌服装之列,市场份额一直位居全国前列,远销英、日、新加坡等国家和港、澳地区。

(三)文化传统型营销策略

不同的国家有不同的文化传统。文化传统型营销策略就是指企业在建立产品独特的品牌形象时不是着眼于其他的诉求点,而是从目标消费者所看重的传统文化入手,建立与之相适应的文化形象。中国人勤劳、勇敢,注重集体主义和爱国精神,因此,长虹集团"长虹以民族昌盛为己任"的广告就将中国传统文化中的爱国情结与"长虹"这个品牌联系在一起了,就颇能博得中国大多数人的好感和认同;美国人崇尚个人主义,且性格直爽、坦率,所以可口可乐的广告词"Coke is it! For real taste!"(尝真正的口味,就是可口可乐!)也将美国的传统文化嵌入了"可口可乐"这个品牌;再比如日本人生活方式西化却又同时保持了含蓄的风格,因此丰田汽车脍炙人口的广告语"车到山前必有路,有路就有丰田车",使"丰田"这个品牌不仅体现了中国的传统文化与日本文化的结合,而且体现出了日本的现代文化;而德国人则处事态度严谨,纪律性强,例如奔驰汽车的广告:"我们推出新型梅赛德斯——奔驰300D,世界上唯一的五气缸汽车",也将其传统文化在"奔驰"品牌上体现出来。

中国古代文学艺术是世界上历史最悠久的文学艺术之一,是沟通现代人与民族传统文化的最直接的桥梁,也是世界其他文化背景中的人民了解中华民族传统文化的最佳窗口。在品牌经营与文化营销活动中,许多商品都利用中国传统的文学艺术形式、内容、特征来宣传推广。例如:杜康酒是中国历史名酒。魏武帝曹操在著名的《短歌行》中曾留下诗句:"慨当以慷,忧思难忘,何以解忧,唯有杜康。"然而,杜康酒的制作工艺却失传了。20世纪70年代,河南伊川开发出新一代杜康酒,为迅速打开日本市场,杜康酒厂抓住我国一个代表团访问日本的机会,把酒送给日本首相田中角荣,并赠诗一首:"田中原首相,和好利家邦。献上杜康酒,周公(周恩来总理)古义长。"这酒是通过该代表团的一位团员的日籍华裔弟弟转送的,转送者也附写了一首诗:"美酒古来为杜康,河南一饮三年香。诺言生死应更改,七载做成献寿长。"一并送给田中角荣。诗颂酒意,酒香古雅。于是,杜康酒与颂酒诗很快传遍日本,在日本形成了一股杜康酒热。杜康酒在日本成名与促销是借用了其悠久的历史文化,再配以颂酒诗加以渲染,使人感到饮杜康酒如同在读中国历史文化一样,可谓借用得恰到好处。

(四)个性形象型营销策略

个性形象型策略侧重于强调品牌的独特之处在于其具有某种与人相类似的个性,因而它不仅能引起人们的共鸣和认同,而且会成为目标顾客用以表达自我特性的工具,也即反映自我身份的"喉舌"。每个人都有向别人传达"我是一个什么样的人"或者"我希望成为一个什么样的人"的欲望,而我们在同陌生人交往时也常常是通过他(她)的言谈举止和衣着打扮等外表特征在短短几秒钟内作出判断。因此,具有某种特定的个性化特征的产品或品牌往往就成为具有相应性格特点的使用者的代言人。"金利来,男人的世界。"依据短短的广告词将"金利来"这个品牌的个性形象刻画出来,使无数男士慷慨出手甚至倾其所有置办一身"金利来"行头,以求能做一个或处事决断,或富有冒险精神,或以事业为重,或知情识趣的男人。

【实例】

"肯德基"的"洋鸡"

郑州郊区一位老太太是郑州市远近闻名的养鸡专业户。一次她到市里送鸡,也破费到"肯德基"去开开"洋荤",买了一只炸鸡腿。一只炸鸡腿竟然花费了她10多元钱。吃过了别具"异国风味"的炸鸡,她问这里的营业员,你们这里的"洋鸡"都是从美国运来的吧?营业员告诉她:我们这里做的鸡是从郑州郊区××养鸡场购买的。要是从美国运来,那本钱多高啊!老太太一听,这不就是我的养鸡场送来的鸡吗?原来我吃的"洋鸡"就是我家养的"肉鸡"啊!回过神来,她找到这里的"老板"理论:你们从我那里买的鸡,我们给你们的毛鸡价钱是8毛钱一斤,你卖给我一只鸡腿就要了16元,你赚的是不是太多啦,你这不是在坑我们吗!这位老板心平气和地向她解释:老太太,你吃的不是一般的炸鸡腿,更不是你们通常所说的"烧鸡"。你吃的是一种文化,一种美国的饮食文化、肯德基文化。

【即问即答】

1.品牌文化给你带来哪些启示?

2.品牌文化的价值体现在哪些方面?

任务三 营销的心理文化

不同的社会有不同的文化,同一社会不同地区有不同的文化,同一地区不同的民族有不同的文化,同一民族的不同消费者有不同的心理,因此,企业在进行市场营销时,必须考虑企业营销所在地区的人们的教育状况、宗教信仰、风俗习惯、价值观念、审美观念、亚文化群等心理文化环境,这些心理文化对商品的消费心理和行为是有影响的。

操作指南

一、传统文化对商品消费心理和行为的影响

传统文化观念是历史传统与文化传统的积淀,综合反映某个国家、地区消费价值观及对特定商品的生产与需求。而人的消费意识与消费行为是一定社会文化的产物,是文化熏陶、感染、教化的结果。

(一)不同文化环境对商品消费心理和行为的影响

人们生活在一定的文化环境中,从属于一定的文化模式,其所需消费品种类和消费习惯必然受到特定文化环境的影响。如面包,都是由面粉经发酵加工制作而成,但由于文化背景不同,呈现出多种各具特色的品种:爱尔兰人爱吃苏打面包,美国人爱吃玉米面包,意大利人爱吃点缀着茴香和芝麻的厚皮面包,俄国人则爱吃又黑又酸的黑面包等。

(二)商品消费心理和行为中体现着民族精神

各个国家、民族在长期发展过程中形成了热爱祖国、热爱民族的深厚情感,这种情感会通过种种形式表现出来,体现出民族精神。在商品消费中民族精神的作用不可小视。新中国成立前,宋斐卿在天津开办了著名的东亚毛纺织公司,生产的毛绒以两个羊顶角图案为标志并命名为"抵羊"牌,"抵羊"暗含抵制洋货的含义,恰好符合当时举国上下抵制洋货的大众心理,这种体现"国人资本,国人制造"的毛绒一经问世便备受欢迎。当国内电器"四川长虹"战胜众多国外品牌的挑战,在市场上独树一帜时,不难发现"长虹以民族昌盛为己任"这句广告词对中国消费者精神上产生的影响。

(三)传统观念制约着人们的消费心理和行为

中国长期受儒家文化的影响,在人们的思想意识中推崇仁爱,主张性善论和厚德载物,重视人际关系的和谐,喜欢通过彼此间感情投入与回报建立起一种亲和关系;儒家文化强调整体原则,重视合群,提倡为他人、为社会奉献的"和"的精神,在消费行为上表现为求同和从众心理,习惯于与周围环境、与他人保持一致,不过分突出自己,不愿与别人产生差距和隔阂。在此影响下,人们生活中表现为好客热情、大方、厚道、讲究"礼尚往来";在消费行为上尽量取得他人的认同和接受,比较容易接受大众化的商品。此外,儒家文化追求精神境界,讲求道德的贤者风范,注重通过人品的修炼达到完美的人格,节制个人欲望被视为一种美德,从消费行为上表现为注重商品的实用性和耐用性。

二、民族文化对商品消费心理和行为的影响

不同国家、不同民族、不同地域和不同类型的群体,都有各自独特的风俗习惯,在衣食住行等方面都表现出不同的消费特点。

(一)民族的特色消费体现着民族传统文化

中华民族深沉含蓄,表现为服装风格严谨朴实,而西服之所以形成开口很大的基本造型,与西方文化强调自由和个性解放密切相关。中国汉族人过春节吃饺子、吃年糕、放鞭炮;元宵节吃元宵、耍龙灯;端午节吃粽子;中秋节吃月饼;等等。中国其他民族如藏族的藏历年、傣族的泼水节、水族的端节、拉祜族的扩塔节、柯尔克孜族的诺劳孜节都相当于汉族的春节,都需要有各自富有民族特色的节日商品。欧美国家的圣诞节也有特殊的消费品如圣诞树、圣诞糖果、蜡烛、火鸡等。不同民族的消费习俗都是由各自民族传统文化所决定

的,深入研究民族文化才能使厂商对市场作出正确判断和决策,生产出适应不同民族文化特色的商品来。

(二)地域文化对消费心理和行为的影响

地域文化的形成往往和当地的历史传统与文化传统密切相关,不同地域由于自然环境和社会环境的制约和影响,会形成不同的地域文化特征,必然对商品生产的取材、设计加工以及商品的消费习惯产生深刻的影响,形成带有浓厚地域文化色彩的商品。中东地区气候炎热,容易出汗,人们喜欢用气味浓烈的香水;该地区少有凉风,气温高达四五十摄氏度,当地人又常用发乳涂身以润肤防暑,并喜欢用清爽易挥发的化妆品,因而在许多高寒地区和国家大为流行的含油脂多的化妆品在此便无人问津。从中国不同地区的饮食习惯来看,湖南人爱吃辣椒,四川人喜食麻辣,浙江人爱吃甜食,山西人喜食醋等等习惯,都是由于当地自然环境条件的影响。在世界范围内,商品地域文化特色尤为突出,一些具有中国传统文化特色的商品如丝绸、刺绣、手工地毯等,不仅在市场上具有很强的竞争力,而且在世界范围内传播和弘扬着中华民族源远流长的传统文化。

(三)不同文化类型对消费心理和行为的影响

文化学者研究表明,文化类型不同,人们的行为方式、消费心理、购物习惯也存在较大的差异。首先就文化构成来看,有松散文化、严密文化。严密文化往往更容易使个体形成集体自我。文化越严密、规范越明确,群体感越强,越不允许个人违反规范。而在松散的文化中,行为标准比较混乱,约束力也较差,个体能够自由地选择自主的行为标准,愈益形成个性化的消费文化。

美国人类文化学者艾沃认为:如果这种文化既有集体价值,又是严密型的,那么最容易形成集体自我,因为这种文化要求个体必须按照社会所允许的准则行动,否则就会受到惩罚,甚至集体的排斥。在这种情况下,个体的自我要么隐藏起来,要么就归顺为集体的自我。中国的文化就属于这种类型,其典型表现形式之一就是,当现代化生活方式涌入中国时,也掀起了耐用消费品的消费热潮,人们争先恐后地购买电视、冰箱、音响、录放像机。许多人购买这类产品并不一定是实际需要,而是随大流、赶潮流,追求集体认同感,加入现代化生活行列。这种文化所影响的消费,被经济学家称作攀比消费或趋同消费。

三、社会时尚与文化差异对商品消费心理和行为的影响

文化涵盖了人类所创造的一切。因此,不同文化的差异也表现在各个方面。而社会时尚作为商品文化的一个重要方面,是广大社会阶层中广泛传播的崇尚或风潮;社会时尚在消费上表现为一定时期内的消费潮流对崇尚事物的追求等。不同历史时期的社会时尚不同,人们的消费行为也表现各异。而一种新的社会时尚的出现,是与社会上所流行的生活观念分不开的,当一种新的人生观在社会意识形态中占据重要地位时,往往可以改变社会时尚。

(一)政治经济影响着一定时期内人们的消费心理和行为

民国初年,辛亥革命的风暴不仅猛烈地冲击了封建社会的上层建筑及其意识形态,也影响到了人们日常生活的许多方面,造成了一代新风尚。辛亥革命后,适应社会时尚的转变,以往服饰上的那种古板、单调、等级森严的局面被生动活泼、千变万化的景象所取代。人们在选择服饰时,不再重视身价贵贱,而是以美观新奇为时尚。又如,中国在十年"动乱"

中受"左"的思潮影响,"绿军装、武装带"风靡一时。改革开放以来,十分流行的茄克衫、宽松衫、休闲服、运动装则体现了和谐、发展的政治气氛下自由、活泼的生活追求。

(二)社会心理使商品消费呈现特定的现象

社会心理因时代、地域的变化,生活习惯、个人文化差别而有悬殊差别。红色历来被我国视为美满的象征,所以民间婚姻喜事都喜好红色,以呈现欢庆热闹的气氛。在中东地区,人们见惯风天黑地,黄沙弥漫,只能在艰难的旅程之后遇到绿洲,因而特别珍爱绿色。日本人忌绿色,认为绿色是不祥的颜色,还忌荷花,认为是不洁之物。阿拉伯国家忌用雪花。非洲国家忌用狗。中国人喜欢人情味浓厚,青睐表现团结精神且吉祥如意的店名,如"同仁堂"药店、"全聚德"烤鸭店、"友谊"宾馆等,而西方消费者更青睐一些奇异、怪诞的店名,如"快乐的早晨"、"跳蚤"等。

(三)生活方式对消费心理和行为的影响

生活方式是文化所赋予的一种社会活动方式,就是消费者自由支配自己的时间、金钱和精力的方式,包括生活水平、生活质量、生活风格几个方面。文化与生活方式有着极为密切的联系,文化规定了人们一定的生活样式,教育人们以什么样的方式、方法去生活,如衣食住行、婚丧嫁娶、接人待物,等等。在不同的社会文化背景下,人们的生活方式会产生较大的差异,自然会形成不同的消费心理与购买行为。例如,在西方发达国家,由于生活节奏快,人们喜欢到快餐店就餐,即使是在家就餐,也是购买半成品食品烧菜做饭,所以快餐食品、速溶食品、半成品食品非常流行,有很大的市场需求。而就中国居民的饮食来说,则喜欢购买各种主副食品原料,自己烹调,既合口味,又很经济。相比之下,快餐食品、速溶食品只是在人们外出办事或条件不许可的情况下才偶尔消费。

生活方式对消费心理影响之深还体现在,每当生活方式发生变化,人们的消费行为也随之改变。例如,随着中国人民生活水平的提高,国际交往的扩大,人们生活中对美的需求增加。就妇女的穿着打扮来说,一改过去单调、呆板、老一套的服装、发式,取而代之的是各种流行时装、时髦发式。不仅结婚的妇女要烫发,就连女孩子也经常烫各种时兴的发式。自然,人们对这些方面的产品需求明显增大,如各种时装、化妆用品、烫发护发用品等。

因为实行计划生育,现在小家庭的生活方式开始流行。对商品的需求也由过去的价廉、量大,转为质优、量小,其中最突出的是表现在每个小家庭中孩子的消费上,过去孩子穿衣服是"新老大,旧老二,缝缝补补破老三"。一套衣服家里几个小孩轮着穿。而现在,每个家庭只有一个小孩,却有六个大人(爷爷、奶奶、姥爷、姥姥、爸爸、妈妈)为其买衣服。对儿童服装的需求也趋于高档化,只要美观、漂亮,孩子喜欢,就不计较价格高低。同样,购买儿童玩具,考虑的是对孩子智力的开发。因此,各种高档智能玩具成了畅销商品。

(四)价值观念对消费心理和行为的影响

价值观念,是指人们对客观事物的主观评价,它是文化的基本内涵。但不同的文化决定着人们不同的价值观念与价值取向。

人们的物质生活离不开对精神的追求,它赋予人们社会活动一定的思想感情,形成对人生、对生活特有的价值观念和价值取向。穿衣戴帽,各有所好,它不仅是一种兴趣,一种爱好,而更主要是一种文化的表现。例如一些发达国家的日常消费品如冰箱、彩电等,对一个时期中国人来说是十分昂贵的高档商品,许多人把这些商品看作是财富的象征。这种价值观念的差别,体现在人们消费活动的各个方面。在经济发达的国家,大多数人热衷于生活上的舒适享受,消费支出往往超出其收入水平,相应地,分期付款、赊销的交易形式非常盛行。人们购买大件商品,如汽车、住房等,既可以分期付款,也可以从银行借钱支付,而且借钱越多,声誉越高。而在中国,情况恰好相反,人们习惯攒钱买东西,不习惯借钱买东西,因为借钱会被认为是不会过日子。因此,人们购买商品往往局限在有货币支付能力的范围内。

再如,美国人喜欢挣了钱就花,不善于积蓄,而中国人则比较节俭,往往有计划地花钱,尽量把钱存起来,用在结婚、孩子上学、养老治病等方面。这些差异,使消费者对商品有不同的需求,购买行为也各具特点。

四、情感文化对商品营销的作用

情感营销是以感性观点来分析人们的消费行为,把个人的感性差异的满足作为品牌文化营销的核心。

情感营销来源于人们的感性消费。现代市场营销理论认为,消费者的需求大致可分为三个阶段,即"量和价的满足时代"、"质的满足时代"和"感性的满足时代"。在感性的满足时代,商品只有做到"时尚化"、"风格化"、"个性化"、"情感化",以深厚热烈的情感为基础,才能赢得消费者的心理认同,从而产生消费欲望与购买行为。

一位日本感性销售名家说:"卖物的时代已经过去了,现在是卖事的时代了。年轻人不再买物,却愿意付出金钱买有趣的事、美丽的事以及愉快的事。"日本的流通业营销专家小林敏峰也说:"现在,如果我们不用感性分析来研究市场,根本无法理解。"

可口可乐欧洲太平洋集团公司总裁约翰·W·乔戈斯更认为,可口可乐的成功就在于为消费者提供了一个牌子而不是产品。他提请人们记住:一罐可口可乐,不只是饮料,它还是一个朋友。他说:"你不会发现一个成功的全球名牌,它不表达或不包括一种基本的人类情感。"撩开可口可乐狂歌劲舞的言行宣传面纱,我们可以看到,它始终如一地往牌子里灌注"人类的情感",以拟人化的手法不懈地塑造品牌性格——青春活力,尽情、尽畅、尽我。这种情感的传播,经由美国而至全球,悠悠百年。

由此可以看出,在现代社会,人们购买商品不仅仅是因为它有用,而且是为了显示自我和与众不同。消费需求的差异化、个性化、多样化,使现代消费观念进入了重视心理价值、精神价值、机能价值的时代,即人们更加重视个性的满足、精神的愉悦、舒适及优越感。这种消费现象被专家称为"感性消费"。以满足人们心理感受作为重要衡量标准的商品称作感性商品。商品感性有明亮感、活泼感、充实感、自然感、复古感、精致感、时代感,等等,此类消费特色正是现代社会众多消费者所刻意追求的,情感消费已成为现代消费市场的热门话题,从而导致情感消费时代的到来。

五、审美观的差异与变化对商品消费心理与行为的影响

审美观是文化的深层次,它与价值观、消费习俗、宗教信仰有着极为密切的联系。文化不同,这些基本内涵不同,自然审美观也有极大的差异。

审美观的差异性对品牌的规划、市场的定位、产品的设计、制造、广告宣传的诉求、营销组合都有着普遍的影响。审美观的变化直接影响商品消费需求的变化,形成特定的商品流行现象和一定的变化规律。消费者求新、求异、追赶时髦的心理状态又是商品流行和发展

的内在动力,某种流行性商品形成刺激,继续反复相同的刺激时,刺激感将会减弱,对该种流行性商品感到厌倦时,就会欲求新的商品刺激,由此而产生新的流行性商品,从而推动商品消费的发展和变化。

从商品文化的意义及对商品消费的影响看,在市场经济环境中,商品应与文化相结合,文化还应与消费相结合,而不能为文化而文化。同时,市场化不仅把一切文化产品变成了商业化的商品,而且把生产和享受文化产品的人变成了商品——"商品人"。所谓"商品人",意味着普遍的市场化从根本上改变了人的生活方式和存在的意义,即不仅它的一切生活资料是通过市场交换获得的,而且它的自我存在也是通过市场交换获得的。正是在这个意义上,文化对于个人存在的独特意义在市场内部重新产生出来。

商品文化是一个不断创新、不断发展的概念,影响商品消费的文化因素也纷繁复杂、多种多样,企业经营者必须充分考虑和利用商品文化,及时了解和把握消费者的消费心理和行为在商品文化作用下的变化,开发研制出符合消费者消费倾向的产品,制定最佳的能满足消费者消费欲望的营销策略,生产和销售能满足消费者不断发展和变化的、适销对路的商品,提高企业的效益,在激烈的市场竞争中立于不败之地。

【实例】

"拭去惜别的眼泪"

我国一家旅游公司,在接待一个意大利旅行团时,为表达好客之情,在旅客抵京伊始,向各位旅客赠送了印有"梅、兰、竹、菊"等图案的真丝手帕,结果引起一片哗然,甚至有一些旅客生气地提出了抗议。这是因为在意大利,手帕是临行送别的礼物,寓意"拭去惜别的眼泪"。另外,在意大利人眼中,我国人推崇、喜爱的菊花很不吉利,它一般用在丧葬仪式上,用作送给逝者的礼物。正是由于该旅游公司不了解意大利的消费习俗,才导致了这场不该有的误会。

【即问即答】

列举一个现实生活中所遇到的情感消费的案例。

项目小结

◆营销文化,是企业在执行一系列营销策略基础上形成的一种文化现象,是一种高起点、智力型的竞争手段,服务并服从于企业的价值目标,渗透于企业营销过程的各个环节。

◆品牌是商标、名称、包装、价格、历史、声誉、文化内涵、符号、广告风格的无形总和。品牌文化,是指有利于识别某个销售者或某群销售者的产品或服务,并使之同竞争者的产品和服务区别开来的名称、名词、标记、符号或设计,或是这些要素的组合;是指文化特质在品牌中的沉积和品牌经营活动中的一切文化现象;以及它们代表的利益认知、情感属性、文化传统和个性形象等价值观念的总和。

◆品牌附着特定的文化,品牌中蕴涵着民族精神,品牌中蕴涵着企业经营理念。

◆品牌文化具有一定的价值和作用。品牌文化是"无形的手",具有持续性作用和软约束作用。

◆品牌文化营销,是指凭借或适应于一定民族或国家、地区的独特的文化习俗及其因素,采取和运用一系列战略和策略,树立企业及其产品良好的形象,构建目标市场对该产品的信心,从而达到扩展营销渠道,扩大产品销售量,实现企业经营目标的一系列营销活动的总和。具体说,品牌文化营销策略的设计,包括利益认知型营销策略、情感属性型营销策略、文化传统型营销策略、个性形象型营销策略等内容的策划。

模仿训练

知识题

1.名词解释

(1)营销文化

(2)品牌

(3)品牌文化

2.填空题

(1)世界管理学大师_____认为:管理是一种文化现象,世界上不存在不带文化的管理。

(2)_____是品牌的灵魂。

(3)所谓品牌文化营销,是指凭借或适应于一定民族或国家、地区的_____及其因素,采取和应用一系列战略,树立企业及其产品良好的形象构建目标市场对该产品的信心,从而达到扩展_____、_____、_____的一系列营销活动的总和。

(4)生活方式是文化所赋予的一种社会活动方式,就是消费者自由支配自己的_____、_____和_____的方式,包括生活水平、生活质量、生活风格几个方面。

(5)_____是指人们对客观事物的主观评价,它是文化的基本内涵。

3.简答题

(1)简述营销文化的内容。

(2)简述品牌文化的作用。

(3)简述品牌文化营销策略的内容。

(4)商品消费心理和行为的影响体现在哪里?

技能题

为校园某一大组织设计品牌。

案例题

1.案例一

穿出更潇洒的你:雅戈尔展现品牌

一、整合背景

雅戈尔集团股份有限公司的前身是浙江宁波"青春"服装厂,公司经过17年的艰苦奋斗,从2万元起家的小企业发展到现拥有资产6亿多元,销售总额10亿元的大型乡镇企业。集团公司现有下属企业25家,涉足制衣业、房地产业、贸易、商业、金融业、印刷业、建筑业、广告业和教育等诸多领域。公司还在香港、日本等地设立了境外分公司。1995年按国际惯例组建了三大中心。生产中心以衬衫、西服为龙头,推动其他产品,如西裤、时装、童装、针织服装;营销中心从事产品的开发和市场销售,目前遍及全国的营销网络已经形成,产品知名度和市场占有率不断提高;投资管理中心主要从事集团资本经营、筹资及项目投资,从而加大对服装和房地产业的投资力度,促进了企业的快速稳步发展。

现集团公司拥有员工5000人,年产衬衫500万件,西服35万套,童装200万件,针织时装20万打,童装、针织品全部销往日本、中国香港地区等境外市场。公司主导产品"雅戈尔衬衫"历年被国内贸易部(现为国内贸易局)评为最畅销国产商品"金桥奖",1995、1995两年荣获"中国名牌衬衫第一名",同时被服装质量检测中心授予中国衬衫行业第一家产品质量免检单位。公司被评为中国服装工业八强企业、中国服装工业利税超亿元三强企业。被国家经贸委、国家统计局列入综合评价最佳500家企业之一。

1997年4月14日,国家工商局认定一批驰名商标,雅戈尔服装名列其中,这是中国服装首次被确认为驰名商标。1997年雅戈尔衬衫、西服双双荣登全国百家大商场最畅销品排行榜,成了全国服装行业唯一荣获两项殊荣的企业。

雅戈尔从1991年以来做过三次VI(视觉文化)导入,前后有三个不同的标识,1991年以一个圆形图案加一个"Y',1993年改为一个椭圆形中间加一个"Y",1994年又增加了一个"I"(表示争创一流)下面加英语转形Youngor(表示永葆青春)。从CI本意来说,企业标识应当统一,因此有必要进行整合。

二、推行方针

在原有的企业理念基础上提炼新的MI(企业理念),从整合企业标识入手,确立企业新标识,最后向社会推出新标识和新视觉形象。

通过CI导入与整合,进一步增强企业自身的凝聚力,从而使企业员工的言行与企业整体形象达到最大程度的统一。

三、细划路线

确定企业宗旨——服务社会、贡献社会、装点人生、创造人生。

提炼企业精神——第二次创业,名牌不是终点,步步是台阶,年年是起点。

总结经营哲学——品牌与品质同步,人才与事业共长,精神与物质并重。

弘扬企业文化——人际关系家庭化、组织纪律军事化、学习工作学院化、开拓与稳健并重。

实施经营战略——名牌战略、名企业战略、争创国际一流、兼并与收购、把企业做大。

推行广告战略——以设计带动生产、加强产品设计、以企业形象烘托名牌。

策划市场战略——产品定位:西服、衬衫;品牌定位:一流企业、一流产品、一流服务。发展国内市场,开拓国际市场,向国内市场纵深发展;向多品种、多规格、多花色发展,开拓配套产品、系列产品;向华东、西南、西北、全国铺开;建立国际市场电脑信息网络,收集海外信息,向国际市场进军;把欧、美、日作为高价位市场,把周边国家、东南亚、中东作为低价位市场;实施营销人员培训计划,加强风险管理。

重申六大经营原则——竞争原则、盈利原则、用户至上原则、产品质量原则、创新原则、优化服务原则。

明晰战略分类——风险回避(多种经营、收购兼并)、产品增长(地域扩展、市场渗透)、合理化(降低成本、投资)、竞争(市场领先、市场挑战、市场跟踪)战略。

四、VI 设计

VI 设计以体现圆满、成功、青春、热情、朝气为基调,融入儒家文化为核心的管理文化意蕴,处理好人缘、地缘、血缘的人际关系,处理好企业与企业、企业与社会、企业与政府的关系。中国企业管理研究会 CI 导入课题组聘请了中央美术学院设计系、中央工艺学院的专家进行了新标识设计。与 MI、BI 的设计一样,VI 设计也属企业无形资产的创造性工作,它的形成往往需要花费大量经费、大量时间和高素质、高水平的劳动。美国泛美航空公司为征集公司标识花费了 58 万美元,尽管最后中标者只有一个,但也必须承认,其余未中标的设计也是完全必要的,没有比较就没有鉴别,没有其他的"不好",就不能说明这个"好"。知识、科学、技术、设计等智力活动,其创造价值的风险性是不确定的,产出率和成功率低是正常的,但成功的那一个所创造的效益是超常的。

思考题:

雅戈尔是如何创建品牌文化的?

2.案例二

希尔顿的宾至如归

美国希尔顿饭店创立于 1919 年,在不到 90 年的时间里,从一家饭店扩展到 100 多家,遍布世界五大洲的各大城市,成为全球最大规模的饭店之一。80 多年来,希尔顿饭店生意如此之好,财富增长如此之快,其成功的秘诀是牢牢确立自己的企业理念并把这个理念贯彻到每一个员工的思想和行为之中,饭店创造"宾至如归"的文化氛围,注重企业员工礼仪的培养,并通过服务人员的"微笑服务"体现出来。希尔顿总公司的董事长、89 岁高龄的唐纳•希尔顿在 50 多年里,不断到他分设在各国的希尔顿饭店、旅馆视察业务。

希尔顿每天从这一洲飞到那一洲,从这一国飞到那一国,专程去看看希尔顿礼仪是否贯彻于员工的行动之中。他写的许多书中有一本叫做《宾至如归》,时至今日,这本书已成了每个希尔顿旅馆工作人员的"圣经"。如今,希尔顿的资产已从 5000 美元发展到数百亿美元。希尔顿旅馆已经吞并了号称"旅馆之王"的纽约华尔道夫的奥斯托利亚旅馆,买下了号称"旅馆皇后"的纽约普拉萨旅馆,名声显赫于全球的旅馆业。

(一)"你今天对客人微笑了没有"

企业礼仪是企业的精神风貌。它包括企业的待客礼仪、经营作风、员工风度、环境布置风格以及内部的信息沟通方式等内容。企业礼仪往往形成传统与习俗,体现企业的经营理念。它赋予企业浓厚的人情味,对培育企业精神和塑造企业形象起着潜移默化的作用。希尔顿十分注重员工的文明礼仪教育,倡导员工的微笑服务。每天他至少到一家希尔顿饭店与饭店的服务人员接触,向各级人员(从总经理到服务员)问得最多的一句话,必定是:"你今天对客人微笑了没有?"1930 年是美国经济萧条最严重的一年,全美国的旅馆倒闭了80%,希尔顿的旅馆也一家接着一家亏损不堪,一度负债达 50 万美元,希尔顿并不灰心,他召集每一家旅馆员工向他们特别交代和呼吁:"目前正值旅馆亏空靠借债度日时期,我决定强渡难关。一旦美国经济恐慌时期过去,我们希尔顿旅馆很快就能进入云开月出的局面。因此,我请各位记住,希尔顿的礼仪万万不能忘。无论旅馆本身遭遇的困难如何,希尔顿旅馆服务员脸上的微笑永远是属于顾客的。"事实上,在那些纷纷倒闭后只剩下的 20% 的旅馆中,只有希尔顿旅馆服务员的微笑是美好的。经济萧条刚过,希尔顿旅馆系统就领先进入了新的繁荣期,跨入了经营的黄金时代。希尔顿旅馆紧接着充实了一批现代化设备。此时,希尔顿到每一家旅馆召集全体员工开会时都要问:"现在我们的旅馆已新添了第一流设备,你觉得还必须配合一些什么第一流的东西使客人更喜欢呢?"员工回答之后,希尔顿笑着摇头说:"请你们想一想,如果旅馆里只有第一流的设备而没有第一流服务员的微笑,那些旅客会认为我们供应了他们全部最喜欢的东西吗? 如果缺少服务员的美好微笑,正好比花园里失去了春天的太阳和春风。假如我是旅客,我宁愿住进虽然只有残旧地毯,却处处见到微笑的旅馆,也不愿走进只有一流设备而不见微笑的地方……"当希尔顿坐专机来到某一国境内的希尔顿旅馆视察时,服务人员就会立即想到一件事,那就是他们的老板可能随时会来到自己面前再问那句名言:"你今天对客人微笑了没有?"

(二)站在时代前沿

希尔顿 31 岁时,父亲事业失败,他离开家乡新墨西哥州到达石油泉涌的得克萨斯州,用仅有的 5000 美元买下了蒙布勒饭店,以石油工人及行商为对象,这便是世界饭店大王的创业起点。他一开始便把饭店(旅馆)业当做一种"企业"来经营,而且把它视为一种不动产,只要有机会,便以最低价钱收买那些行将倒闭的饭店,再把建筑物整修一番,经营上也重新布置,使业务向上,然后另找机会把它以买价的数倍卖出去,以扩大资本。

希尔顿是一个好胜和敢于冒险的企业家。他收购了世界上最高的大饭店——华尔道夫饭店。这家饭店在世界上最著名的是,在这儿住过的有国王、女王、国家元首、王子、主教等世界各国的重要人物,难怪希尔顿提起这件往事,便会说:"收购华尔道夫,是我生命史上的一个转折点!"据说,当晚希尔顿站在华尔道夫的天井里,仰望耸入云霄的大楼,沉浸于忘我之境,一动不动,不知东方发白。自从他决定收购,一直到成功为止,前后经过了 18 年。

为了企业扩张,引发过多次事端。早先在英国建造伦敦希尔顿大饭店之际,便惹起英国朝野骚动一时。因为这家饭店建在英国女王所居的白金汉宫邻近,因此,从饭店的楼上,可以眺望白金汉宫的庭院,并且一览无遗。然而,希尔顿坚持到底,在一片反对声中建造完成,并且开业了。这可以证明一件事,他满足了美国人的好奇心,让他们在可以眺望英国王宫庭院的房间里,用的是美国式的卫生设备,以及豪华的床铺,还怕生意不兴旺吗? 有记者问希尔顿成功的诀窍,他说:"因为我始终站在时代的最前沿。"

东京希尔顿大饭店开幕那天,希尔顿亲自到日本参加盛典,当时他曾对记者这么说:"我要为建立饭店王国,尽我所有的能力。至于国际亲善和世界和平,那是自然而然的事。"说罢,他露出所向无敌的微笑。当时,有人问他把握经营尖端的诀窍是什么时,希尔顿意味深长地说:站在时代的前沿,这就是我的诀窍。

希尔顿通过企业礼仪塑造企业形象,用"微笑服务"体现"宾至如归"的企业文化,并不断加强培训,提高员工素质,以使员工更好地理解、贯彻企业的经营理念,把执行企业礼仪变成他们自觉和自发的行为。

思考题:

1.结合案例分析希尔顿的营销文化。

2.结合心理文化环境要素,分析希尔顿的营销文化的成功之处。

实训题

实训项目:某某企业产品的品牌文化传播方案

【实训目标】

1.理解品牌文化的内涵;

2.初步创建企业品牌文化的思路和方法。

【实训内容与形式】

1.选择你熟悉的一家企业,了解企业的相关信息,也可对企业先进行初步的调查。

2.收集公司某一主营产品的相关背景资料,包括行业背景资料、市场信息、竞争情况等。

3.根据所学知识以及对实际企业所获得的信息资料,结合企业的现状和企业文化,研讨并设计企业产品的品牌文化传播方案。

4.品牌文化传播方案的内容设计包括品牌内涵、品牌设计、品牌策略及品牌推广的方案。

5.班级组织一次交流,各组进行实务操作演示。

【成果与检测】

1.每个小组提交一份企业产品的品牌文化传播方案。

2.教师根据交流表现和书面材料评估打分。

讨论题

1.联系实际,分析中国企业如何发展企业的品牌文化。

2.在现实生活中有哪些因素影响商品消费者的消费心理与行为?

模拟提升训练营

火热的天　火热的心
——桂林长海发展公司文体活动侧记

8月份,夏末秋初,酷热难挡。但这炎炎烈日却丝毫不能减弱员工参加文体活动的热情。工作之余,球场、泳池、活动室等运动、娱乐场所都有着员工活跃的身影。8月份,公司工会组织安排了一系列员工文体活动,使他们在集体的娱乐中消除工作的疲劳,忘却酷暑的煎熬,获得精神的愉悦。

"八一"建军80周年,隆重的庆祝活动和精彩的文艺晚会拉开了活动的序幕。晚会充分调动了基层员工参与表演的积极性,各车间、单位送上了自编自导自演的精彩节目,公司领导、驻厂军代表登台表演,军民同庆、干群同乐,企业浓郁的文化氛围影响着每一个员工。

接着公司积极响应政府号召,组建男女气排球队参加桂林赛区的"广西首届城乡万人气排球大赛",虽然成绩一般,但队员们训练、比赛中体现出的团队合作和拼搏精神给赛场内外的人们留下了深深的印象。

公司8月份举办的排球联赛，男、女共11个队在赛场上角逐。比赛组织严谨，似火骄阳挡不住团队的毅力，露天的赛场留下了他们的汗水，也印证着他们的激情。

此外，我们还加强对外联系，积极和本市一些单位进行联谊活动。与中行的气排球友谊赛友好和谐，与工商局、芦笛公园、冶金机械厂的篮球友谊赛激烈而有分寸，与卫生局、中国电信的联谊活动欢乐并休闲。通过与友好单位的联谊活动，加强了彼此的联系，增强了相互间的交流，凝聚了长海团队的力量。

8月，我们已留下了如此多的活动……，但企业的文体活动仍将一如既往地开展下去。接着，企业将举行职工游泳比赛、职工卡拉OK大赛、职工摄影展览等。我们将通过不断的文体活动，将长海勤奋、务实、创新的企业精神深入到每一个员工的心灵，让大家切实感受到长海积淀的优秀文化，推动企业的发展。

图片展示

活动体验

体验步骤

一、企业文体活动策划

活动组织领导

设立领导小组,企管部负责本次活动的组织实施和协调,主要工作向活动工作领导小组组长和副组长负责,并对各项目裁判员进行监督。裁判员由各项活动负责人根据本项目需要进行选定后报企管部备案。

二、活动内容及安排

本活动共设六个项目:

1.拔河比赛(负责人:＊＊＊)

由各个部门分组,每组 10 人,奖励冠、亚军。

2.跳绳比赛

分为单人单脚跳绳、单人双脚跳绳两个项目,成绩累计相加。

3.羽毛球比赛

男单打,女单打,混合打。

4.乒乓球比赛

男单打,女单打,混合打。

5.夹乒乓球比赛

任意两人一组,距离十米,时间控制在六分钟,起点人员用筷子夹起起点水盆里的乒乓球移放到终点的空盆里。然后将筷子传递给终点的人员,终点的人员回到起点重复起点人员的动作。在规定时间里夹球多者为胜出!

6.演讲比赛

结合本职工作,学习他人长处,善于总结。题目自拟,题材不限,重在积极参与!

活动感悟

张弛有度,让员工放松精神;出去游玩,体现领导对员工的关爱;集体活动,增进员工感情和团队凝聚力;外出开拓视野,回来后更好地促进自身工作。通过文体活动使职工真正具备进取精神和竞争意识,抓住一切机遇实现企业发展目标。体现了单位所需、职工所求、党政所谋、工会所能,达到了提高职工健康素质与促进单位职工团队建设的双赢效果。文体活动是提高职工综合素质的良好载体。文体活动有着丰富多彩的内容和形式,各类竞技比赛是各项文体活动的主要内容。职工在参加各类竞技比赛时,最容易表现出内在的品质和思想作风,而比赛的规则、精神文明规范都制约着活动按照章程进行,无形中对参赛人员和观众都是有效的教育,而且这种没有教员的教育过程极为自然,是在生动活泼的赛事过程中进行的,其教育效果显而易见。在各种大小赛事中,互帮互促、互尊互爱的场面比比皆是,使我们从比赛小事到企业和谐发展大事,达到了由外在到内在实质的不断升华。故而职工的综合素质可以通过丰富多彩的文体活动载体得到提升和拓展。文体活动是职工强身健体、愉悦身心的必要手段。随着企业的发展,科研和生产任务越来越重,员工的精神压力较大,身体透支也较严重,身心感到疲惫。而且我们的员工基本上都是室内工作,每天工作面对的都是电脑、图纸、资料等大量文字工作,长期的坐姿,必将带来颈椎、腰椎、眼睛综合征以及身体综合素质的不断下降。文体活动的健身优势在很大程度上,弥补了科研人员室内工作运动量不足、体能下降的缺憾。文体活动既能强身健体,又能开阔人的心胸、愉悦身心。文体活动还可以释放生理、心理的压力,化解生理、心理的裂痕。使广大职工在文体活动的平台上进行安全和信任的竞技交流和思想情感的交流,从而达到群体成员之间的相互认同、相互理解,实现心灵的默契,群体之间的和谐友善。

项目五

企业传媒文化 ＞＞＞　＞

业务导入

有一句经营谚语："酒香不怕巷子深。"但是,仔细推敲,在现今激烈的市场角逐中,这句话似乎有其欠缺之处。企业的产品质量虽好,但供过于求,或没有做好宣传、营销工作,人们不识其中之味,也会使真品被冷落街头。在市场经济的大潮中,企业通过向社会提供产品和劳务实现自身目标,而企业的产品和劳务是企业文化的有形载体,要将带有企业文化的产品和劳务投向市场,得到消费者的认可并产生购买行为,必须利用广告等传媒进行产品及其文化的宣传,促进其产品的销售及企业的发展。

目标设计

知识目标——了解广告的含义、作用、特征和广告媒介;

技能目标——掌握广告传播的要素、广告策划的内容;

能力目标——联系企业实际或案例深入理解广告传播、策划与企业文化的实施。

引例:

白沙借"翔",全力提升企业文化

号称"中国的万宝路"的白沙集团是烟草行业中的老大,在许多城市的地铁、商场等公众场所经常可以看到"鹤舞白沙,我心飞翔"的白沙品牌文化广告。2004 年 9 月 14 日,白沙旗下的白沙文化传播公司先声夺人闪电般地与飞人刘翔正式签约,成为白沙文化的形象代言人,时隔刘翔雅典夺冠仅 19 天。

画面一:刘翔全神贯注地拱着身注视着前方,耳朵很机敏地竖立着,两脚有力地准备着,仿如那弓箭上待发的箭。刘翔在拼命地奔跑,一个栏,两个栏……那支离弦的箭在穿越,刘翔在飞奔,近了,近了……

画面二:一群鹤在飞翔,渐渐的有了一只领头鹤……

画面三:刘翔冲过去了。刘翔的双手使劲地挥舞着,在赛场上奔放……

画面四:鹤,两条细长强劲的腿在开始飞翔前的跃跑,一步,两步,同时鹤舒展着那强大有力的翅膀,振翅,奔跑……画面里出现"中国有我,亚洲有我,世界有我"的字样。

画面五:刘翔获奖时面带自信、骄傲的微笑亲吻金牌。

飞翔,在画面不停地叠加中一次次地升华。一脉相承的飞翔,让刘翔与鹤一起演绎着白沙内在的"阳光、健康、环保、目标明确"的飞翔文化。这是怎样的一种情缘呢? 不需要任何语言与刻意的塑造,"飞人"刘翔与仙鹤的飞翔完美地重合了。

除了两种不同的飞翔完美地重叠外,其广告更成功的是不需要重新去设计情节与场面,只是把刘翔在奥运会上的夺冠镜头与鹤舞白沙的广告进行合成就可以了。用这种纪实的手法展现白沙文化,其艺术上的展现力,是震撼的,也是静美的。

任务一　广告与企业

操作指南

一、广告与企业的关系

近年来,工商企业的一大发展趋势,就是生产与销售的一体化,使生产和销售在分工合作的基础上,产生更大的相互制约和相互促进作用。企业的生产必须根据市场的需要来决定,才能保证所生产的产品能够尽快地在市场上销售,同时,市场的销售活动也受企业生产的制约。由于产品市场上的竞争愈演愈烈,只有品质好、价格合理、在消费者心目中树立了一定品牌形象的商品,才能够在市场中销售出去,因而,销售又反过来要求企业生产出品质优良、成本低的产品供应市场,并由生产部门抽出一部分人力物力,做好售后服务工作。企业产品的销售是离不开广告的,广告活动的目的,是进行直接的市场促销。因而,广告与企业的关系是相当密切的,可从以下几个方面来具体体现。

(一)广告与企业产品销售的关系

广告是工商企业促进商品销售的直接宣传手段,其功效主要表现在两方面:

1.产品销售新市场的开拓

广告可以帮助企业开拓新的产品销售市场。企业通过有组织、有计划和目标明确的广告宣传活动,可以在新的目标市场上,向广大消费者介绍本企业经营的产品名称、品牌、规格、用途、品质特点以及购买地点和时间、价格等信息,从而在广大消费者中树立对本企业产品的品牌形象,刺激其消费欲望,并促成购买行为。这样,企业销售部门就可以在新的市场上打开产品销路。

2.产品销售新市场份额的提高

通过广告宣传,树立商品的品牌形象,巩固已有市场,提高市场占有份额。大规模的广告活动,是企业参与市场竞争的一项重要措施和有效手段,特别是在市场竞争日益激烈,产品更新换代日益加快,品种、功能和花样不断翻新的情况下,企业更应该通过大规模的广告宣传,实施产品的定位策略和市场策略,突出产品的优点和不同于同类型产品的突出之处,可以加深产品品牌在消费者中的品牌形象,从而可以促使消费者发生对本企业产品的"指牌购买",还可以争取原来购买和使用其他品牌的同类产品的消费者改变消费偏好,转而购买本企业所生产的产品。这样,就可以在现有市场上,提高本企业产品的销售量,提高市场占有率。在现实市场中,尤其是生产大众化产品的厂家,这样的广告宣传是十分重要的。

这两方面的作用,都可达到直接扩大产品销售的目的,也可达到降低成本、增加利润的目的。

(二)广告与企业新产品开发的关系

广告促进企业从事新产品的开发,指导企业从事新产品开发的方向,这同样是广告的信息功能得以发挥的结果。由于在制定广告计划时,必须进行系统的和仔细的市场调查,了解市场环境和市场需求,预测市场变化趋势,因此,在广告活动中可以收集到全面的市场信息。这些信息为企业指明市场需求方向以及市场目前存在的供应空白,从而为企业的新产品开发和研究指明方向。

与此同时,在进行广告活动时,所收集的市场信息还可以为企业对在生产产品进行改进,或者进行新的功能开发,提供指导意见。鉴于现代商品市场品种繁多、种类齐全、产品更新换代快、市场竞争激烈的特点,企业为了适应市场的变化,增加企业在市场中的生存能力和竞争能力,就必须在不断地开发新产品的同时,加强对现有产品的改进,进行新功能的开发。从市场调查中所得到的有关市场信息,即可为企业这种改造旧产品、开发新功能的活动提供有效的咨询服务。

(三)广告与企业经营管理的关系

广告活动是市场竞争的直接结果,也是企业决定参与市场竞争的标志,从某种程度上来说,一个企业的广告就是该企业对市场的宣战书。正因为企业广告的这种促进市场竞争的性质,使广告对企业的经营管理产生促进作用,推动企业信息管理。

1.广告有利于企业加强产品质量管理

为了取得更好的经济效益,使企业在市场竞争中立于不败之地,企业必须在对产品进行宣传、扩大产品销售的同时,加强企业的产品质量管理,保证生产出货真价实、品质优良的产品供应市场,并通过不间断的和有计划、有步骤的广告宣传,扩大产品的知名度,使之成为广大消费者普遍接受和"指牌购买"的名牌产品。

2.广告有利于企业加强售后服务工作

为使产品在消费者中间建立长期信誉,打消消费者对产品的品质顾虑,企业必须做好对售后服务工作的建设和管理,所有这一切,都是生产管理部门应该配合企业的广告宣传所做的工作。

3.广告有利于企业行政管理

在企业的行政管理方面,由于广告活动所带来的竞争压力,势必要求企业的行政管理部门人员机构简干,工作效率高而运行有序,更好地达到协调企业内各有关部门运转的目的。

4.广告有利于发挥企业信息管理的功效

广告在企业信息管理方面的功效,主要是促进企业的信息收集和信息处理能力,提高企业的信息预测能力,提高企业应用广告信息指导企业生产和产品开发的能力,改进企业的经营管理和生产运行,从而提高企业的市场生存能力。

(四)广告与企业公关形象的关系

一般而言,企业的广告越多,知名度越高,公关形象也越好,企业的社会地位也就越高,对社会的影响力也就越大。这是因为,企业在不断地进行广告活动的同时,也在不断地向广大社会成员施加影响力,灌输企业的观念,从而在社会中树立起企业的公关形象,扩大企业的知名度。在日本,曾经多次举行过"日经企业调查"活动,每次的结果都表明,凡是广告活动频繁的公司,其公关形象都很好。

尤其是在广告活动趋向于全面广告代理、采取整体策划技术之后,广告代理公司的咨询服务几乎渗透到企业生产和管理的每一层面。由于广告对企业的生产和销售的咨询服务和指导功能日益成熟,在这种形势下,完全可以认为,广告活动对企业生产活动和产品开发活动的促进作用将越来越大,功效也将越来越显著。

二、广告的特征

企业广告的特征有以下几个方面:

(一)广告的可信性

广告的可信性,就是真,即广告的真实性,是指在广告活动中必须强调它的经济信息,文稿内容要真实准确,不能虚夸,更不能伪造。真实,是广告博得消费者信任的基础。真实性是广告的生命。因为广告是传达信息的,是对商品、劳务、企业以及企业经营思想观念的反映,只有真实地、实事求是地反映商品和服务,反映企业本来面貌的广告才是有生命力的。广告要取信于人,就必须以真实的信息去打动人、去影响消费者,使消费者产生信任感。美国广告业巨子大卫·奥格威在他的《一个广告人的自白》中总结的他一生如何创作高水平广告的 11 条规律中,"讲事实"是最根本的一条。我国的《广告管理条例》第三条规定:"广告内容必须真实、健康、清晰、明白,不得以任何形式欺骗用户和消费者。"我国中央电视台也制定了《商品广告若干规定》,规定了"广告的内容要真实、准确,应该如实地反映商品的性能"。现实生活中有的广告胡乱自吹,什么"誉满全球"、"领导潮流",空话连篇,只能自招失败。有一则推销硫酸的广告,讲到质量时说,该产品含量浓度 100％ 以上。稍稍有些化学知识的人都知道硫酸浓度不可能为 100％,更何况为 100％ 以上。用笑话做广告,广告价值能有几何?

(二)广告的思想性

广告的思想性,即是善。广告不能用污言去诋毁竞争对手,不能含沙射影去攻击他人,也不能在消费者之中传播颓废、色情等思想。这不仅从社会角度来讲是必须的,也是企业及其产品形象的体现;从企业营销的角度讲也是必须的。广告在传递信息的同时,要注意发挥其教育功能,要注意激发、鼓舞人们的正直、健康、向上的精神,使人们形成正确的价值观、审美观、幸福观,以造就良好的社会风尚和美好合理的生活方式。

(三)广告的艺术性

广告的艺术性,即是美。广告不是单纯为了欣赏,而主要是为了更好地吸引消费者的注意,引发消费者的联想,刺激他们的需求欲望。为了更好地传达广告信息和思想内容,应将思想、信息、知识、情趣寓于富有美感的美术、摄影、歌曲、诗词、戏剧、舞蹈、文艺等丰富多彩的艺术形式中去表现广告的主题和创意。这是广告艺术内在的感人力量所在。广告以其艺术性来增强它的娱乐性、趣味性、欣赏性,给人以精神上的愉悦。因此,应当充分调动一切艺术形式,如文字、绘画、摄影、声音、色彩、灯光、舞蹈等力求达到新颖、形象、富有美感和个性化的广告艺术效果。新飞牌电冰箱有一则广告文本是这样的:"春季给您带来沉醉,夏季给您带来新味,秋季给您带来甜美,冬季给您带来四味。新飞,新飞,与您四季相随!"新飞冰箱的好处,演变成不同季节的不同感受,四季都给人以美的享受。这种诗歌式的语言,凝炼形象,节奏鲜明,读起来琅琅上口。正如美国广告理论家大卫·奥格威所说,一个好的广告应是让公众感觉不出广告味儿来,不知不觉地接受其信息而采取行动,这才是最高明的广告,这才是广告艺术性的最高体现。

(四)广告的吸引性

广告的吸引性,就是巧,即别致性,广告文字、图案、色彩、音乐要构思精巧,以巧取胜,出奇以绝。20世纪30年代,我国上海鹤鸣鞋帽商店在《新闻报》上推出一则皮鞋广告,上面画着一只皮鞋,左右配以一副对联,上联写道:"皮张之厚,无以复加",下联写着:"利润之薄,无以复减",横批是:"天下第一厚皮"。这则广告赢得鹤鸣皮鞋名噪一时,顾客潮涌,获利饶丰。这则广告是耐读的。"厚皮"本是贬义词,用于皮鞋则是褒义词了,构思巧,它风趣幽默地把鹤鸣皮鞋这个产品的主要优点突出来了,起到了俗套广告所起不到的效果。构思精巧,善解人意,风趣自然而又不失真实,这是成功广告的标志,也是成功广告的资本。掌握深厚的广告制作功底,就可以在广告策划方面游刃有余。妙手著广告,可以使畅销产品在市场上"更上一层楼",可以使滞销产品有"起死回生"之效果!

三、广告媒体的选择

企业在选择传媒时,要考虑到广告传播的有效性和经济性。而广告媒体的选择是广告传播活动中的重要一环,广告媒体费用一般占整个广告传播费用的70%—80%,广告媒体的选择是否恰当,直接影响广告效果的大小和整个广告宣传活动的成败。

(一)广告媒体的种类和特点

广告媒体是传播广告信息的运载工具,是广告者与广告宣传对象之间起媒介作用的物质手段,也是生产者与消费者之间的桥梁。现代社会所有的传达方式,都可以用作广告媒介,但目前广泛使用的主要有报纸、杂志、广播、电视、路牌、网络等。

1.报纸

报纸媒体是广告媒体中历史最悠久的一个,迄今仍是运用最广、最难替代的广告媒体。具有以下优点:

(1)传播面广。报纸发行网遍布城乡各个角落,发行量不断增长。目前我国发行的报纸有日报、晚报、周报和各种专业报纸。《人民日报》、《光明日报》、《工人日报》、《北京青年报》发行量都在100万份以上。

(2)时间性强。一般报纸刊登广告,读者当天就可以读到。

(3)印象深刻。报纸广告便于消费者收集、保存、查阅,特别适合那些结构复杂、技术性强的广告。报纸广告可以有计划地反复刊登,给消费者明确、深刻的印象。

(4)简易灵活。报纸广告制作简单,广告版面的大小、颜色和有关细节可灵活掌握,改动内容方便,还能随意选择发布地区和对象,有较强的针对性。

(5)具有权威性。报纸在读者的心目中享有较高的信誉,它所发布的新闻消息具有一定的权威性。

报纸尽管优势明显,但也有自身的缺陷。报纸没有活动的画面,因而无法表现产品的声响、动态和产品的外观;内容庞杂,包罗万象,分散了广告的注意力,其读者群受其文化水平的制约。

2.杂志

杂志不像报纸那样以新闻报道为主,而是以各种专门知识来满足各类读者的需要。杂志广告具有以下特点:

(1)宣传针对性强。杂志读者一般都是对某个专业、某个部门领域感兴趣的读者,在杂志上做广告有的放矢,宣传不同的产品,可以选择不同的杂志刊登广告,把广告目标同消费者爱好、兴趣紧密联系起来。

(2)广告有效期长。杂志的有效期短则半个月,长则可达半年和一年,人们阅读杂志的时间较充裕,同一广告往往会多次重复出现在读者面前。杂志刊登的文章具有资料性和永久性,保留期长,广告的效力自然也就较持久。

(3)广告对象理解度高。订阅杂志的读者一般文化水平较高,对杂志的内容有专门的研究,家庭消费能力也普遍较强,对新产品的反应较敏感,因此,易于接受杂志的广告宣传。由于他们大都具有专业知识,对于杂志上的专业性强的广告也容易理解。

(4)制作精美。杂志广告可用彩色画面,纸质优良,制作比较精细,印刷效果好,能够较好地表现产品的外观形象。艳丽的色彩能调动人的多种感情与想象,较之黑白图案要强许多倍。

杂志广告的不足之处有:设计复杂,出版周期长,容易失却广告的时间性。杂志页码多,插页里的广告被忽略过去的可能性较大,杂志封面和封底广告效果好,但费用昂贵,使用受到限制。

3.广播

广播是利用电波传播声音的工具,它通过语言和音响效果,诉诸人的听觉,充分发挥声音的抑扬顿挫、轻重快慢以及节奏感、感情色彩等方面的特点,使听众听懂、爱听,唤起人们的联想和想象。其优点主要表现在:

(1)迅速及时。不受地区、交通、路程、气候条件的限制,能以最快的速度把广告信息传递到城市、农村及世界各地。

(2)覆盖面广。广播在一天中持续的时间长,从早到晚都有节目播出。随着半导体收音机质量的提高和小型化,广播发挥了优势。听众可以在家中或旅途中随时收听,不受地点环境的限制。

(3)具有较高的灵活性。广告内容可长可短,形式多样。任何用声音来表达的广告内容,包括音乐、口号、对话、相声等都可以通过电台来传播。

(4)价格便宜。广播广告制作简便,收费低廉。在国外,同一时间广播广告的价格为电视广告价格的1/4,而在我国,中央人民广播台每分钟的广播广告,其价格不到电视价格的1/10。

广播媒体的局限性是:时间短暂,稍纵即逝,给人的印象不如视觉媒体深刻和容易理解。听众分散。一般来说,复杂、新奇、外观引人和使用较难的商品,不适于在广播媒体上做广告,在选择广播广告时,要注意节目编排情况,安排时间、次数和播音水平等。

4.电视

电视是一种兼有听、视觉的现代化广告媒体,它能集众家广告艺术之长,综合运用文字、图像、色彩、声音和活动等丰富多彩的艺术表现手法,作为广告媒体,它拥有其他任何媒体难以比拟的优势。

(1)形象生动、感染力强。它以独特的技巧,集声色之美,兼视听之乐,造型突出,具有一定的知识性、故事情节与趣味性。形式多样的电视广告,不仅可以具体生动地反映商品的特点,而且富有强烈的表现力和感染力,给观众以美的享受,并在某种程度上不知不觉地说服人们去购买某种商品。特别是彩色电视中的产品商标,能给人以突出的印象。

（2）直观真实、理解度高。电视能够直观地、真实地传播信息，既可演示，又可解说，具有其他广告媒体所没有的强烈的心理感染力。这种逼真的效果为企业显示产品特色、建立商标形象，提供了良好的条件。

（3）深入家庭、影响面广。电视在我国一些大中城市已经基本普及，小小的电视机进入寻常百姓家已不鲜见。

电视媒体的局限性是广告信息在观众面前一瞬而过，难于再现和记忆，电视广告制作费用很高。观众不能根据各自的年龄、爱好或所受教育的程度任意选择电视广告节目，对穿插在其他节目之间的广告，收看具有勉强性，容易招致观众反感，影响广告效果。

5. 户外广告媒体

户外广告媒体通常有路牌广告、霓虹灯广告、交通广告和空中广告等。主要分布在交通要道、商业闹市、旅游胜地、机场车站和公共娱乐场所等行人密集的地方。户外广告主要用于补充其他广告媒体的不足，它面对流动性的观众，不可能选择观众类型，除非在集中了某一特点的区域和某一社团的所在地。因此其特点是行人随时随地有可能看到，比其他传播媒体更广泛地接近观众。但是观众接触往往是在行动中无意看到，时间短促，距离较远，无法准确地测定其效果。户外广告保留期长，但仍算作瞬时的媒体。要充分适应这些特点，广告内容应简要、明快、色彩鲜艳、富有感染力，以突出表达商品的特点，来吸引行人的注意，这种广告宣传不适宜复杂的产品。

6. POP广告媒体

POP是Point of purchase的缩写，也称销售点广告，是指利用销售场所的内部和外部所做的广告。销售场所既是买卖交易的地点，也是买卖双方进行信息沟通与传递的场所。作为生产商和经销商，在消费者浏览和购物之时，给予他们一定的信息，促使他们作出购买决策。这种广告媒体的优点是：

（1）机动灵活，形式多样。这种媒体多数情况下都为企业的自有媒体，运用时比较灵活，无需经过别人批准和交付费用，而且选用的广告形式可以多种多样，可以根据具体情况进行选择、组合、搭配使用，同时也可与大众媒体组合，加强其宣传效果。

（2）引人注意，促成销售。由于这种广告媒体多为消费者购物的场所，而且采取多种方式来吸引消费者的注意，广告与产品销售在时间与空间上融为一体。

（3）费用低廉，方便快捷。这种媒体广告设计、制作技术简单，材料来源广泛，不需要大型的设备，布置方便，可以随时安装或拆除，具有方便快捷的优点。同时费用相比之下，也十分低廉。

但是这种媒体也有其局限性，主要传播面不如大众传播媒体广，只有来到购物现场的消费者才能接收到广告传达的信息，在这部分消费者中也只有一部分才能产生购买行为，影响面比较小。

7. 网络

电脑网络是利用通讯线路将若干台电脑有序地联结在一起，成为一个可以制造、加工、传递、处理信息，实现共享信息资源的信息系统。这种广告媒体的主要特点有：

（1）信息量大。在报纸、杂志、电台、电视等大众媒体上，由于受到版面、时间等因素的影响，包含的信息量受到一定限制。在网络媒体上做广告，由于信息空间大，可以通过文字、图片等组合形式，增强趣味性，有利于吸引更多的消费者。网络中有很多网页，每一个网页上具体又包含许多内容,消费者可以挑选感兴趣的网页进行浏览。

(2)监测效果强。四大媒体在广告传播中都是单向传播,广告受众是被动地接受广告信息。网络却不同,它是由广告受众自己决定是否浏览某一页信息,网络商可根据广告受众的需要,将其连接在他需要的内容上,因此网络具有互动性,有利于精确统计消费者访问网页的人数,便于监测并及时提高广告效果。

(3)动态效果好。网络上广告形式可以多种多样,既可以是文字、图像、声音,也可以是将文字、图像、声音整合在一起的集成化信息,还可以应用虚拟现实技术,把广告受众带入虚幻的现实世界,使其能够看到、听到、触摸、翻转商品,也可以运用文字的闪烁、滚动、变形以及声音、音响、录像、动画、游戏等各种技术,使广告的动态化效果增强。

(二)广告媒体的组合

根据人的记忆规律,当一个人接受某信息后,5分钟后只能记得60%,一天之后只能记得30%,一周之后只剩下不到20%。因此,运用反复刺激可加深人们的记忆。而这仅靠单一媒体是不易做到的,必须巧妙利用媒体组合。媒体组合是指企业为了实现一定的广告目标而选择两个或两个以上的媒体进行搭配,包括报纸与广播组合、电视与广播组合、报纸电视与POP组合、报纸与杂志组合、网络与电视的组合,等等。

1.媒体组合作用

(1)达到第一种媒体所未达到的目标公众,开发潜在消费者,因为任何媒体都有其局限性,单一媒体很难深入普及所有的目标受众,需要其他媒体来补充空间,形成优势互补的媒体效应,来更好地宣传产品的独特主题。

(2)在第一种媒体得到最佳到达率之后,利用另一种廉价的媒体来重复,从而维持广告的知名度,强化消费者的记忆。多种媒体组合能够节省广告成本,以最少的广告投入取得成倍的广告效益。

(3)利用媒体组合可以扩展广告运动的效果。媒体的特点很明显,并且难以替代,需在媒体组合中尽力发挥各自的价值。消费者通过报纸、杂志媒体可以初步了解到广告要传达的信息,通过电视、网络媒体借助一定的声音、图画等动态深层次了解产品信息,引起他们的购买欲望,感染消费者,从而加强广告活动的效果。

(4)利用多种媒体的组合,可以取得更好的促销作用。每一种媒体都有各自的目标受众,采用多种媒体组合,可以将更多的消费者吸引到本产品的广告上,起到更好的促销效果,发挥整合营销的功能。

2.媒体组合原则

媒体组合不是任意地加以拼凑,而是要遵循一定的原则的,具体来说,媒体组合要以下列原则为前提。

(1)互补性原则。各种媒体都有优势和局限,媒体组合要充分发挥各种媒体的长处,避其短处。例如:电视媒体长于展示形象、过程,长于动之以情,因此多用告知性信息。报纸、杂志媒体长于描述和说明,所以长于晓之以理。可用报纸媒体补充电视媒体的信息深度不够,用电视媒体补充报纸广告形象不足的局限。

(2)效益性原则。媒体的组合不是多种媒体的简单加总,而是各种媒体的综合运用,产生的效果要远远大于各个媒体效果的加总。因此媒体组合要充分考虑到带来的效益。不要重复覆盖,造成不必要的浪费。一般是在第一种媒体达到最大到达率后,再以较便宜的媒体提供额外的覆盖,以保持广告活动的连续性,实现规模效益。

实验证明,同一广告内容传播给目标消费者,各接触三种媒体一次,比接触某种媒体三次的效果好。两种以上媒体向同一受众传播同一内容的广告信息,比一种媒体传播的效果要好。广告学家曾对广告媒体组合进行过研究和实验,发现广告媒体的交错使用能产生额外的效果。为了达到应有的广告效果,就要连续不断地给目标消费者以反复刺激。

【实例】

广告的威力

湖南长沙东风制药厂是一个小厂,职工不足 400 人,没做广告时,他们的年产值平均在 200 万元左右,年利润总在 30 万元左右徘徊。自从他们认识到广告的威力,在《湖南日报》、湖南人民广播电台和《人民日报》(海外版)刊登广告后的 3 年中,仅花去广告费 8 万元,使销售额净增 608 万元,利润净增 108 万元。

【即问即答】

1.企业进行广告宣传给你带来哪些启示?

2.该企业广告媒体的选择和组合给你哪些启示?

任务二 企业广告文化

操作指南

一、企业广告文化的含义

广告文化不是"广告"与"文化"的硬性拼凑与简单叠加的产物,而是一种客观的经济文化现象。企业广告文化是指企业经过长期的广告实践,受一定的社会文化背景、意识形态影响而形成的广告哲学和价值观念,是企业在执行一系列广告策略基础上形成的一种文化现象。它是一种高竞争、智力型的竞争手段,服务并服从于企业的价值目标,渗透于广告过程的各个环节,是影响人们的购买欲望以及购买行为的重要因素之一。企业广告文化是现代广告文化在企业广告中的一种外化形式,是由广告从业人员及企业广告管理者及策划人员基于社会广告文化及本企业文化所共同创造出来的一种广告表现形式,随着整个社会广告文化的变化而变化。

传统的广告理论基本是以广告商业性为中心的,而现代的企业广告文化则是社会文化中有意识的创造、培养而成的企业广告文化风格,它向社会传递企业的精神风貌,强化企业的整体形象建设,体现着企业文化特征。

二、企业文化与广告文化

1.企业文化是企业广告文化的决定性因素

从表面上看,企业广告与企业文化没有很大的联系,但是从更深层次上看,广告作为一种无形资产的增值系统,本身是凭借着企业理念作为指导,是受企业理念支配的。美国企业文化学者帕福从 10 家在各自所在行业排名最靠前的公司(美国航空公司、英特尔、摩根公司、西南航空公司等)的调查数据中得出结论说,这些公司与普通的广告策略,特别是企业广告背后的文化有着显著的不同,这些公司除注重广告的真实性、科学性、信息性原则之外,还注重广告对企业形象、企业文化的烘托,在宣传本企业的团体协作精神、客户中心主义、员工平等对待、激励和创新等方面下工夫。这些企业的广告所表现出来的文化性都是其自身企业文化的外在透射。企业广告文化,就其整体而言受社会整体文化的影响,但是对于各独立的企业而言,却是由各自的企业文化所决定的。现代社会广告竞争趋势的发展使企业广告传播由单纯的产品宣传转向企业形象的宣传。企业文化,特别是当它的力量十分雄厚时,会产生强有力的经营结果,会创造其他企业无法比拟的文化力量,企业文化是一个企业精神所在,企业广告文化正是以企业文化为灵魂创造出来的体现企业风格的广告形式,而企业文化正以其独特的方式决定着企业广告文化的发展。

2.企业广告文化以企业形象为手段有效传播企业文化

概括而言,企业广告是企业形象的"有型性"刻画,企业形象的塑造离不开广告。企业广告文化的传播更离不开企业形象这一中心。企业形象的构成有两个方面。一是它的无形形象,即企业精神、企业的方针政策、企业的管理水平、企业的效率和信誉等;二是它的有形形象,广告同企业的商标名称、设备、技术力量、人才阵容、福利待遇一起构成企业的有形形象。这就是为什么人们想拍照时脑海中涌动"富士"胶卷绿色的包装,口渴欲饮就会想起"可口可乐"的缘故。广告正是以其文化底蕴,在以它精彩的画面反映企业形象的同时,并以此为手段有效地传播着企业文化。成功的企业广告,不仅单纯代表企业商品的物质层,更宣传着企业理念的文化层。它通过广告的手段,不断地向消费者传播企业精神、经营方针、价值观,宣传企业文化和企业道德,以谋求公众的理解和支持,强化企业形象系统,通过长期在消费者头脑中形成的企业形象定位,达到在宣传商品的同时有效地传播企业文化。企业形象广告正是应运而生的一种新型的广告形式,已成为现代广告的新主流。

3.企业文化与社会文化通过企业广告文化达到融合

企业文化是社会文化的一个组成部分,企业广告文化为企业文化与社会文化的相互沟通与交流创造了一种特殊的媒介。企业广告在向受众传播过程中,影响着受众的消费方式、生活方式甚至于价值观、人生观,从而对整个社会的文化产生影响。同时,企业文化是否适应社会发展的需要也要通过广告的社会效益和经济效益得以体现。企业必须随着消费者价值观念、文化意识等社会文化环境的变化而对企业文化进行革新,将新的文化特质引入企业文化中,才能适应竞争的需要。

三、企业广告文化的内容

按照不同的目的与要求,可将企业广告文化分为不同的类型,现代企业广告文化主要表现为企业产品广告文化与企业形象广告文化两大类。在企业产品同质竞争越来越激烈的现代社会,消费者越来越倾向根据对企业所持有的整体印象即企业形象来购买产品,现代企业广告也越来越向企业形象广告方面发展。

(一)企业产品广告文化

广告的最终目的是推销产品,但是不同民族、不同国度、不同文化背景对同一产品的需求却表现出不同的文化特征。不同民族、不同信仰的审美意识是丰富多彩的,消费者对美好事物的追求表现出不同的文化心理需求,其对产品广告的文化需求也是如此。因此产品广告不可避免地带有消费者价值观、宗教信仰、风俗习惯及审美趣味等因素,从而表现了产品广告的不同文化特点。

1.产品广告文化在宗教信仰上的表现

世界上各国、各民族都有不同的宗教信仰,各种宗教都有自己的敬仰之物和禁忌之物,这是在漫长的历史过程中形成的,表现在婚丧嫁娶、饮食起居等生活的各个方面,因此,产品本身以及设计、商标、包装、广告等都应充分尊重当地消费者的信仰,切勿触犯他们的禁忌,否则就会处处遭受冷遇,特别是产品的广告宣传具有覆盖面广、易于传播的特点,如果出现一次差错就会造成特别严重的后果,极有可能导致整个企业营销的失败。如对伊斯兰教的产品广告宣传中,就不能用伊斯兰教的创始人穆罕默德的名字或人像作为酒类的商标,因为此教禁酒。另外,由于各民族在物质和文化生活中特点的不同,自然影响着他们的消费需求,并形成一些特殊消费群,如藏族群众对藏刀的需求等,这类企业的产品广告区域就应倾向于西藏等地区。

2.产品广告文化在价值观上的表现

所谓价值观,是指以主体价值生活经验积淀为基础,对客体进行衡量取舍的参照系统。它植根于社会心理深层的观念形态,是文化结构的最深层次。价值观决定着个人、团体、社会甚至一个国家采取的生存形态、行为模式和交往准则,决定着人们如何看待社会、人生和自然万物以及实际活动的方向。它对整个社会的经济生活、精神生活等,都产生着极其重大的影响。消费者因为文化修养和觉悟的不同产生不同的价值观,影响到商品的需求和对广告的接受度。在评价某商品广告的好坏优劣时,消费者的需要、期望、情感体验等人体心理因素起着重要的作用,使得他们对同一商品广告有着不同的看法。这时产品广告应针对不同群体的不同价值观采取不同的文化策略。

3.产品广告文化在风俗习惯上的表现

不同的国家或民族都有自己的独特风俗习惯,这既反映了各民族人民的共同心理,又体现了该民族的标志。风俗习惯对消费行为的影响也是很明显的,如节日、礼仪、建筑风格、服饰等均和消费行为有关。如可口可乐以中国春节为题的电视广告宣传,画面以红色为主,突出了喜庆、团圆、欢乐,把民族节日和企业精神巧妙地糅合在一起,使具有中国文化背景的消费者在文化品味上达到沟通。

4.产品广告文化在审美趣味上的表现

消费者价值观念的不同反映在审美上也有很大的差异,以绘画而言,西方人崇尚油画,而中国大众则认为中国画更有欣赏价值,中国广告画面的创作更多地表现了民族特色的审美趣味、观念和方法,如立足于神似,抓住商品能够吸引消费者的某一方面,而不是简单地图解商品性能或者再现商品、厂房及生产流程。中国画注意空白的运用,反映在广告创作中,使消费者体验虚与实相间的美感,更容易被吸引。另外,表现在色彩、形象、诗文等方面的审美情趣,同样为广告创作提供了天地,使广告更具民族文化的特点。

(二)企业形象广告文化

企业形象广告,顾名思义,它是以宣传企业形象为主的一种广告宣传形式。与一般产品广告不同,它是企业通过广告宣传来塑造和传播企业的整体形象,向社会表明企业的理念、方针、目标、规模以及对社会的贡献等社会态度,从而寻求消费者的理解并赢得好感的广告。它是以企业文化为灵魂的。

企业形象广告文化是企业文化传播上最快速、最有效的途径之一。企业形象广告文化主要通过以下几种形式的广告得以体现。

1.企业理念方面的广告

理念方面的广告是向社会公众传播企业精神、价值观念、经营方针等内容的广告,这在企业识别系统中被称为理念识别。其中,企业精神是企业形象的精髓,是统一企业全体员工的基本准则,同时也是企业凝聚力和企业活力的基础。

2.企业视觉方面的广告

视觉方面的广告是向公众传递企业名称、企业标志、企业的标准字、标准色等诸内容的广告,它在企业识别系统中被称为视觉识别系统。视觉广告实际上是反映企业理念并联系企业行为的一种宣传。由于各企业经营的范围不同,所以企业视觉识别广告有着很大的差别。例如,日本航空公司(JAL)视觉广告的基本条件是优雅和尊贵,以配合其作为世界航空领导者之一及国家代表的身份。

企业视觉形象广告往往最集中体现在企业标志或商标上,也就是说企业的标志或商标是出现频率最高、给公众印象最深的视觉广告。因此大多数企业都是委托专业公司精心设计,在一般情况下不会轻易更改。当然,视觉广告还应包括企业经营、企业制服、产品包装等。但是无论从传播的空间范围或时间长度来看,企业标志性广告具有更重要的作用。我们可以在世界各地看到美国可口可乐公司的标志,不同年代可能会有包装技术的变化,但是产品上的企业标志或商标则不会变化。所以,在设计企业形象广告时,一定要把企业标志或商标作为企业视觉形象的重点,体现企业的广告文化风格。

3.企业行为方面的广告

行为方面的广告是向社会公众展示企业整个经营管理行为(包括营利性行为和非直接营利性行为)等内容的广告,也就是企业识别系统中的行为识别。其中营利行为方面的广告,应该理解为广义的企业形象广告,即以树立企业形象为目的产品广告、服务广告、促销广告以及企业实力广告。所谓产品广告就是将某个商品广而告之,如"挡不住的感觉,就是可口可乐"。所谓服务广告就是向消费者宣传某一种服务,如经常可见的百货公司、金融保险公司、旅行社的广告。所谓促销广告是以促进企业销售或服务的一种广告形式,如各种减价优待、随货附赠、抽奖猜奖、以旧换新、免费送样品等。非直接营利行为方面的广告,可以理解为狭义的企业形象广告。这种广告的本身就是为了树立企业形象,如社会责任广告、企业事件广告、企业礼仪广告以及企业管理水平的宣传等。

四、广告文化的传播要素

广告文化的传播要素有两类:一类是基本要素,又称显性要素。它通过信源、信息、媒体、信道、对象和反馈,扩大广告文化的氛围,强化广告的全面功能。另一类是隐性要素。它通过情感因素、心理因素、时空环境、文化背景、权威意识进一步拓宽广告文化的功能。

(一)构成广告文化的显性要素

1.信源。信源是指信息的发布来源,即广告客户,要发布广告信息的社会组织或个人,在现代经济社会中主要是公司和企业。

2.信息。信息是指广告客户要向消费者宣传的商品、劳务、观念或公共关系等方面的信息。

3.媒介。媒介是指以记录和保存广告信息并随后由其重现广告信息的载体。媒介与广告信息密不可分,离开了媒介,广告信息就不存在,就谈不上广告信息的交流和传播。

4.信道。信道是指信息传递的途径、渠道。不同的广告信息可以选择不同的广告媒体。

5.受众。受众是指广告信息的接受者和利用者,即特定的广告对象。

6.反馈。反馈是指广告对象接受广告信息后的反应。在传播过程中,这是一种信息回流。广告传播者可以根据反馈来检验广告宣传的效果,并根据反馈的信息来调整改进自己的广告活动。

(二)构成广告文化的隐性要素

1.情感因素。情感因素是指附属于广告形态的情感。它以情感人、以情动人,容易被人注意和感知;同时,也指不具有广告味的一种情态,使人在不知不觉中受到感染。例如,有一个广告,是为表现"母亲的伟大以及母爱——世界上最伟大的爱"这一主题,在广告牌上方排列了 24 位世界上伟人的照片,下面的广告词写着:"在妈妈心中,他们只是孩子。"广告牌下方又排列了 24 个新出生的幼童,同时也配有广告词:"在妈妈心中,他们都是伟人。"短短的两句话,连同别出心裁的两组照片构成强烈的对比,把母亲的伟大和伟大的母爱这一主题表现得淋漓尽致,在感情的交融上达到了完美的体现,使人们很自然地产生强烈的报答母爱的心理。这种广告文化效果,正是通过情感纽带来宣泄的。创意好的广告必定产生强大的心理震撼力。

2.心理因素。心理因素是指信息接受者的情感心理状态,在不同的情感状态下,人们接受信息的效果是不一样的。广告传播行为的发生、延续和发展都应建立在发出信息和接受信息双方心理相悦这一基础上。没有心理的沟通,就无法获得最佳的广告效果。这就要求企业在做广告时,力求形成一种良好的广告文化氛围,造成一种特定的环境气氛,让人们在这种气氛中获得双方的沟通。

3.时空环境。时空环境是指在特定的空间、在单位时间内传播的有效信息量和广告传播的时机选择。在固定的单位时间内,所传播的有效信息量越高,广告的效果就越好。在不同环境条件下,选择合适的媒体,在合适的时机播出,就会产生较好的效果。

4.文化背景。文化背景是指在广告传播中不同消费者在文化上的差异。广告传播作为一种文化现象,受不同的经济环境、风俗习惯、民族心理、性格特征、思维方式和价值观念的影响。即使是对同一信息,可能产生不同的主观感受,尤其是跨文化传播中,务必要了解和尊重消费者的文化背景,避免产生沟通障碍。

5.信誉意识。信誉意识是指广告的可信度和被消费者信赖的程度。在广告传播中,广告信息内容权威性越高,受众对其就越信服,就越容易提高广告传播效果。所以,对新产品的宣传,广告客户往往利用用户来信、有关学术机构的鉴定、产品获奖名次及等级来提高广告信息的可信度。

任务三 广告策划与实施的文化

广告策划思想产生于 20 世纪 60 年代。英国企业家斯坦利·波利特率先倡导了广告策划思想,并逐渐影响了英国广告界和国际广告界。斯坦利·波利特认识到广告策划在企业经营中的举足轻重的地位,故极力倡导企业广告策划工作。广告策划的核心是广告计划和广告策略的应用。它与广告实施和评估共同构成广告行为的整体。

操作指南

一、广告策划

广告策划是根据广告主营销战略策略以及市场产品,消费者竞争者状况和广告环境,遵循系统性、可行性、针对性、创造性、效益性原则,为广告主的整体经营提供规范科学的广告活动规划方案的决策活动过程。

(一)广告策划体系

广告策划体系有五个要素,是一个相互依存、相互关联的有机体系,如图 5-1 所示。

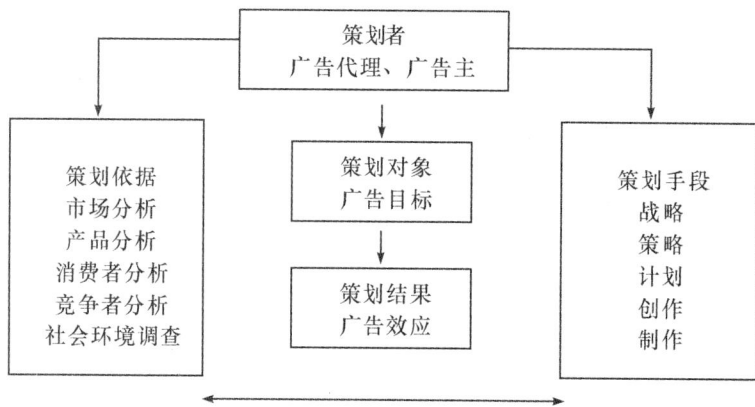

图 5-1　广告策划体系

从图 5-1 中可看出,广告策划者在广告活动开始之前,首先要进行市场调查,掌握市场环境,以及商品的有关资料和数据,然后再进行系统综合分析、处理,确定策划对象,并运用科学知识和手段,从而使策划收到良好的结果。

(二)广告策划的技巧

广告策划是谋略运筹。在广告策划中,为了取得轰动效应和辐射效应,尽快引起公众的注意与认同,应该高度重视谋略化思维的运用,主要包括三个方面:

1."势"的运筹

"势"不仅能够直接增强企业广告战略的客观效果,而且具有"膨胀效应",能够不断寻求到社会环境中各种有利因素的支持,使有利的局势周而复始、循环增长,无限扩大企业广告宣传活动形象的影响范围。

为了进一步提高"势"的影响作用,我们应该注意策划的技巧。"势"的策划技巧主要有以下几种:

(1)"借势"。即把广告的宣传、推广活动与明星人物、社会知名人士或社会重大事件联系起来,借助他们在公众心目中的威望,提高广告宣传的影响力。

(2)"组势"。即把同行业或相关行业的力量组合起来,组建专题化广告阵势,形成宏大的气势,影响公众的心理活动,以此提高企业的权威感和实力感。

（3）"定势"。即选择公众市场中具有示范效应、属于商业"制高点"的大都市、大商场，作为宣传、展示企业形象的广告宣传阵地，借助这些大都市、大商场的特殊形象，提高广告作品的影响力。

（4）"炒势"。即利用新闻媒介在公众心目中的权威形象和传播优势，组织新闻稿件，开展各种形式的新闻传播活动，吸引公众的广泛关注。

（5）"造势"。即在推行广告宣传战略前期，围绕宣传的需要，企业自己策划、组织系列化的相关活动，扩大声势，创造出良好的社会环境。

2."时"的运筹

在广告战略中，时间因素并不仅仅是一个实施的时间问题，它对于提高广告宣传的实效性具有重要的意义。在"时"的运筹方面应该注意以下几个方面的要求：

（1）"先知"。即根据社会发展趋势和社会需求的变化态势，进行科学的调查和分析预测，预先掌握公众在未来某一时间内的基本要求，从大局中找出推行广告宣传战略的良好时机。

（2）"先算"。即事先排定企业举办重大活动的时间表或市场上的商品消费旺季时间表、社会上的节假日时间表，从这些时间表中推选出进行广告宣传的最佳时间。

（3）"先选"。即善于在众多的时间表中，选择时机，率先推行广告宣传用品，以取得独树一帜的宣传效应。

3."术"的运筹

在广告宣传的实施文案中，方式、方法、途径是最关键的因素。方式、方法选择恰当，就可以最大限度地引起人的注意，并引导公众作出有利于企业的市场反应，达到开拓公众市场的目的。

二、广告形象选择与定位

要想做出个好广告，一定要有较好的广告定位，让人知道你的广告是针对什么人，与众不同之处是什么？只有如此，才能将你的广告信息传达给有关的人士。这方面成功的例子很多，如百事可乐告诉年轻人它是"新一代的选择"；肯德基劝中国人尝尝"美国口味"；博士伦对那些惧怕隐形眼镜的人说"戴博士伦舒服极了"；娃哈哈的广告则说"喝了娃哈哈，吃饭就是香"。

系统形象广告定位是一种划时代革新性的理论，由 20 世纪 60 年代的印象广告和 20 世纪 70 年代的产品定位广告演进而来。系统形象广告定位是企业整体形象的定位，它不仅仅是企业某项产品的定位，也不仅仅是某个企业家风格的定位，或某项经营作风的定位，而是企业文化特征的综合性的定位。

(一)系统形象广告定位的特点

1.突出整体性。IBM 的"科学、创新、卓越"的定位，正是整体企业文化特征的集中体现。

2.含有哲理性。"太阳神"的广告标语"当太阳升起的时候，我们的爱天长地久"正是其企业广告定位的集中体现，其含义深邃、意境深远，令人回味无穷。

3.个异性。"万宝路"香烟以"西部牛仔"为其企业文化特征的杰出代表，创造了一种勇于冒险、创新、富于牺牲精神的粗犷、强悍的定位形象。

4.情感性。雀巢咖啡的"味道好极了"就极具有感性色彩。

5.偏重性。美国兰铃公司,虽然在其核算系统与经营风格方面具有独到之处,但在现阶段更应该以其产品的优质和服务的优异为其特征,因此,便以"优异与服务"为其企业形象定位。

6.连贯性。企业系统形象的广告定位,正如企业文化具有连贯性与继承性一样,也应该在一定的历史阶段具有相对连贯性与稳定性。

此外,还有伸缩性、适应性、文化性、通俗性等特点。

(二)系统形象广告定位的方法

系统形象广告的定位按照不同的角度,具有不同的定位形式、方法和技巧。

1.按其形象性质定位

(1)表层形象定位:是指构成企业形象外部直观部分的定位。如对其厂房、设备、环境、厂徽、厂服、商标、包装、产品造型色彩等外观的直接定位。

(2)深层形象定位:是指企业全体职工的信仰、精神、价值观等企业哲学的本质性定位。

(3)实值形象定位:是指企业活动成果所达到的实际水平的定位。如企业产品的质量、生产能力与规模,整体素质与经营管理水平,产值、利税等。

(4)虚值形象定位:是指企业内外对企业整体形象的某些主观的印象性定位。

2.按其形象定位

(1)组织形象定位:是企业形象的整体性或具有代表性的局部的特征性定位。如日本"JAL"航空公司以穿和服极具礼貌的日本妇女作为形象就是其高质量、高水平服务的物质性与优质性的组织形象定位。

(2)产品形象定位:是指企业的拳头产品、名牌产品在竞争中具有明显的优势与特质,而这种优势与特质同企业整体形象的优势与特质具有某些方面的融合性。

(3)环境形象定位:是指按照企业所处的物质环境、生态环境、社会文化环境的特点给予定位。

3.按其形象范围定位

(1)外部形象定位:是指企业外部的经营决策、经营战略策略、经营方式与方法等方面的特点与风格的定位。如"24小时昼夜服务"等。

(2)内部形象定位:是指企业家、管理人员、技术人员乃至全体员工的管理水平、管理风格的定位。例如"肯德基"的"效率、质量、平等、信誉"的形象定位。

4.按其诉求方式定位

(1)感性诉求定位:是指对其消费对象采取情感性的诉求方法,向消费者诉之以情,以求消费者能够和企业在情感上产生共识,进而获得在理性上的共识。如百事可乐的"起来吧,你是百事可乐年轻的一代"的感性形象定位。

(2)理性诉求定位:是指对其消费者采取理性的说服方法,用客观的、真实的企业的优点与长处,让顾客自我作出判断进而获得其在理性上的共识。如百事可乐针对可口可乐高质高价的定位,采取了高质低价理性形象定位,"同样的价格,两倍的含量",打得可口可乐喘不过气来。

5.按其诉求技巧定位

(1)优势定位。企业实力雄厚,在某行业、某品种、某产品上抢先占领领导者的地位,一般均采取这种方法。如"世界第一饮料可口可乐"、"施乐——复印机王国"。这种方法可以巩固一流企业、一流产品在消费者心目中的地位。

（2）跟随定位。这是二流企业、二流产品的一种定位方法。这种定位是依附性的、防守性的,它是模仿一流企业的策略与方法,花较小的力量确保自己地位的一种定位方法。如埃维兹公共汽车公司:"我们仅是第二,我们更为努力。"

（3）是非定位。这是一种三流企业、三流产品的以守为攻的定位方法。如七喜汽水的"非可乐型饮料"的定位。

（4）逆向定位。这也是一种二三流企业、二三流产品的以守为攻的定位方法。如大众汽车公司在甲壳虫牌汽车上的"小一点"的定位,便是针对美国大、长型汽车的逆向定位,而占领了美国小型汽车的市场。

（5）进攻性定位。这也是一种二三流企业、二三流产品的定位方法。但它并非防守性的,而是一种全攻性的定位方法。它是找到主要竞争对手的致命弱点,加以全方位的进攻,动摇其固有的地位,改变消费者的看法,而使自己取而代之。

三、广告创意与文案

现代广告的核心在于创意,其魅力也在于创意。根据广告宣传商品特性构思、创作融艺术品位与感人情节于一体的广告作品,是广告创意的基本任务。广告创意是一项灵感性、技巧性很强的工作。英国戏剧家王尔德有这么一句话:第一个用花喻美人的是天才,第二个再用的是庸才,如果第三个人还去用那简直是蠢才了。说明广告创意的灵魂就是别出心裁、有个性。

创意应融创新与构思于一体,所以可对广告创意作出以下界定:广告创意就是广告人员根据市场调查结论、品牌形象特性和公众心理需求,运用联想、直觉、移植等创造性思维方法,提出新颖的主题设想,设计广告宣传意境和表现情节的构思过程。

(一)广告创意的前提

不熟悉市场情况、社会文化、品牌形象特性、公众心理需求的人,是不可能真正创造性地设计出有市场影响力的宣传意境的。即便能创意,在这种无凭无据的创意指导下,策划出来的广告也容易违反市场、违反文化、背离商品特点和企业的品牌特性。对于创意人员而言,应该掌握各方面的有关信息,进行科学的分析。

(二)广告创意的关键

广告创意不是优美文字、华丽词藻的堆砌,也不是风景画、美人照的渲染展现。广告是一门以研究人为主的科学,它的主要任务是把所要广告的商品(或服务)将给受众带来的利益告诉他们,以激发他们的购买欲望,从而促进消费,因此,广告创意必须首先考虑目标对象的文化背景、消费习惯、生活经验、价值观念及潜在欲望,以公众心理为依据,以公众心理需求为准则。

(三)广告创意的表现形式

创意是一项创造性工作,是源于创新、源于智慧的创造性思维活动。缺乏创造性的广告是没有生命力的。并且在广告创意过程中,在依靠广告主创人员的基础上,还要充分调动其他所有人员甚至公众的创造性,借助头脑风暴法,博采众长,引导大家围绕宣传商品和宣传内容畅所欲言,相互启发,随意发表自己的看法,形成多种创意文案,然后从中找出最佳组合方案。只有这种经过优化选择的创意方案，才能真正具有生命力。

（四）广告创意的成果

广告创意的成果与文学创意的成果具有一定的相似性，即以构筑意境为目标。广告也是通过创意，让观众、听众产生具体性的联想，来感染人和影响人，也只有通过创意，设计出具体、形象、生动、美好的意境，公众才会接受影响，并按照意境的暗示，产生美好的体验，进而对宣传的商品产生好感。

在广告实施中，广告文案创作环节是至关重要的。根据市场、商品、消费者等方面的情况和广告目标，通过广告主题的新颖构思，创造出新的意境，再将这种意境通过广告文案的方式创作出来。

广告文案创作包括广告语言、形象和其他因素，把既定的广告主题、广告创意具体地表现出来。它通过标题、正文、随文的撰写和对广告形象的选择搭配实施广告宣传。

广告文案必须包括大量的广告信息，但是这种信息有偏重，即应集中于广告诉求重点上，用准确的语言表达出来。广告要在一瞬间抓住消费者的眼光。这对文案创作的要求是苛刻的，文字、图像最初能引起人们注意的百分比是 22%∶78%；唤起记忆的是文字，占65%，图像占 35%。这就要求在进行文案创作时要巧妙配合。

广告的创意与广告文案创作就像其他艺术创造一样，是需要灵感的。而创作者的灵感不是凭空产生的，对企业及其产品、企业的文化背景了解得越深入，对该企业的文化理解得越透彻，广告的创意和文案的创作就越到位。

【实例】

"白猫"与"法奥"

我国化妆洗涤用品市场上竞争激烈，广告投入量最大的莫过于各类洗发水。在这种形势下，生产著名的"白猫"洗衣粉的上海合成洗涤剂厂也准备向市场推出一款"法奥"四合一洗发香波。为配合新产品推出，上海合成洗涤剂厂委托金马广告有限公司为该产品进行广告创意策划及部分业务的代理。经过对上海洗发水市场的调查分析，该广告公司认为目前洗发水的广告多以俊男靓女的形象出现，受众早已看腻了，因此"法奥"必须寻求新形象。于是几经斟酌终于创作出了"洗衫用白猫，洗发用法奥"的广告主题，一是向受众传递两者同出一家的信息；二是用"白猫"的影响带动对"法奥"的记忆；三是对"白猫"进行提示性宣传，一举两得，事半功倍。

【即问即答】

这则广告创意给你带来哪些启示？

项目小结

◆广告与企业的关系体现在广告与企业产品销售的关系、广告与企业新产品开发的关系、广告与企业经营管理的关系以及广告与企业公关形象的关系。

◆广告有可信性、思想性和科学性、艺术性和吸引性等特征。

◆广告媒体是传播广告信息的运载工具，是广告者与广告宣传对象之间起媒体作用的物质手段,也是生产者与消费者之间的桥梁。现代社会所有的传达方式,都可以用作广告媒体,但目前广泛使用的主要有报纸、杂志、广播、电视、路牌、网络等,并且这些媒体各有各的优点和局限性。

◆媒体组合是指企业为了实现一定的广告目标而选择两个或两个以上的媒体进行搭配。广告媒体组合有一定的作用、原则和方式。

◆企业广告文化是指企业经过长期的广告实践,受一定的社会文化背景、意识形态影响而形成的广告哲学和价值观念,是企业在执行一系列广告策略基础上形成的一种文化现象。

◆广告文化的传播要素有两类:一类是基本要素,又称显性要素;另一类是隐性要素。

◆广告策划是根据广告主营销战略策略以及市场产品,消费者竞争者状况和广告环境,遵循系统性、可行性、针对性、创造性、效益性原则,为广告主整体经营提供规范科学的广告活动规划方案的决策活动过程。广告策划有一定的技巧。

◆系统形象广告定位的特点及方法。

◆现代广告的核心在于创意,其魅力也在于创意。根据广告宣传商品特性构思、创作融艺术品位与感人情节于一体的广告作品,是广告创意的基本任务。

模仿训练

知识题

1.名词解释

(1)媒体组合

(2)系统形象广告定位

(3)广告创意

2.填空题

(1)广告媒体是_____的运载工具,是_____与_____之间起媒介作用的物质手段,也是生产者与消费者之间的桥梁。

(2)广告文化的传播要素有两类。一类是_____,又称显性要素;另一类是_____。

(3)广告策划是根据广告主营销战略策略以及市场产品,消费者竞争者状况和广告环境,遵循_____、_____、_____、_____、_____原则,为广告整体经营提供规范科学的广告活动规划方案的决策活动过程。

(4)_____和_____都从属于规范性文化。它具有规范经济行为的特征,广告具有_____、_____、_____、_____等特征。

(5)广告创意必须首先考虑目标对象的文化背景、消费习惯、生活经验、价值观念及潜在欲望,以_____为依据,以_____为准则。

3.简答题

(1)请简要说明广告与企业关系的具体体现。

(2)请简要说明POP广告媒体的含义以及其优点与局限性。

(3)请简要说明广告策划体系的五个要素。要求用流程图表示。

技能题

1. 选择几类你熟悉的产品,为每类产品设计一句广告语。

2. 请为某一百货商场庆祝开业 5 周年大型促销设计一个简单的卖场 POP 海报广告。

案例题

1. 案例一

凤凰自行车的广告策划与实施

20 世纪 80 年代末,我国自行车产大于销、供大于求已成定局。当时凤凰牌自行车是中国首选的十大驰名商标的第二名,在国内外享有一定的声誉。1991 年中国社会调查事务所在全国 353 个城市抽样调查,整理了 100 余万条数据,凤凰自行车品牌形象综合评比名列全国自行车榜首。这是值得上海自行车三厂骄傲的。随着竞争的加剧,也为了与时代合拍,该厂意识到应利用广告战略在新一代消费者中做好宣传工作,才能使企业更好地发展。

通过市场分析、产品分析和消费者态势分析,企业制定了自己的营销策略、广告策略和媒介策略。

广告策略:目标是强化凤凰国际化,高品位的品牌形象和企业形象的宣传,对目标消费对象和潜在目标对象作不同的宣传定位,突出宣传品牌形象,进而巩固前两大形象。

对象:目标对象是以城镇中上班代步的工薪族为主对象,潜在目标对象,则是学生族。尤其要在这方面集中时间,集中各种有效媒介,对学生和学生家长进行强有力的宣传攻势。

当广告策略确定以后,主要工作就在于如何按照广告策略进行广告创意了。该企业广告的主攻对象是处在步入青年时期转折点上"十六花季"的学生,他们是使用者,但购买者则是其父母,广告创意必须在使用者与购买者之间找寻一个二者都能接受的有效的理由,说服他们,广告才能取得成功。

广告创意的主题经认定后进入广告创作,由于广告媒体主要选择在学生比较易于接触,又有强烈提醒和长效性的路牌媒体上,在创作时就要严格把握媒体特征,力求简洁醒目。为此,在创作中了抓住最关键的视觉识别体——嵌有"凤凰"商标的自行车钥匙圈,把这个特征与青年的手组合,构成信息语言。为了在路牌群中能突出醒目,又大胆地采用"出格处理",使一只 8 米高的巨手伸出路牌版面,同时又把钥匙立体处理。通过这些创作,使路牌具有强烈的视觉冲击力,抓住了过路观众的目光。

广告发布后该企业得到一条信息反馈,父母担心孩子骑车不安全。为此该企业又在路牌基础上创作了广告橱窗,陈列在闹市区的上海第一百货商店,主攻学生家长。创作中仍在大标题"独立,从掌握一辆凤凰自行车开始"的一体化诉求下,左边有一条已被戳开的大鲤鱼,造型粗犷简练,显露出鱼骨刺,并配上一双木筷,下面一段文字:"就您而言,应让孩子动手,不要因刺代劳。"右边是一辆小轮弯管轻便车,有网篮、护裙网、车身,下面一段文字:"依此车而论,您大可放心,应该让孩子独立掌握。"这个创意运用生活中给孩子吃鱼去刺的比喻,提醒家长,单从消极角度,为了安全不让孩子去骑车实践,就同吃鱼代孩子去刺一样对孩子无益,对社会无益。同时通过橱窗内自行车的实物证明,进一步使家长放心。

思考题:

(1)凤凰自行车厂是如何进行广告策划和实施的?

（2）该企业的做法给你带来哪些启示？

2.案例二

"金利来"服务于"男人的世界"

"金利来领带，男人的世界"，这一广告语已经在国内乃至世界家喻户晓了，它几乎天天在电视广告节目中出现，在众多报刊中不断登出。

金利来领带，是香港金利来集团的起家和发家的产品，是该集团有限公司董事局主席曾宪梓先生一手创立的。经过50多年的艰苦创业，白手起家，成为一个年产年销数亿条领带的"领带大王"，它的产品行销于欧、美、澳、亚洲近百个国家和地区。

1970年，金利来公司刚刚成立，资金极有限，曾先生抽出3万港元做电视广告。虽然投入不大，但成果不小，金利来领带已开始畅销。此时，随着收入的增多，他再投入上10倍乃至100倍的钱继续去做广告，使"金利来领带"名牌地位在香港确立起来。1986年，金利来领带要进入中国大陆市场，曾先生提早3年在中央电视台推出广告，培养起大陆公众对金利来的名牌认知与消费意识。一举成功，创造了使其领带销售量连年翻番的惊人效益。

金利来维护品牌的市场策略，表现在毫不松懈的优良产品的质量追求，不做骗人的生意。在各地设立统一装修、统一形象的专卖店、专柜；不搞节日或季节降价推销，以营业总额5%的巨额资金强化广告宣传；在拥有的市场内实施推销三原则，经销商不准挑选花色，批发价与零售价由公司规定，现金交易。由名牌创立、维护到名牌推广，金利来由"男人的世界"延伸到"女人的世界"，借助金利来领带的名牌效应，金利来向着男士服装、饰品、皮具和女士用品、非制衣业的百货行业扩展；经营地域上，由香港扩伸到新加坡、马来西亚、泰国、欧美等几十个国家和地区，亦包括了中国大陆市场，成为雄霸亚洲的世界名牌。同时，"金利来"衍生出另一品牌"银利来"姐妹花，其男士服装精品、领带、领结、衬衣等，也已成为榜上有名的中国名牌产品，为中国广大消费者认知和接受。金利来公司的名称与金利来品牌形成一致，金利来创立名牌、名牌维护、名牌推广的过程，亦是金利来集团寻求、创立、发挥优势的过程。在这一过程中，金利来集团公司由产品形象树立，而加速了企业形象的塑造，社会公众心中也随着金利来产品优良和质量稳定，认知金利来集团公司是一家恪守信誉、财力雄厚、生产名牌产品的公司。

曾宪梓先生深有感触地认为"取之社会，用之社会"是金利来企业的一种精神。企业发达了，赚很多钱，应该回报社会、帮助社会、支持国家、救助民众。这种精神取决于创业者价值观和社会责任感。曾先生本着这种精神，不惜解囊支助中国各种公益事业，这些义举和善于回报社会的精神，对金利来集团公司企业形象的塑造无疑起到积极作用。

思考题：
（1）分析金利来集团公司是如何创建和传播其广告文化的？
（2）金利来集团公司的广告文化对其企业文化的建设有什么作用？

3.案例三

秦池——从辉煌到衰败

秦池酒厂的前身是1940年成立的山东临朐县酒厂，地处沂蒙山区。至20世纪80年代,秦池酒厂一直为年产量万吨左右的县级小型国有企业。

到 1992 年,秦池酒厂亏损额已达几百万元,濒临倒闭。该年底,王卓胜临危受命,入主秦池,担任秦池酒厂厂长。

1993 年,秦池酒厂采取避实击虚战略,在白酒品牌竞争尚存空隙的东北,运用广告战术成功地打开沈阳市场。

1994 年,进入东北市场。

1995 年,进入西安、兰州、长沙等重点市场,销售额连续 3 年翻番。该年底,组建以秦池酒厂为核心的秦池集团,注册资金 1.4 亿元,员工增至 5600 人。

1995 年,中国已有酿酒企业 37000 家,年产白酒约 700 万吨。随着买方市场的形成,白酒行业一场空前惨烈的品牌大战即将来临,结果必将是形成名酒大厂垄断的格局。为了生存和发展,秦池必须在大战来临前,找到一条迅速提高品牌知名度,扩大企业规模的途径。在反复权衡之后,秦池人选择了一条令人望而生畏却充满希望的险道:夺 1996 年 CCTV 广告标王!

1995 年 11 月 8 日,秦池以 6666 万元的天价击败众多竞争对手,以黑马的惊人之举夺取 CCTV"标王"。

勇夺标王,是秦池酒厂迈出的决定性一步,给秦池带来难以估量的影响,使秦池的产品知名度、企业知名度大大增强,使秦池在白酒如林的中国战场上成为当时的名牌。在原有市场基础之上,秦池也迅速形成了宏大的全国市场格局。

大风险为秦池带来大发展,秦池人很形象地将广告支出与销售收入比喻为:"每天开出一辆桑塔纳,赚回一辆奥迪。"1996 年,秦池销售额增长 500%,利税增长 600%。秦池从一个默默无闻的小酒厂一跃成为全国闻名的大企业。

在经历了 1996 年的辉煌之后,秦池人面临着两种选择:

一是继续争夺标王。据测算,1997 年的 CCTV"标王"额为 3 亿元左右。这意味着将秦池又一次置身于更大的风险中。

二是将精力主要用于调整产品结构,进行技术改造。但由于秦池是靠广告在群众心中打出品牌的,如果不连续进行广告投入来延续原来的广告效果,过一段时间后,消费者心目中的品牌形象肯定会被竞争对手所取代。

首夺"标王"带来的巨大的品牌效应与经济效益,使秦池人放松了对经营风险的防范心理,出于对市场形势过于乐观的估计,以及对不夺"标王"市场萎缩的担心,秦池人终于决定再夺"标王"。王卓胜带领着秦池人走上了一条不成功便成仁的"壮士断腕"之路。

1996 年 11 月 8 日,秦池集团以 3.2 亿元的"天价"卫冕"标王"。秦池人将此举解释为,"秦池每天给中央电视台送去一辆奔驰,秦池则每天开进一辆加长林肯"。但很快秦池人就发现,"奔驰"是开出去了,但"林肯"就是没有开进来,别说"林肯",甚至连"奥迪"也鲜有开进来的时候!

1997 年初某报编发了一组通讯,披露了秦池的实际生产能力以及收购川酒进行勾兑的事实。这组报道被广为转载,引起了舆论界与消费者的极大关注。由于秦池没有采取及时的公关措施,过分依赖于广告效应,因此,在新闻媒体的一片批评声中,消费者迅速表示出对秦池的不信任。1997 年,尽管秦池的广告仍旧铺天盖地,但销售收入比上年锐减了 3 亿元,实现利税下降了 6000 万元。

1998年1月至4月,秦池酒厂的销售收入比上年同期减少了5000万元。1996年底和1997年初加大马力生产的白酒积压了200车皮,1997年全年只卖出一半,全厂20多条生产线也只开了四五条,全年亏损已成定局,效益指标迅速下降。

2000年,号称价值10亿的无形资产"秦池"商标被法院裁定抵充秦池拖欠的酒瓶帽供应商300万元货款,2004年秦池资产整体出售。

(资料来源:原载《中小企业成败案例》)

思考题:

(1)结合相关理论,分析企业的广告是否是万能的。

(2)企业广告策划实施应该注意哪些要素?

实训题

实训项目 某某项目或产品广告创意方案

【实训目标】

1.理解广告策划与企业文化实施的关系;

2.初步掌握广告创意的方法、手段和形式;

3.检验学生领悟能力和综合运用知识及技能能力,包括:语言文字、图形创意、综合协调等。

【实训内容与形式】

1.根据教学班级大小分成若干组,选取1个现实的课题进行练习。

2.每个小组可采取到设计公司实习、对当地中小型企业进行调研等方式获取现实的课题。

3.收集企业项目或产品的相关背景资料,进行整理分析。

4.根据所学知识,结合项目或产品的实际背景,设计该项目或产品的广告创意方案;广告设计创意过程中,要辅之以草图、图表或工作现场照片等形式记录下来。

【成果与检测】

1.每个小组提出一套创意方案,由指导教师评审、考核、认定成绩。

2.课程结束后,举办一次成果展。

讨论题

1.查阅爱多VCD和秦池白酒在中央电视台广告竞标的数据和资料,分析广告与企业成败是否有关系,企业的广告策略应该如何选择。

2.广告策划有哪些技巧?

3.如何理解广告创意?

模拟提升训练营

开展丰富多彩的群众文体活动,丰富职工文化生活

中国电子科技集团公司第十四研究所始终坚持"以人为本"的科学发展观,把提高职工

的生活质量和健康需求作为工作的出发点和落脚点,高度重视职工的文体活动工作,通过各种有效的文体活动载体,着力增强职工的自觉参与意识和团队凝聚意识。大力推进职工文体活动的广泛开展,引导职工积极、自觉、持续地参加各项文体活动。根据不同人群、不同爱好、不同年龄、不同性别,明确活动主题,因地制宜,广泛开展丰富多彩的文体活动。具体做法和体会是:

一、领导重视、组织健全、经费到位

1. 领导重视。所领导对于开展群众性文体活动给予了大力支持,凡是所里的重大文体活动,所领导都积极参与。平时经常以普通职工的身份参加活动,这不仅增强了领导与群众的感情,更促进了上下关系的和睦。每年的迎五一长跑活动中,所领导和单位领导在队伍前面领跑,演唱会上,所长亲自指挥全体员工大合唱等,极大地激发了职工参加文体活动的热情。目前已经形成党政领导支持、工会组织实施、各方配合的工作格局。

2. 组织健全。根据现阶段的实际情况,建立了乒乓球、羽毛球、登山、长跑、健身操、演艺等文体协会,各分工会在依托所内文体协会的基础上,加强文体网络的建设,对各兴趣活动小组进行规范管理,相应成立了若干文体协会分会,为开展丰富多彩的文体活动提供了组织保障。所工会和所团委制订全所的文体活动计划、安排活动内容,各分工会根据自己的工作计划安排活动。以职工健身为着力点,以普遍参与为重点,组织活动的原则是"大众参与、广泛适宜、全民健身、兼顾特色"。

3. 经费到位。凡组织文体活动,就涉及到活动场所和所需的器械等活动经费,所领导给予了大力的支持,每年在预算时对文体活动经费有较充足的安排,从而保证了活动的正常开展。凡是所里组织的活动,费用由所工会统一支付,收缴的工会会员的会费全部返还给二级分工会用于职工的文体活动。

二、文体活动主题明确,上规模,有影响

我所产品与人员的结构均较为复杂,科学合理开展文体活动关系到能否调动大家的积极性,在推动企业的和谐发展和引导职工为实现目标奋斗的过程中,有着很强的亲和力和凝聚力。所工会根据上级的要求和本所发展的需要,组织开展了专项主题活动。每年都要举办1—2次全所职工普遍参加的大型文体活动,把活动组织方案、活动过程应急预案、活动后总结评比表彰等作为一个系统工程来考虑和实施,已成功实施的规模宏大、影响深远的活动有:大众广播体操展示运动会;"放歌梦世界,再创新辉煌"职工大型歌咏比赛演唱会;四年一次的职工体育运动会;中国电子系统华东地区老年第四届运动会暨2008年全国亿万老年健身活动展示大会等。这些大型活动在职工中引起了强烈的共鸣和震撼,激发了职工的团队意识,增强了整体的凝聚力,培育了携手共超越的团队合作精神。

三、日常文体活动,因地制宜,形式多样,适时总结

近年来,我们借"全民健身与奥运同行"的主题,全面推进职工文体活动的开展。所工会组织的文体活动形式以大型、集中为主,各分工会组织的活动形式以小型、分散为主,适时总结、评比、表彰,长期规划职工文体活动。

1. 所工会组织的文体活动形式以大型、集中为主。所工会从提高职工健康素质,建设协调高效团队,促进快速持续发展的高度出发,于2006年起以健康工程的方式大力推动职工文体活动的广泛开展。活动的着力点主要放在力求增强职工的健身意识,激发活动兴趣,培养运动习惯上。工会组织的活动固定项目与不固定项目相结合。固定项目有:所长跑协会每年组队参加南京市元旦长跑活动;庆祝"三八"妇女节,组织全所女职工登紫金山、健步走、参观等;举办迎五一"强所杯"健身长跑活动,展示"携手共超越"的团队精神;每年夏季举办职工水上运动会;登山协会、长跑协会和健身操协会坚持组织活动;联系租用江苏省老干部活动中心,开展保龄球、室内游泳、桌球、乒乓球、网球、棋牌、健身房、歌舞厅等活动。在每年冬春两季的每个双休日下午,分别安排1～2个分工会组织全体职工到该场所参加活动,受到了广大职工的好评。不固定项目有:因地制宜建设小型健身房。几年来在全所二级分工会中总共建了26个健身房,配发健身器材170件,共计约50万元,极大地方便了职工在班前班后就近健身的要求;适时组织全所性乒乓球、羽毛球比赛活动,青年足球联赛或篮球联赛。举办"放歌梦世界,展职工风采"职工歌唱比赛,所庆文艺汇演;开展棋牌比赛活动。

2.各分工会组织的活动形式以小型、分散为主。各分工会能按照所工会关于健康工程的号召,认真研究职工文体活动的新思路、新方法,不断探索新的组织形式和活动方法,大力推进全体职工文体活动的广乏开展。在积极参与所里各项活动的同时,根据基层单位工作特点和员工业余爱好,组织职工以普遍参与的形式大力开展文体活动,力争做到活动经常化、形式多样化,以陶冶职工的高尚情操,丰富职工的文化生活。其项目有:登山、游泳、健身长跑及健步走、乒乓球比赛、羽毛球比赛、工间操、足球比赛、篮球比赛、瑜伽健身操练习、保龄球、踢毽子、跳绳比赛、拔河比赛、棋牌等活动。基层单位之间还开展乒乓球、足球、篮球等友谊比赛活动,增进了单位间的友谊和联系,互相取长补短。

3.适时总结、评比、表彰,长期规划职工文体活动。结合所里实际情况,抓住职工需求,适时总结长期规划,所工会每年夏季组织一次分工会主席工作交流会,年终进行工作总结评比会,文体活动是交流总结评比的一项重要内容,直接关系到基层单位能否获得"先进职工之家"的荣誉。

为了调动和引导基层单位及职工个人积极、自觉、持续地参加文体活动,所工会组织的文体活动都要进行总结、评比、表彰。年终还评出"健身活动先进个人"进行表彰,同时还利用所网和所报广泛进行宣传。通过文体活动的广泛开展,活跃了广大职工的业余生活,提高了职工的工作积极性,使快速、持续、健康发展的十四所有着昂扬向上的精神活力和蓬勃生机。

四、各项比赛成绩斐然

外出参加活动、比赛对开展文体活动有较强的推动作用,我所积极参加,多次获得了荣誉。自2005年以来,曾先后荣获南京市元旦长跑运动会优秀组织奖、全国亿万职工迎奥运健身活动月先进单位、国家体育总局"2006年度全民健身活动优秀组织奖"、江苏省教科工会在宁部属科研院所乒乓球比赛团体总分第一名、在宁部属科研院所大众广播体操比赛特等奖、在宁部属科研院所职工跳绳运动会团体第一名、中国电子科技集团公司"跃升杯"迎奥运职工羽毛球赛第三名等。通过外出参加活动比赛,增强了十四所的影响力和职工的团结拼搏精神,展示了十四所人热爱生活、热爱事业、团结奋进的无限活力和精神风貌,促进了企业精神文明建设和文化建设,为构建社会主义和谐社会作出了贡献。

图片展示

活动体验

体验步骤

一、主题

为了丰富全体职工业余文化生活,充分调动广大职工的工作积极性,积极开展健康有益的文体活动,以"展示职工风采 活跃文体生活 构建和谐企业"为主题,通过开展本次活动,丰富职工的精神文化生活,增强凝聚力和向心力。

二、组织机构

主　任:＊＊＊

委　员:＊＊＊

三、活动内容

序号	内　容	时　间	参 加 对 象	负 责 人
1	拔河比赛	4月30日17:00	全体职员,每队组员6人(男女不限)	＊＊＊
2	乒乓球比赛	4月30日17:00	爱好乒乓球的职工	＊＊＊

四、单项活动方案

(一)拔河比赛

1.时间:

2.地点:

3.参加对象及组队方法:

①全体职员均可参加。

②以部门为单位组队,每队组员6人,男女不限。

4.比赛办法:先通过抽签分组的方法确定比赛序次,再淘汰直至决出冠军。

5.奖励办法:奖励单位前二名。

(二)乒乓球比赛

1.时间:

2.地点:

3.参加对象:爱好乒乓球的职工,男女不限。

4.比赛办法:

男女混合打,每局11分,三局两胜制。通过抽签分组的方法确定比赛序次,再淘汰直至决出冠军。

5.奖励办法:奖励个人前三名。

五、活动要求

1.要高度重视并认真落实活动方案,号召全体工作人员人人参与工会组织的活动,积极报名,使他们在活动中娱悦心情,找到自我,得到充实与提高。

2.各负责人要严格按照活动要求及时认真组织每一项活动,相关职工要主动积极配合。

3.各位职工按自己报名项目按时参加竞赛,若不按时参加者,按自动弃权处理。

4.文体活动安全保卫工作管理,实行活动组负责。

5.参加活动的职工生活自理。

××工会

××年×月×日

活动感悟

文体活动是宣传企业和谐发展的良好形式。组织各类文体活动,为职工强身健体和思想情感交流架起了沟通的桥梁,同时激发了员工奋发向上、勇于拼博的斗志,旺盛了士气。在一定程度上,培育了团结和谐、齐心聚力,符合企业和谐发展的先进文化氛围,为推动单位和谐建设的不断发展提供了强大的思想保证、精神动力和智力支持,由此可以确定文体活动对企业文化建设的潜移默化作用,是十分有效的。文体活动能以喜闻乐见、生动活泼的形式来宣传和体现,更能深入人心,丰富多彩的文体活动是企业文化的一种展示,如"大众广播体操展示运动会"、"大型歌咏比赛演唱会"、职工体育运动会,与我所的发展紧密结合,而且印象深刻、影响深远、刻骨铭心,职工对企业的亲切感、自豪感油然而生。文体活动是培养职工团结和谐、促进团队建设的良好途径。综观在市场竞争中驾驭潮流的成功企业,无不在团队建设上精耕细作。

项目六

企业文化的核心——信用

≫ ≫ ≫　　≫

业务导入

　　现代企业竞争已从企业表层——产品竞争转向企业深层次理念竞争。企业最终竞争力取决于共有的理念——信用。信用不但是企业资本积聚和集中的手段,而且是企业竞争力的动力源。

目标设计

　　知识目标——了解企业价值观的内涵、信用和非信用的界定、特征和作用;

　　技能目标——掌握企业价值观的形成途径、信用建设的原则和途径;

　　能力目标——联系企业实际或案例深入理解企业价值观塑造、企业信用建设与企业文化的密切关系。

　　引例:

美的,把信用当成企业生命

　　"一流企业做战略,二流企业玩战术,三流企业耍流氓。"美的风扇连续10多年稳坐全球产销量冠军宝座,秘诀有三:一是长远的国际化战略眼光,二是把国际信用当成企业生命,三是永不停止地创新。

　　"你只要有一次不守信用,可能以后就不会再有机会了。"美的风扇把国际信用当成企业生命。在多年的国际市场经营过程中,美的逐步认识到,与国际知名家电企业合作,最被看重的其实是企业信用。"没有信用的企业,根本不能在国际市场立足。"美的风扇主管海外营销的副总经理陈天文表示。美的风扇有关负责人认为信用主要包括:产品质量的稳定性和产品交货期的准时性等。在欧美发达国家,商场对消费者的承诺基本都是"无条件退货",只要消费者愿意退货,商场都必须无条件接受;如果产品有质量问题,消费者还会要求商场赔偿。这就要求产品质量要具有高度的稳定性,否则,商场不仅赚不到钱,还会亏本,甚至破产。因此,为了保障自己的利益,商场都会向供货商追溯赔偿责任。"如果一台风扇被消费者退回,我们要20多台风扇的利润才能补上。"陈天文说,"如果我们不讲信用,不赔偿给海外客户,那我们会很快就失去当地市场。"在国内商界不太看重的交货期是国际信用的焦点。如果交货不及时,失去生意的外商可能要求厂家赔偿巨额损失。美的风扇在保障交货期方面有着良好的记录。陈天文举了个例子,2003年11月底,一个美国客户向美的风扇下订单,要15个标准货柜的风扇,交货期定在45天后,在接下来的一个月时间里,由于该客户的业务经理换人、总经理辞职以及新任总经理休丧假等一系列事件的发生,导致该客户未能及时把 PO(产品出口标签)交给美的风扇,在交货期只剩下不到 20 天时,资料仍然未能提交,导致交货期不得不延迟。最后,美的风扇以空运方式交货。其实,此次交货期延迟的责任完全在客户方,但美的风扇从长期合作考虑,为客户承担了 20% 的空运费用。这样的处事方式,完全站在客户的立场思考问题,为客户解决了实际问题,赢得了客户的长期信任。

任务一　企业价值观的整合

企业群体行为、个体行为直接受企业价值规则、"风俗习惯"影响,知识经济时代昭示着企业的管理思想、经营哲学和文化理念向深层次迈进,因而企业文化核心要从企业经济价值观、企业政治价值观、企业伦理价值观切入进行整合。

操作指南

一、企业价值观的界定

关于企业价值观界定的观点有许多种,在此仅摘录两条供参考。

罗长海认为:"企业价值观是企业全体(或多数)职工一致赞同的、与企业紧密关联的关于'对象对于主体来说是否有价值'的看法。"

陈春花认为:"就是指一个企业在追求经营成功的过程中,对经营目标和手段所持的基本信念和根本看法,是经过企业全体员工或大多数员工达成一致的关于企业的终极的判断。"

美国著名管理学家、现代企业文化代表人物米勒在《美国企业精神》书中指出:7 种基本价值观适用于所有新组织:(1)目标原则;(2)共识原则;(3)卓越原则;(4)成效原则;(5)实证原则;(6)亲密原则;(7)正直原则。

我们认为,企业价值观是企业经营管理过程中全体成员共同的价值观,以及人与人、人与自然和谐的共同理念。

二、企业价值观的性质与特点

从定义的角度分析,企业价值观与企业文化其他部分相比,其内涵丰富并有自身的特点。

企业价值观的性质表现为:

1.广泛性。这种广泛性浸透在企业生产经营、管理等整个企业全部生产活动过程中。

2.导向性。它调节和控制企业的经营哲学和企业人员的人生观、世界观。

3.客观性。企业的价值观无论承认与否,它都存在,并从形式上看是主观的,它客观地存在于企业发展的过程始终。

企业价值观作为企业文化的核心部分,与其他文化相比较有其自身的特点。

1.经济性。企业是市场经济主体,以获得利润最大化为目的,在这一过程中,经济效益与社会效益兼而有之。

2.固定性。一个企业的价值观是经过长期积累沉淀而形成的,并且经过全体员工一致认同进行追求和创造的提升。

3.均衡性。企业价值观不是某一个员工或某个管理者特有的,而是全体员工的共同理念。

4.束缚性。它是对全体员工的一种约束。

企业价值观从企业的内部分析,它包括员工个人价值观、群体价值观和企业价值观;从它的经济效益和社会效益分析,它包括企业经济价值观、企业社会价值观和企业伦理价值观。经济价值、社会价值和政治价值整合后的企业价值观发展应是最大利润价值观——委托管理价值观——企业社会互利价值观——服务、质量价值观。

【实例】

义以天下　回报社会

包玉刚是热心教育事业的企业家。1985年10月包玉刚全家来北京为北京兆龙饭店剪彩,这是他捐资1000万元建造的一座现代化高级饭店。29日他回到家乡宁波主持宁波大学奠基典礼。在1984年10月他第一次返回故乡宁波探亲时,看到教育事业适应不了开发宁波的需要时说:“宁波的面积是香港的10倍,人口总数与香港相似,香港有5所大学,而宁波没有一所大学。国家兴旺发达,教育是基础,人才是根本。高等教育落后怎么能行?”他立即决定捐资人民币5000万元,创建宁波大学。他对宁波大学校长朱兆祥说:“我们这些上了年纪的人,生不带来,死不带去,最实惠的还是为家乡作点贡献,为家乡的教育事业出点力。”11月他第三次回到宁波,主持宁波大学开学典礼。

【即问即答】

1.企业价值观和企业文化有何关系?

2.塑造企业价值观的基本原则是什么?

任务二　信用是企业文化价值观的核心

经济发展、变迁、整合过程中,有一种朴素的社会机制在控制着,即英国希克斯(John Liks)所称的“习俗经济”。当社会进入到文明程度高级阶段时,“习俗经济”所起作用相对减小,超越政府的“另一只看不见的手”在经济主体——企业,所需要的是建立规范、标准、制度化、一贯性的运行机制——信用网络,它是生产社会化发展的需要,与经济发展规模相伴发展。

操作指南

一、非信用的基本情况

(一)非信用的类型

信用已逐渐变成了一种稀缺资源,它是社会进步不可或缺的无形资本,信用的崩溃已成为一场没有赢家的赌博。信用的缺失不是单方面的,而是全方位的,是信用制度、信用道德和信用市场三位一体的缺失。因此非信用关系可归纳为以下五个类型。

一是非信用观念。非信用观念具体表现在不要"面子"。由于我国文化是儒家思想占主导地位,甚至包括受这一文化影响的东亚诸国都是以"面子"作为人生价值标准,即一种以人情义理为纽带的义理社会。然而日本、韩国由于其他方面的种种因素,则超越了我国,在观念方面改变较快,建立了较为完善的体系。而我们自己呢?却停留在此,若是丢了"面子",相当于社会生存权被剥夺。在此基础上不但没有发展,而且目前还出现占用他人的钱财,债多不愁以赖账为目的,逃债、废债的现象。这就说明信用观念淡漠,这种行为腐蚀着市场经济秩序,影响经济发展,"蚕食"经济基础,危害上层建筑。

二是非商业信用。商业信用原本是社会再生产过程各环节之间直接发生经济联系的中介环节,是各企业之间经济往来的调节器,我国现处在由计划经济向市场经济转轨的过渡阶段,应该在商业信用方面表现良好。宋代徽商成功的重要原因就是讲诚实、重信用。然而,有人却把它看作一种发展的契机,突出反映在三角债问题方面。企业之间相互拖欠的原材料款额越来越大,时间越来越长。不按期交货付款不是偶然之事,似乎是司空见惯之事,例如:中南最大的炼焦煤生产基地河南平顶山煤业集团连续五年成为利润总额行业十强企业,却被 13.8 亿元收不回来的货款所缠绕,直至陷入困境。普遍的企业拖欠最终形成了难解的恶性"债务链"。商业信用不但没有成为调节器,而且成为企业发展的"绊脚石",使企业处于"死不得,活不得"的两难境地。

三是非银行信用。银行信用是信用关系的主体。应该是其他信用关系围绕主体发展较好。可事实恰恰相反,虽然国家颁布了有关银行信用、信托等几个法令,但没有收到良好效果,却出现了巨额银行贷款呆滞沉淀。具体表现:一是直接关系,企业欠银行。二是间接关系,企业欠政府,政府作担保,政府欠银行。个别情况下企业别无他法,厂牌变换,原班人马,机制未改,甩掉欠款,重新开业。最终形成银行是块唐僧肉,出现"不吃白不吃,吃了也白吃,白吃谁不吃"的"大家吃"局面。这些已成为金融业向企业化发展的阻碍因素,削弱抵御金融风险能力,甚至可以说成是潜在隐患。

四是非消费信用。社会生产的产品要在不同的生产环节消费。消费市场领域本应是生产者为寻求收益最大化,消费者按照自己的欲望消费。然而却出现了仿造、假冒伪劣,虚假广告误导消费者偏好。这不但损害了消费信用,而且也坑害生产者和消费者。更严重的是消费信用刚刚开始便又草草收兵。原本购车、买房等大宗商品的消费市场利用信用可以分期付款,是一件利国利民的大好事,可是一些缺乏信用观念的人,支付首期付款,商品到手后,便逃之夭夭。如:石家庄某汽车销售公司有 30% 的购车人不能履约,最后,甚至有人既不还货款,又拒绝将车交回。好端端的信用消费在国外开展得红红火火,然而我们的信用消费却一夜成为历史。如此事实,凡有市场经济思想的人不能不为之忧虑。良性循环的信用消费已成为市场经济活动中不可缺少的重要组成部分。

五是非政治信用。政治信用即是政治集团成员间诚实守信。非政治信用现象不但影响上级的决策,而且阻碍干部与干部、干部与群众关系良性发展,严重损害党与国家的形象,更不能忽视它对经济的腐蚀。

从以上经济信用关系类型分析,我们看到诸多症结,这些症结的存在,是历史与现实诸多因素交互作用的结果。

(二)非信用滋生条件

人类的交易行为从偶发性走向常规性之后,市场交易中信用关系开始逐步演化出各种制度和组织。由它导致人类文明演进的固化形式是融入到基本习俗和价值体系中的,而我国在某种程度上是缺少的。

第一,信用关系"缺课"。从史学的角度考察历代契约文书的发展,可发现,朝代与朝代之间、民族与民族之间契约文书有所发展,尤其是隋唐后期借贷这一经济活动具体体现了马克思的信用理论,但一直没形成体系和规模,因此,契约文书可谓是信用关系的胚胎。从它的发展过程来看还始终处在自然经济阶段,马克思曾经指出:"人们把自然经济、货币经济和信用经济作为社会生产的三个具有特征的经济运动形式而互相对立起来。"[①]从经济的运动形式和过程的角度分析,这一经济的运动形式又缺乏持续性。故信用关系的发展"缺课"甚多,这就提示我们在信用关系应尽快"补课"。

第二,义理观为评价信用原则。社会成员间的人生价值标准是"面子",它是人的生存方式。几千年来的儒家传统文化思想把信用这个经济关系给境界化,因而沿袭下来的信用约束机制十分薄弱,通常用"是非曲直,自有公理"这一公众舆论去裁决。这种信用关系的维护只符合封闭、自给自足的小农经济社会。目前以"义理"为原则的信用评价标准很难适应高效率的现代社会。

第三,信用缺乏法制化。历代封建王公大臣的债务只要有"德政令"等,便可以甩掉,堂堂正正地赖账。义理社会之所以这样冷酷,也是今天个人、企业、政府赖账的源泉。黄世仁和杨白劳之间的债务关系,通过非债权债务手段逼得杨白劳家破人亡。从王公大臣到黎民百姓债权债务关系,以"义理"为原则处理起来极为随意。因而可以说无论从哪个角度分析,它的发展都缺乏一种机制,更缺乏制度化。然而同我国相比,同是人类文明发源地的古巴比伦王国的"汉谟拉比法典"中规定了债务人欠债还钱,否则就沦为债务奴隶,后来演变为西方法律原则,这反映了契约社会的债权债务关系的严肃性和制度化。

第四,商业信用僵化。在党的十一届三中全会前,人为地对商业信用采取了限制、禁止、取消的政策,理论上误解、教条地理解、机械地照搬苏联20世纪30年代的改革"经验"。1930年苏联《实施信用改革的法令》中明确宣布"取消赊销货物的制度,代之以唯一的银行信用"[②]。我国理论界长期认为实行信用垄断,把一切信贷集中于国家银行,这是马克思恩格斯在《共产党宣言》中就已确定的原则。因此,建立起"大一统"僵化的银行体制,商业信用发展不起来在当时实属必然,然而对于今天市场经济来说纯属是以人的意志为转移抑制商业信用发展。

第五,儒家传统文化影响。在积淀文化传统中,讲究信用的事例虽不乏于史籍,但多为封建统治阶级服务。如《吕氏春秋》曰:"信之为功大矣……天行不信,不能成岁;地行不信,草木不大。春之德风,风不信,其华不盛,华不盛,则果实不生。夏之德暑,暑不信,其土不肥,则长遂不精。秋之德雨,雨不信,其谷不坚,谷不坚,则五种不成。冬之德寒,寒不信,其地不刚,地不刚,则冻闭不开。天地之大,四时之化,而犹不能以不信成物,又况于人事。故君臣不信,则国政不安;父子不信,则家道不睦;兄弟不信,则其情不亲;朋友不信,则其交易

---

① 《马克思恩格斯全集》第25卷,人民出版社1994年版,第1019页。
② 李成寻:《苏联1930—1931年的信用改革》,中国财经出版社1956年版,第44页。

断。夫可与为始,可与为终者,其唯信乎。"①唐朝初年名宰相魏徵曾上疏曰:"臣闻为国之基,必资于德礼,君之所保,惟在于诚信。诚信立则下无二心,德礼形则远斯格。然则德礼诚信,国之大纲,在于君臣父子,不可斯须而废也。"②以上说法,其合理的一面是维护了封建统治阶级的政治权力,不合理的一面就是信用关系在历史上没有拓展和利用,使经济不能飞速发展。

非信用关系的蔓延必然导致信用危机,腐蚀着经济秩序,严重影响着经济的发展,威胁着国家经济的安全。

(三)非信用的危害

非信用的发展,必然造成市场失灵,使市场信号失真,信息不对称的现象加剧,严重阻碍了资本的正常循环和资源的优化配置,降低了市场效率,在一定程度上导致了政府失灵,主要危害有三个方面:

第一,增加交易成本,降低社会经济运行效率。这一点在韩国、泰国、马来西亚的金融危机中已经体现。《危机中的亚洲》一书作者菲利普·戴尔海斯在分析亚洲金融危机原因时指出:经济增长带来富裕,富裕带来自由化。金融部门还没有为自由化做好准备。贪婪、无能和任人唯亲构成了非常不好的信用文化,不遵守共同利益条件下限制不了风险。同时,他认为经济增长在很大程度上是通过外资的投入和不良的国内管理实现的。因此造成金融危机,使社会经济运行效率低下。在金融宏观调控方面,邓小平曾指出:金融很重要,是现代经济的核心。金融搞好了,一着棋活,全盘皆活。从理论的高度和事实这两个方面看,信用在经济运行的各个环节一定不能打折扣。

第二,增加国际贸易成本。如政府收购粮食不按时付款,给农民打白条子,政府不兑现招商引资中承诺的对外投资的优惠条件。特别是司法方面出现独特的现象,打赢了官司拿不回来钱,还要赔上诉讼费,执法也"打白条",这在某种程度上起到消极作用。非信用关系发展不但仅仅在这方面,就是在国际民间贸易上也不乏失去信用的人。一个在俄罗斯做民间生意的人,他刚到俄罗斯的远东城市哈巴罗夫斯克做生意时,在冬天零下30度的一天,他没有戴皮帽子,外出送货冻得实在难耐,此时一位好心人(俄国人)把帽子扣在他的头上,用手比划着第二天在此地还回,可是第二天,中国的生意人没有实现归还的承诺。他在国外践踏了信用关系,造成不良的国际影响。

第三,增加政府管理成本对社会稳定产生负面效应。从利用信用关系发展非信用关系角度出发的也大有人在,从而导致政府管理失灵,这一事例在俄罗斯群体中即可发现。1993年俄罗斯一位数学教授别列佐夫斯基与卡丹尼科夫一起创建"全球汽车联盟"。他们办展览,拍广告,通过媒体宣称已与美国"通用汽车公司"达成协议,目的是博得民众的信用,进行集资,他们许诺将会得到"汽车"回报,居民们搭乘"致富快车"后,到1997年宣布搁置该项目,他们俩获得近亿美元的收入,这种做法,不但有辱人格、国格,实属利用信用关系发展非信用关系,增加政府管理难度,加剧社会的动荡。当前我国在政府方面非信用关系的发展也不可忽视,有人阳奉阴违,跑官、要官和骗官,贪污腐化严重,对下级和群众无信用可言。另外,国家统计局叶震指出:GDP数据偏高的现象,不但包含着一些主观原因,而且

① 武则天:《臣轨》下卷《诚信章》,丛书集成本,上海古籍出版社1979年版,第195页。
② 吴兢:《贞观政要》卷五诚信第十七,上海古籍出版社1979年版,第178页。

还包含党风不正、社会风气不正等原因,有些干部利用虚假数据获取政治地位和荣誉。初步统计,1999 年全国共处理统计违法案件 9100 多件,其中虚假、瞒报、伪造、篡改统计资料约占 40％。[①] 统计数字这种假不彻底打,它会导致党和政府对经济大政方针的决策失误,后果不堪设想。

第四,直接破坏国家经济基石,威胁国家经济安全。假冒伪劣现象泛滥,商业信用受到很大影响。"三角债"拖欠已成为社会的怪胎。银行无法正常经营而陷入困境,应收专收的债务、逾期贷款、坏账等数额急剧上升,已超过安全警戒线。企业经济主体经营困难,正常经济活动受到极大干扰,已陷入恶性循环。

非信用关系的危害已警示要在信用制度、信用市场和信用道德上进行三位一体的建设。

二、信用的理性分析

(一)信用的界定

信用的界定可以是:市场经济主体之间运行链条在互动过程中相互约束关系的总体制衡机制。信用自身就赋有经济含义。市场经济建设中的失信使阿罗·德布迥一般均衡理论描述的实物生产与交换的优美曲线不复存在,因而,一般均衡或任何博弈均衡的存在性证明,即使把条件降低到极限,集合所组成的"集合映射"的"连续性"便遭到破坏。[②]因此,外国思想家中韦伯斯特说:"信用为现代商业制度中的重要气氛,其赐富于我们,实千百倍于全世界的宝藏。"[③]这个百倍的宝藏是交易而至,而这种"事前费用"和"事后费用"是通过埃吉沃斯方盒(Edgeworth box)来实现的,中国人没有提出霍布斯提出的社会契约理念,因此,中国市场经济建设被西方甩在经验发展的后面,通过人伦来实现市场经济建设一定会出现市场博弈均衡的震荡,"标"与"本"的信用问题并行,市场经济建设的成本加大,中国人朦胧中清醒了,把信用问题提上了重要的议事日程。要切实加强社会信用建设,逐步在全社会形成诚信为本、操守为重的良好风尚。加快建设企业、中介机构和个人的信用档案,使有不良行为记录者付出代价,名誉扫地,直到绳之以法。[④]这种"标"与"本"的兼治通过基础分析(fundamental analysis)和技术分析(technical analysis)可以得出建设信用主体的同时不能忽视这样几种关系,即事前交易关系、事后交易关系、人与人的关系,这些关系汪丁丁是这样描述的:"人与人之间的信任关系可以用三种方式来建立。第一是依靠'自我监督',也就是道德约束、宗教的、内化的种种羞耻感。第二是依靠双向监督(reciprocity),即被'坑'者可以同样有效地'坑'那个'坑'了他的人。第三是依靠第三方监督,例如法院、黑帮、宗族、上级组织等等。"[⑤]在这个基础上应再加横向和纵向关系对比把它具体化后,或者说具体某一个事物的两个方面,可以用台湾著名学者周大中的观点:"表示信用以现有的财物和货币,回复将来支付的一种承诺(present goods or money in turn for a promise to pay in the future)。以会计术语,就是贷方与借方的登录,也就是债权与债务的关系,一个所借出的可

①　叶震:《国家统计局将采取各种手段打假》,《中国青年报》2000 年 2 月 28 日。
②　K. J. Arrow and F. Hahn,《General Competitive Anaylsys》,Holden Day 1971 年版。
③　周大中:《现代金融学》,北京大学出版社 1996 版,第 45—49 页。
④　《人民日报》2002 年 3 月 17 日第一版。
⑤　汪丁丁:《永远徘徊》,社会科学文献出版社 2002 年版,第 39 页。

以是物资、证券、劳务或货币,将来承诺付还时,亦可采用同一形式。"①那么把上述这个关系扩展到流通领域,马克思对此概括为:"这个运动——以偿还为条件的付出——一般地说就是贷和借的运动,即货币或商品的只是条件的让渡的这种独特的形式的运动。"②当前让渡社会经济基础发生了变化,即从熟人社会经济向陌生人社会生活扩展,彼此失去行动预期判断,尤其是经济全球化的核心是国内市场向外延伸,社会化大规模生产在国与国之间相互向外延伸。这种发展趋势,需要全球化的规则与协调,遵守共同规则,维护信用秩序,推进生产、交换、分配过程顺利实现。因而,可界定信用为市场经济主体之间运行链条在互动过程中相互约束关系的总体制衡机制。信用的建立离不开居民、政府、企业、市场四个主体,用笛卡尔集合的思想表示,即可假设社会经济集合为 I;信用机制为 X;居民户为 A;政府为 B;企业为 C;市场为 D。$I=\{(A\cap B)\cup(B\cap C)\cup(C\cap D)\cup(A\cap C)\cup(A\cap D)\cup(B\cap D)x\in A;x\in B;x\in C;x\in D\}$。信用不仅仅具有经济学意义上的范畴,因为 A、B、C、D 存在于整个社会,而且还具有经济的哲学范畴、经济的社会学范畴。

(二)信用范畴

信用在经济学意义上的范畴不言而喻,另外还要从哲学意义、社会学意义的角度来研究具有经济意义的信用。首先从哲学角度出发,由于社会与人的活动具有内在的同一性,是一个具有自我组织、自我调节、自我更新和自我意识功能的整体性,社会这种整体性源于人的实践,实践内在地包含着三重关系,即人与自然的关系、人与人的关系以及人与意识的关系,这些关系又构成了基本的社会关系,即物质的社会关系和思想的社会关系,即物质的社会关系和思想的社会关系。从实践论出发,信用是伴随人类社会发展而发展的,自然信用与社会具有同一性。信用最初是对社会人的行为规范,诚实守信是人群整合过程中人与人合作、交往时最低限度的约定。"如果群体成员间最低限度的合作与容忍是任何人类群体得以生存的必要条件,那么,诚实信用的概念从这一必然性得以产生便似乎是不可避免的了。"③最低限度合作——诚实守信,它是建立在"熟悉"社会的基础上的,在 15 世纪至 18 世纪就有人对这个伦理时代直接信用进行过论述,布罗代尔指出:"最直接、最透明和监督得最好的交换形式,那里进行的主要是第一手交易,避免了欺骗。"④

随着生产和商品交换的发展,诚实守信被人们赋予了更多的经济意义,因而从"手—手"、"眼—眼"的交换发展到有间接信用符号——货币。也就是当强权者的信用强大时,自身不具有价值的纸币便有了价值,魏克塞尔说过:"一切货币——包括金属货币——都是信用货币"。这是直接促使发生价值的力,总是在于流通工具收受者的信心,在于他相信借此能获得一定数量的商品。不过纸币大都只享有纯粹的地方信用,而金属或者至少是贵金属——则多少在国际规模上被接受。这就说明了信用与社会发展的同一性,社会发展主要是社会关系的变化以及社会结构的变迁。全部社会生活的本质是实践的,是一个有机联系而构成的整体。正如马克思所说:"社会不是由个人构成,而是表示这些个人彼此发生的那些联系和关系的总和。"⑤其中包括经济关系、政治关系、思想关系、血缘关系、伦理关系,等

① 大中:《现代金融学》,北京大学出版社 1996 版,第 45—49 页
② 马克思:《资本论》第 3 卷,《马克思恩格斯全集》,人民出版社 1950 年版,第 25 卷第 390 页。
③ 郑强:《合同法诚实信用原则研究》,法律出版社 2000 年版,第 39 页。
④ 布罗代尔:《十五世纪至十八世纪物质文明、经济和资本主义》第 2 卷,三联书店 1993 年版,第 21 页。
⑤ 《马克思恩格斯全集》第 46 卷(上),人民出版社 1950 年版,第 220 页。

等。正是因为社会包括这些关系,信用的关系存在其中,因此它具有其哲学意义上的范畴,与其他关系是有机的、普遍的联系。也正是因为如此,普莱兹教授在研究个人信用时提出了这样的比例方案:"应予以 40% 的品德、30% 的能力、30% 资金。"[①]此后德拉克在分析时意识到人自身生产不仅是生物遗传,同时又是"社会遗传",也就是人与人之间社会关系的总和,而由经济结构、政治结构和观念结构有机结合构成了社会的基本结构。因此他对企业研究时指出企业的信用要素为:管理、财务、经济要素、变迁。如下表 6-1 所示:

表 6-1　企业的信用要素

3C	4C	5C		
Character	Character	Character Capacity	Personal factor Management factor	Internal factors
Capacity	Capacity	Capacity	Financial factor	
		Cultural	Financial factor	
Capital	Capital Cultural	Condition Of business	Economic factor	External factors

(资料来源:Milton Drake:《How a banker evaluate a credit risk》,1955 年版,第 182 页。)

在此基础上威尔士与爱德华则分为五类:"个人信用、商业信用、零销信用、银行信用、公共信用。"[②]信用机制的范畴存在生产、分配、交换和消费上各个环节的统一体,而结成的生产关系,这个关系寓于物质生产、精神生产和人自身生产三者之中。构成社会关系的基本关系就是人与自然的关系、人与人的关系以及人与其意识的关系,因而都内在地包含在实践中。社会实践在直接与间接社会行为的发展互动过程中。其次信用又具有社会学的范畴,它是由社会实践的双方直接到群体体系的信用集合行为。一方的社会行为触发另一方的社会行为,即产生"互动",帕森斯把它表达为"期望的互辅性"(complmentarity of expectation),在互动中"两个当事人期待着相互满足的社会资源的往来"被称为"社会交换"。[③]交换的双方各自内化对方的行动,互动关系形成的"自我、他我关系"的自律,正像米德指出,是"to take the role of the other"[④]的过程。与许多人接触中形成"自我与他我关系"复合体,经过综合与一般化的过程,向作为"一般化他人"的"一般社会"对自己的期望,内化为"社会规范"的方向发展,形成社会性的自我的人,这是在双方信用关系的方面,齐美尔在《群体社会学》进行群体分析中指出"二人关系"与"三人关系",但在后来,这一关系之所以不能被家庭这一制度性群体所证实,难道不是由于人际关系的制度化、客观化、逻辑化这一超越二人关系的"某种东西"影响所致吗?因为这样的关系交织在一起形成更高层次的功能性单位,能够持续进行一定程度的稳定的互动,表现出组织性的社会单位"群体"即是信用的群体。可以说,信用也脱离不了群体的五个必要条件:①共同的目标;②一定角色分工的组织性;③制约成员行动和关系的规范;④统一的感情;⑤互动的持续性。从此构成了互动信用群体的社会关系。松本润一郎把社会关系划分为:相互肯定关系;相互否定关系;上下

---

① U. S. Charles、L. prather:《Money and Banking》,1978 年版,第 158 页。

② H. P. Wiclis cog、W. Edwars:《Banking & Business》,1960 年版,第 198 页。

③ Mead . G. H:《mind self andsocity University ofchicago press》,1934 年版。

④ Hommans. G. C:《Social Behavior its Elementary Forms Hancourt Brace Jovanovich》,1974 年版。

关系。这些关系在斗争中提高社会稳定性、灵活性与整体性的功能。那么可以把它具体化至微观社会学上。我认为信用很符合青田和夫"行动的矩阵"论述：即复数的行动者（actor）表示为 Ar，各种各样的情境（situation）表示为 S，进行繁杂多样的行动（action）时，把 Ar 在 S_1 进行的行动表示为 A_{11}，把在 S_2 的行动表示为 A_{21}，把在 S_3 的行动表示为 A_{31}，按同样的方法也把 Ar_2 进行的行动表示为 A_{12}，A_{22}，A_{32}……"行动的矩阵"的体系（如图 6-1）。

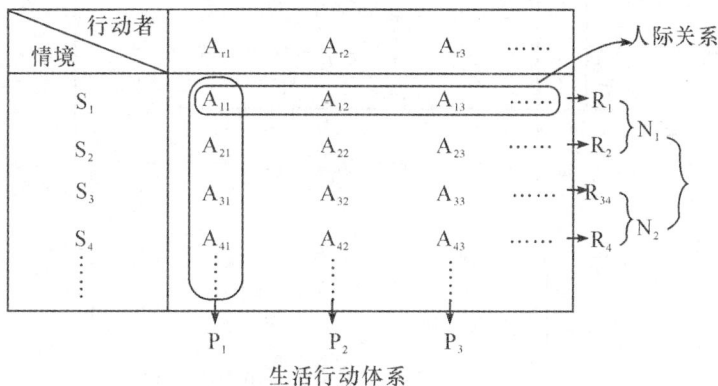

图 6-1　行动的矩阵

故此，信用在经济、哲学、社会学范畴是普遍联系的，要在整个社会经济发展全过程中建立信用运行。

（三）信用运行模块

信用是伴随社会发展而发展的，而社会发展主要是社会关系的变化以及社会结构的变迁。在变迁过程中社会活动的基本方面，表现为物质生产、精神生产、人自身生产这三个基本方面，就是社会再生产的过程，它表现为双重关系，即"生命的生产——无论是自己生命的生产（通过劳动）或他人生命的生产（通过生育）——立即表现为双重关系：一方面是自然关系，另一方面是社会关系"[①]。这个社会关系是物质生产过程的必然升华物。斯密曾指出："所有人类社会中极为普遍的趋势，即交易、物物交换，以一种商品换取一种商品，这种交换是所有经济活动的基础。"假设这种交换就两个人、两种商品，那么用无差异曲线可画出埃奇沃思盒契约曲线（Edgeworth Box Contract Curve），如图 6-2。

这条契约曲线上的信用，哈耶克在《通向奴役之路》一书中详细剖析过，但必须要注意，"沿着曲线，个人的偏好能形成这样一种情景，即仅当某人的状况恶化时，另一人的境遇才能变好"，"这种单个的交易活动，每次都是信用供给与需求在量与质上的相对抵消，达到均衡状态时，社会交易处于有序中"[②]。信用就随着需求、供给的变化在动态中相对静止，可以扩展其如图 6-3 所示。

但必须要注意：信用主体建设没有纰漏，而且全方位，全程序数据信息对称，刚性法律保障。该机制的扩展是全社会的"扩展秩序"或是人类合作秩序以"自然组织"的方式不断

---

①　《马克思恩格斯全集》第 1 卷，人民出版社 1950 年版，第 34 页。

②　智英：《信用问题的经济学分析》，中国城市出版社 2002 年版，第 134 页。

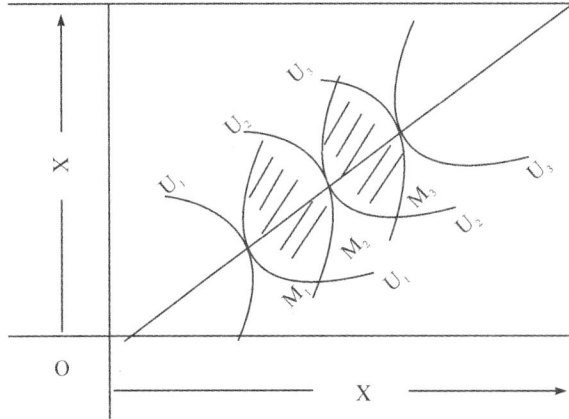

图 6-2

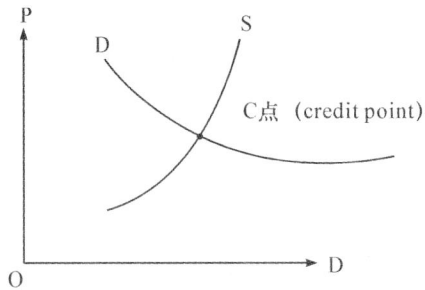

图 6-3

扩展的过程。①无论其社会怎样扩展,都离不开四个主体,即居民户、政府(国家)、企业、市场。四个主体之间扩展秩序完善化、制度化,信用则有序有效运行,可用图 6-4 表示。

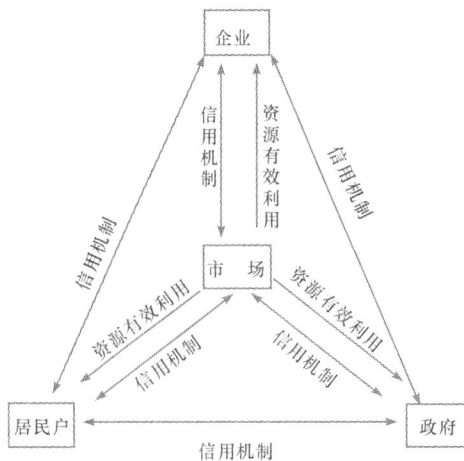

图 6-4

---

① Hayek:《致命的自负》,华夏出版社 1988 年版,第 58 页。

综合上述分析得出结论:"人类交往不限于物品的交换,还可以扩展到服务和行为。"①那么这种信用是在动态哲学过程中发展的,即均衡——不均衡——均衡,并形成一个网络体系,完成各种交易活动。高级阶段的信用经济是社会化大生产与专业化分工细致化的经济,高度的社会分工必然伴随着广泛而频繁的交换,交换的内容范围、手段、方式、交易风险的复杂性方面,客观上是"另一只看不见的手"——信用在起着不可估量的作用。

三、信用网络建设基本原则

非信用不但有观念、传统文化方面的原因,而且更为重要的原因是经济法制不健全、不完善,从而导致守信用不比不守信用强,不守信用不比守信用差,产生了不守信用的恶性经济循环怪圈。因此在可计算的信用和不可计算的信用建设上应遵循这样的原则。

原则一:用发展观点来看待马克思信用理论,不能生搬硬套。马克思以资本主义信用为研究对象,是从生息资本现代形式——借贷资本开始的。他对借贷运动曾指出:"这个运动——以偿还为条件的付出——一般地说就是借和贷的运动,即货币或商品的只是有条件的让渡这种独特形式的运动。"②由此,以信用关系为轴心所组成的经济便是信用经济。资本主义信用形成与产业资本循环的特点有着直接关系。因此从其信用内涵分析便可得出一个结论:以金融系统为强大的"输血站",畅通"借贷"运动,促进企业的发展,优化产业结构。用马克思的这一理论结合我国转轨时期的实际情况研究如何形成良性信用关系体系,发展完善社会主义市场经济。

原则二:转变信用观念。我们在继承优秀传统文化的同时,应彻底改变以"义理"为原则,以"面子"为人生价值尺度的生存方式,这一原则不符合高效现代社会经济需要。提高社会信用意识,摒弃靠内省功夫维护个人信用,加强社会宣传和教育,使广大群众领悟信用的社会本质和价值,发展建立信用关系,形成具有特色的社会主义市场经济,使我国达到较高经济阶段。

原则三:建立个人信用评级机构。美国从1841年以来在纽约成立了第一家以律师作为市场通讯代理的信用调查机构——"商业调查所"(征信局)。我们应借鉴其对我们有益之处,吸取精华,建立起个人信用评级机构,使要征得信用的人有处可查。建立相关的个人破产制度,以防从事经济活动破产后改头换面,总之是使无信用、骗取信用的人无路可走。

原则四:建立对社会集团、企业等的信用评级机构。有这样一段话:"信用是文明时代之创造,其完善至上的表现仅属于那些最文明开化和管理良好的国家。信用是维持现代商业和社会生机的空气。信用在造福国家方面所起的作用,胜于世界上所有宝藏之千倍。"③美国穆迪公司是以其为宗旨,对要取信用之企业提供参考指标,与它并列的还有标准普尔公司。这两个评级服务公司对美企业的投资、融资以及化解金融风险起到了一定作用。我们应在大公国际资信评估有限公司的基础上,加强与穆迪·普尔的技术交流合作,结合国家经贸委和财政部出台的有关建立企业信用管理体系的意见的实施,建立一整套适合于我国国情的标准信用评级公司,在经济发展中起到作用。

---

① Englnd:《人性的断裂》,光明日报出版社1996年版,第208页。
② 《马克思恩格斯全集》第25卷,人民出版社1994年版,第390页。
③ 林初学:《对中信公司债信维护工作的片段感受》,《经济导刊》1999年第4期。

原则五:加快信用法制化进程。完善适应市场经济特点的经济法律、法规体系。用法律武器保护经济人,维护信用关系。对有支付能力不履行契约关系者,依法强制执行。营造讲信用的良好社会氛围和市场环境。

原则六:强化银行信用主体。建立与银行相配套的财政信用、税务信用、保险信用等信用关系。以香港特区为例把信用拓展到消费信贷、旅游度假、出国留学、筹备婚嫁、购房买车、添置家具、装修房屋、馈赠亲朋现金周转等方面。

基于上述全方位的分析,一些企业既是市场经济的建设者,又是破坏者。恩格斯曾抨击过:"主动态一眨眼变成了被动态。"这种"病毒"传递功能很强,选择反经济信用,按照信用范畴中信用要素表实施企业信用管理系统和评价系统。

【实例】

银广夏陷阱

2001年8月《财经》杂志的封面文章《银广夏陷阱》是银广夏事件的导火索。8月2日银广夏宣布紧急停牌。其后中国证监会调查组进驻天津广夏,开始调查银广夏的问题。9月6日证监会公布调查结果:银广夏通过伪造供销合同、伪造出口报关单、虚开增殖发票、伪造免税文件和金融票据等手段,虚构利润7.45亿元;同时还查明深圳中天勤会计师事务所及其签字注册会计师为银广夏出具了严重失实的审计报告。财政部也宣布取消深圳中天勤会计师事务所和相关人员的职业资格并将相关人员移交司法处理。9月10日银广夏复牌,连续走出15个跌停板,68亿元市值不翼而飞。银广夏事件不仅导致了中国股市一神话的破灭,同时也引发了投资者对中介机构的信任危机和对民事赔偿制度的讨论。

【即问即答】
信用缺失的原因是什么?

任务三　企业信用文化的构建

企业信用文化就是讲求以诚信来处理和对待企业内外各种层面的关系,包括企业与内部职工的关系、企业和股东的关系、企业和消费者的关系、企业与上下游企业的关系、企业和政府的关系、企业和社区的关系等。企业要诚实依法交税,逃税漏税不但侵犯政府的权益,而且败坏自己的声誉。产品服务的质量,交货和售后服务的准时程度等因素对于消费者群体来说,是最具有识别性的。消费者满意是企业发展的动力,只有对消费者诚信,消费者才能忠诚于企业,进而培养出企业的忠实顾客群。企业信用文化从根本上说是一种组织信用,是一种组织追求,而这种组织追求是通过个体的努力去实现的。惠普公司是美国硅谷地区最早创业的高科技公司,它的成功不仅在于高科技,还在于其企业文化观念。惠普公司的文化不但强调"公司的成功是靠大家的力量完成的,而不是靠个人的力量完成的"这样的团队思想,更主张"相信并尊重员工个人,实行信任式管理,做事要非常正直,不可欺骗员工,也不可以欺骗客户"这样的诚信理念。

操作指南

一、企业信用动因的变量控制

企业信用的动因调查一般是通过与客户的访谈来深入了解客户申请信用动机与目的，再综合信用史调查，以准确把握客户的信用动因。

1. 企业信用品德

企业信用的品德从企业的借贷历史、还款记录、供应商反应、荣誉记录以及银行往来记录等方面可以反映出来。企业信用品德的资料主要通过有关机构的二手资料获得。但要获取"付款记录"、"法院记录"却有一定的难度。法院记录包括原告和被告名称、受理法院、纠纷、标的、卷宗号等项数据。法院记录主要向法院查询获得相应资料。

2. 财产抵押与担保调查

抵押记录包括抵押项目、抵押日期、估价额、受抵押方的数据。企业的抵押记录反映它的资产是否作了抵押，抵押给谁。了解这些情况可以帮助对方了解能否通过对其清盘追回欠款。财产抵押与担保的信息往往可见于政府档案室、法院的案卷保管室里。这些记录所涉及的内容包括所有权、抵押品以及动产和不动产的转让为确定税额而对不动产所作的估价；公司章程、营业执照和相关的资格证书；以及诉讼卷宗、判决书和其他司法文件。法院讼案卷宗都保存在法院。财产抵押与担保调查通过向房地产机关、车辆管理机关查询以了解企业的财产抵押与担保情况。

3. 企业和商业调查

信用调查的第一步包括调查所有相关的企业记录。如果该企业以前曾经申请过信用，那么授信方应该保存有一份信用档案。信用调查还可以向别的企业以及客户企业的顾客查询与信用相关的事实；向商业银行、按揭信用提供者、商业金融公司以及其他开展储蓄业务的金融机构查询存款数额，未清偿信用的数额、种类和担保，借贷史，支付习惯，以及客户品德等方面的信息。

商业调查在确定一家公司依赖供应商来提供流动资产的程度以及该公司如何处理由此产生的应付账款等关键因素上发挥着重要作用。例如，假设一家公司向企业申请信用来购买固定资产，但在给该公司的几位供应商打过电话之后发现该公司有大量未结清的除购账款，此时，他可以得出这样的结论：这位客户目前最紧迫的应该是需要一笔为长期性存货提供资金的信用，而这将增加其所需长期信用的数额。客户的交易付款记录，包括客户与本企业之间的付款记录，也包括客户与其他企业之间的交易记录，由此可以充分看出客户是否及时付款、信用是否良好、客户的付款习惯等内容，这是极为重要的信息来源。客户同行对客户的评价，虽然有时缺乏公允，但在绝大多数情况下仍可以帮助企业对客户的信誉以及在行业中的地位、声望作出判断。

4. 供应商调查

"付款记录"主要通过该企业的供应商获得，总有供应商会乐意提供特定合作企业对他们的货款拖欠情况。付款记录，从主要供应商处获得的一年以内的付款情况，包括付款方式、额度、拖欠情况，以及供应商的评语。

5. 银行往来记录

稍具规模的企业，其经营活动都与银行和金融机构密切相关。与银行交往的疏密程度,很大程度上反映了该企业的经营状况的好坏。一个业绩出色的企业,银行会争相为其贷款,趋之若鹜,而劣迹斑斑的企业,却不论如何争取,也不会得到银行半点恩泽。

(1)存款情况。我国实行存款实名制并不允许多头开户,为调查企业存款情况带来方便。一般而言,企业往来银行的数目,应适应营业规模大小,如果银行过多,则与每个银行往来也必过度,而且存款调度上也可能发生错误,因此应视为不正常状况。在调查时应了解企业所有存款银行名称、存款种类与金额,在每个银行存款占其存款总额的百分比,有无退票记录等相关资料。

(2)借款情况。企业对外借款应保持适当程度,过高的借款数额,必然导致举债经营,负担沉重,一旦遇到微小挫折,就可能危及企业的生存。我国国有大中型企业往往借款过高,如果没有国家政策导向的支持,很多企业将难以为继。在调查时,首先应观察借款总额占资产总额的比例,长期借款与短期借款的比例,然后调查其往来银行名称、贷款种类、期限、担保品及与主要借款银行的往来关系,借款还本付息履约情况,等等,以明确借款内容和借款品质。此外,还应获取金融机构将其与借款人发生的贷款、银行承兑汇票、信用证、保函、担保、授信等业务数据及资产质量情况,借款人的欠息、逃废债、经济纠纷和直接融资等大事。

6.不良行为记录

不良行为记录又分为警示记录和不良行为记录。

不良行为记录主要是针对市场主体及其主要负责人在日常经济活动中存在的记录,是以工商行政管理机关处理的违法违章行为记录为主,吸纳政府其他部门处理记录而形成的不良行为提示记录内容。其功能是为政府有关部门、司法机关和各类社会主体进行信用调查提供参考依据。不良信用提示系统记载的主要不良行为记录有:

(1)违反工商行政管理法规规章,被立案查处的。

(2)登记注册弄虚作假骗取营业执照被工商部门限期改正的。

(3)损害投资人合法权益,且其行为与工商行政管理业务有关的。

(4)因不良商业行为受到法律制裁的。

(5)金融机构对其不予信用的。

(6)有必要记录的其他违法违章行为。

不良行为警示记录主要是指市场主体及其主要负责人有违反法律法规行为且需要限制其办理注册登记有关事项的,记入本系统,由工商行政管理机关关闭其登记通道。企业不良警示记录有企业走私、逃骗套汇、偷逃骗抗税、制假贩假、恶意逃废债务、利用合同诈骗等违法情况,以及违法被吊销企业营业执照、较大数额罚款等行政处罚情况。以上不良记录通过已建立此数据库的工商部门即可以查询到。此外,不良记录还包括企业公用事业费欠费记录、企业职工养老费欠费记录、企业税费欠费记录等。这些记录从其对口的机构可以查询。

7.企业荣誉记录

企业荣誉记录包括重大奖励、驰名、著名和重点保护商标资料,法定代表人荣誉记录以及企业其他荣誉资料。这些记录一般在对口机构和企业信用网可以查询到。

8.信用史

二、企业信用文化的构建

(一)建立企业信用机制

企业是市场竞争的主体。企业要在激烈的竞争中生存和发展,必须要视信用为生命。信用能使企业树立起良好的道德形象,赢得消费者的信任,得到更多的合作伙伴,从而降低交易成本,取得好的经济效益,使企业逐步发展。目前,我国相当多的企业缺乏信用,据有关调查显示,当前我国企业存在的主要问题有:拖欠债款、违约和制售假冒伪劣商品、价格欺诈、质量欺诈、侵犯知识产权等。不仅严重扰乱了市场经济秩序,也造成了自身的生存危机。同时在更大范围内败坏了整个社会风气。企业的信用缺失问题已成为我国经济发展的瓶颈,而且也成为社会道德建设的障碍,建立企业的信用机制势在必行。

(1)建立有利于企业发展的利益机制。利益机制是建立企业诚信机制的基础。企业的利益包括三个方面:一是企业的产权利益。如果企业的产权不明晰,企业就不会去追求长期利益,不会去顾及企业的信誉,会不择手段追求眼前利益。二是企业经营者的利益,在企业产权明晰的基础上,要将经营者的利益与企业的利益紧密结合在一起。同时要制约经营者权力,防止经营者损害企业的信誉谋取私利。三是职工的利益。只有充分关注职工的利益,将职工的利益同企业的命运联系在一起,职工才能产生维护企业信誉的积极性。

(2)制定企业品牌战略。在市场经济中,企业之间的竞争主要体现为品牌的竞争。品牌是由企业的信誉凝聚而成的。制定品牌战略,可促使企业树立信誉意识,精心打造品牌产品,并用信誉去精心维护品牌产品的生存和发展。

(3)建立完善的质量保证机制。产品的质量是企业信誉的载体,企业要重视产品质量标准,严格按照产品质量标准进行管理和生产。我国已加入WTO,为了加强我国企业在国际市场上的信誉和竞争力,企业的当务之急是尽快熟悉国际标准和国外先进标准,要瞄准有竞争力的国际标准和国外先进标准进行追赶。为了保证产品100%的合格,企业的内控标准应比公开声明的标准高一截。否则,在大批量的生产中肯定会有不合格的产品出现,尽管不合格产品的比例不大,但这个别不合格的产品,对消费者来说,则是100%的不合格,会影响和损害企业的信誉。企业还要建立产品售后质量跟踪与服务机制,这是企业创品牌、树信誉的重要措施。

(4)建立企业内部的信用管理机制。企业要建立内部的信用管理部门,通过各种途径搜集客户的信用资料,并进行信用风险评估,以最终决定是否给予客户信用及其信用额度,以及采取何种可靠的交易方式,与客户签订严密的合约,负责合同的全面履行。企业还应建立信誉责任制度,对努力维护企业信誉者给予奖励,对损坏企业信誉者要追究责任。

(二)建设信用文化的制度环境

现代市场经济条件下,信用不能仅仅作为一种美德来倡导,还必须形成一种制度,因此需要加强信用文化的制度建设。

(1)加快信用法制建设,形成信用体系良好运行的法律环境

社会诚信进步的重要标志是法治化,法治是诚信的制度化和普遍化的社会形式。国家颁布法律,对整个社会行为作出一种强制性的承诺。无论行为主体是谁,合法地行使法律权利,忠实地履行法律义务,必能得到法律的保护;反之,则必将受到法律的处罚。"依法治

国"是法律的权威和尊严,是国家对整个社会的诚信。

信用体系的建立和完善需要法治前提。在"依法治国"的前提下,国家应加大与信用管理相关的立法与执行的工作力度。在立法方面,包括对现行相关法律法规的修改和完善,以及在尚未有法律法规规范的信用领域,尽快颁布新的法律法规。立法应当涉及企业信用管理、银行信用管理、消费者个人信用管理、信用中介服务行业管理等社会信用体系的各个方面。尤其要尽快建立和完善失信惩罚机制,明确失信的法律边界是什么,并根据失信的程度给以相应形式和程度的惩罚,以此加大公民个人和市场主体的失信成本,迫使其选择守信。有了相应的法律法规,还必须做到严格执法,使法律法规真正起到规范信用体系的作用,为信用体系的良好运行创造法律环境。

(2)建立与完善信用制度

建立信用制度是构建社会化信用体系的一个重要内容,没有相应的制度,难以保证信用经济的发展。经济发达国家之所以信用经济也比较发达,原因之一是他们有一整套与经济相适应的信用制度。例如,市场经济发达国家,不管是个人还是中小企业申请信用额度时都被要求提供第三方资信评估,以减少银行对贷款人的评估产生偏差而带来的风险,一旦出现借款人无法还贷,评估公司要承担该贷款项目一定比例的损失,从而分散了银行的贷款风险,提高了决策的科学性。我国信用制度建立起步较晚,目前已有的制度是"消费者权益保护法"、"个人住房贷款管理办法"等,但远不能适应经济的发展,应进一步建立和完善企业和个人信贷制度,如企业贷款制度、个人贷款制度、信用卡贷款制度、大学助学信贷制度、留学信贷制度等。此外,还可建立信用担保制度。如上所述,企业因投资某项目向银行贷款,银行除了调查其资信情况外,可由第三方提供担保,以分散银行的风险。

(三)建立社会信用管理制度

第一,制定政府各部门信息公告制度,向公众公布客观的信用记录。如按规定税务部门公布企业按章纳税或偷漏税情况;工商行政管理部门公布企业年检、被行政处罚或获得荣誉的记录;金融部门公布借款人的信用等级,或坏账、呆账等记录;卫生监督部门公布其检查企业产品的卫生许可、标签标识、说明书等是否符合要求;质量技术部门公布其检查的合格与不合格产品;等等。这些信息的公布必须遵循一定的规则,而这些规则应由政府部门制定。第二,建立社会信用信息的管理制度。如行业协会或信用中介机构可组织企业资信的评比,分别评出诚信企业和不诚信企业并向社会公示,形成有利的舆论监督,但应有相应的管理制度来约束这些信息的公布。

总之,在当今日趋激烈的世界竞争中,企业要想百年不衰,唯有加强诚信建设。我国企业只有树立信用意识,加强信用管理,塑造诚实守信的良好形象,才能在国际舞台上赢得信誉,提高国际竞争力。企业现已从价格竞争、质量竞争和服务竞争,进入到了声誉竞争的阶段。信用是企业最重要的无形资产,是一种生产力,是最好的竞争手段。一个高效的市场,必须是一个信用良好的市场。如果企业忽视信用,不讲信用,最受害的还是企业自身。"立信才能立业",古往今来,企业信用文化建设是企业兴衰成败的重要原因。

项目小结

◆学习企业文化价值观的含义、性质、特点、类型以及企业价值观的提炼与塑造。

◆企业价值观在指导企业生产开发、经营管理,处理企业群体与自然之间关系,反映企业群体与其他群体、企业群体与自然之间的关系。

◆企业伦理与企业文化的交叉拓展了企业文化的研究领域,它把触角延伸到企业外部社会环境的诸多领域,使企业信用理论和宏观信用理论得到有机的结合。

◆企业的信用评价系统,对于企业间的公平竞争、市场秩序的有效运行至关重要,这种评价通过分析企业要素,使信用各要素数量化、具体化。

◆企业围绕信用量化被考核后,在行业发展前景、企业核心技术、综合经营能力、财务状况、影响力、管理和组织体系方面都会上一个新的档次,新形象的企业群将会影响整个经济运行秩序。

◆企业的核心理念是信用,企业的核心竞争力是企业文化,企业文化是 21 世纪企业在全球竞争的关键所在。

◆企业信用文化建设是企业兴衰成败的重要原因。

模仿训练

知识题

1.名词解释

(1)企业价值观

(2)信用

2.填空题

(1)企业文化的核心是_____。

(2)企业价值观的特点有经济性、_____、_____、_____。

(3)信用根据发出信用的主体和表现形式可以分为_____、_____、_____、_____。

(4)5C 法包括哪五个方面的内容?_____、_____、_____、_____、_____。

(5)信用的缺失不是单方面的,而是全方位的,是_____、_____、_____三位一体的缺失。

(6)德拉克研究企业的信用要素有_____、_____、_____、_____。

3.选择题

(1)下列不属于企业价值观的性质表现的是(   )。

A. 广泛性   B. 导向性   C. 固定性   D. 客观性

(2)企业文化的核心要从企业济价值观、企业政治价值观以及(   )价值观切入进行整合。

A. 企业伦理   B. 企业政策   C. 企业精神   D. 企业模式

(3)下列不属于米勒在《美国企业精神》一书中指出的 7 种价值观适用于所有新组织的是(   )。

A. 目标原则   B. 共识原则   C. 成功原则   D. 友爱原则

(4)企业价值观作为企业文化的核心部分,与其他文化相比较有其自身的特点。下列不属于其特点的是(　　　)。

    A. 经济性　　　　　B. 固定性　　　　　C. 束缚性　　　　　D. 主观性

(5)下列不在非信用的类型范围的是(　　　)。

    A. 非信用观念　　　B. 非商业信用　　　C. 非生产信用　　　D. 非银行信用

4.简答题

(1)企业价值观的性质和特点是什么?

(2)信用网络建设基本原则是什么?

技能题

1.分析和评价一家企业的信用情况,需要收集哪些信息和资料?

2.如果你要经营一家新的公司,你将如何把自己公司的信用推销出去?

案例题

1.案例一

同仁堂:百年老店的奥秘

北京同仁堂是中药行业闻名遐迩的老字号,创建于清康熙八年(1669),创始人乐显扬。清雍正元年同仁堂开始供奉御药房用药,享受皇封特权,历经八代皇帝,长达188年。三百多年来,同仁堂把"炮制虽繁必不敢省人工,品味虽贵必不敢减物力"作为永久的训规,始终坚持传统的制药特色,其产品以质量优良、疗效显著而闻名海内外。目前,同仁堂生产中成药24个剂型,800多个品种,经营中药材、饮片3000余种;47种产品荣获国家级、部级和市级优质产品称号。1993年以来,同仁堂相继在香港地区、马来西亚、英国和澳大利亚开设了分店,与泰国合资组建北京同仁堂有限公司。同仁堂作为驰名商标,已在加拿大、泰国、澳大利亚以马德里协定成员国等50多个国家和地区注册,受到特别保护。1997年5月,集团公司所属六家单位组建成立北京同仁堂股份有限公司,同仁堂股票在上海证券交易所上市。2000年3月,以北京同仁堂股份有限公司为主要发起人,联合集团公司及其他6家有相当实力的发起人共同组建成立了北京同仁堂科技发展股份有限公司。同年10月,在香港联交所创业板上市,获得20多倍的超额认购。公司致力于传统中药现代化,加快研制、开发高科技产品的步伐,积极发展电子商务,挺进国际医药市场。如今同仁堂集团已发展成为国有大型一类企业,在国务院确定的全国120家企业集团试点单位中,同仁堂是全国惟一的中药企业。同仁堂的诚实守信的道德规范,已经成为企业的经营观。

诚:即诚实,内涵为货真价实,绝不弄虚作假;第二个含义为诚心,即诚心诚意;第三个含义为诚恳,即以恳切的态度倾听顾客意见,不计较顾客身份。

信:即信念、信心和信誉。所谓信念,就是同仁堂人要有一种坚定的信念:服务同仁堂、献身同仁堂,立志岗位成才。所谓信心即是在困难面前,要敢于迎接挑战,敢于排除各种障碍。所谓"信誉"集中体现在"同仁堂"三个字上。

同仁堂员工的行为规范:德、诚、信。德:仁德、药德、美德;诚:诚实、诚心、诚恳;信:信念、信心、信誉。

同仁堂领导干部行为规范:"六实"作风。讲实话、用实学、鼓实劲、办实事、拓实业、见实效。

同仁堂管理人员行为规范:"三效"方针。高效、时效、绩效。

同仁堂营销人员行为规范:"四熟"原则。熟知、熟练、熟思。

同仁堂零售药业人员行为规范:"四心"品质。热心、耐心、恒心、公心。

思考题:

从信用建设角度出发,谈谈百年同仁堂的企业文化精华。

2.案例二

毒大米——始发信用危机

"毒大米"的曝光倒是真让人心惊胆寒。2000 年 12 月中旬,40 多吨毒米在广东几个档口被查获。制造这批毒米的案犯在河南新乡原阳市场被迅速抓获,他们掺入矿物油替大米"美容",结果让新乡原阳就此蒙羞。"毒大米"由此一发不可收拾。广东、广西、江西、湖南等省市的个别摊点都宣布发现"毒大米"踪影。据《羊城晚报》2001 年 8 月 17 日报道,7 月底,广东卫生部门突然接到消费者举报,在广州天平架的"真实惠"货仓商场正在出售一种劣质的东北珍珠大米,这种大米外壳看起来浑圆透亮,但抓起来闻一下却有股异味。有人吃后出现头晕、呕吐现象。7 月 28 口,根据新闻记者暗访提供的线索,广东省卫生监督所对广州天平架牛利岗"真实惠"货仓商场出售的大米进行了监督检查,发现其销售的部分大米黄曲霉毒素 B_1 超标。7 月 29 日,广东省卫生厅组织广州市和白云区卫生、公安、粮食等部门对白云区江夏生活小区的"永康精米厂"、"港兴精米厂"、"泰京米业"等 3 家大米生产加工窝点进行突击检查,当场查封劣质大米 300 多吨。执法人员检查发现,"永康精米厂"等 3 家大米生产加工点,现场堆放的发毒变质的"原料米"被加工成 40 多种假冒的优质品牌大米,经检验黄曲霉毒素 B_1 超标。

事件发生后,广东省卫生厅于 7 月 31 日下发了《关于追查劣质大米的紧急通知》。由广东省卫生、工商、公安等部门在白云区陆续追回劣质大米约 40 吨,对查出的劣质大米进行了封存。公安机关对三家违法企业负责人实施了刑事拘留。

为进一步追查劣质大米的来源,广东省卫生监督所于 8 月 1 日对广州铁路南站货仓内储存的大米开展了监督检查。抽检了 17 份大米,经检测,其中 15 份大米黄曲霉毒 B_1 超过国家卫生标准,1 份铅超标。广东省卫生厅已采取了临时控制措施,对黄曲霉毒素 B_1 超标的大米予以暂时封存。这批大米的数量约 900 吨,主要来自山西、湖南、湖北、安徽等地。

除了广东"毒米"事件外,山东也曾发生"绿米"事件,河南也发生过"毒米"事件。其实"毒米"事件在广州出现已非首次,2000 年年底,从河南市场流入广东的掺有"矿物油"的"毒米",以及 2001 年年初发生的"绿米"事件,已震惊全国。但这次"毒米"数量之多、对人危害之大却是前所未有的。与以前广东查处的掺有矿物油的米相比,这次查处"毒米"353.6 万吨,而且是强致癌的黄曲霉严重超标,是食品打假中的一种新动向。

记者在北京西部一个粮食批发市场进行了暗访。一位粮贩以为来了大买主,热情地把记者拉到他的摊位前,并自称是粮油公司总代理,有多种牌子的大米。经过一番讨价还价,记者逐步赢得了米贩子信任。说起担心买到有毒或劣质大米,米贩子为显示与众不同,主动打开话匣子,讲起了粮贩子的造假内幕。

思考题:

企业以及个人失信其根源何在? 是否需要建立企业信用评价体系?

实训题

实训项目:网络消费者个人信用的评价与管理

【实训目标】

1. 了解网络交易平台对网络消费者的信用评价方法。

2. 了解网络交易平台对网络消费者的管理办法。

3. 理解信用建设的重要性。

【实训内容与形式】

1. 浏览中国诚信网(http://www.china315.cn/)、中国电子商务诚信联盟(http://www.ec315.org)等网站,阅读有关信用和信用评价与管理的法规。

2. 浏览淘宝网、阿里巴巴等网站,了解网络交易平台对网络消费者的信用评价方法和管理办法。

【成果与检测】

每位同学提交一份网络消费者的信用评价方法和管理办法总结报告。

讨论题

1. 企业信用评级系统如何开发?

2. 从企业失信看中国信用体系建设纰漏的根源是什么?

3. 信用是企业价值观的核心,与中国企业进入国际市场有何关系、意义?

模拟提升训练营

温州奥康集团在杭州武林门广场烧鞋

1999年12月15日,又是武林门广场,又是烧鞋。所不同的是,这次的烧鞋人却是温州奥康集团总裁王振滔,所烧对象是那些假冒温州名牌的劣质鞋。1997年至1998年,武汉、安庆、公安、高密、临沂、泰安等地相继发现假冒奥康鞋。王振滔派出工作人员在山东打假两个月,发现高密碾头村生产"奥康鞋"已成相当规模,在10家企业中,1家做商标,3家做包装,6家做鞋,配套成一条龙。在其他地方,甚至出现了"×奥康"、"奥×康"、"奥康×"等近似商标。

奥康人愤怒了,温州人愤怒了,他们要火烧假冒温州鞋。工作人员问王振滔:火烧地点在哪里? 王振滔毫不犹豫地回答:"杭州武林门,从哪里跌倒就从哪里爬起来!"

1999年12月15日下午3点,武林门,在"打假保名牌"的横幅下,人头攒动。王振滔和浙江皮革协会领导以及温州市的领导,点燃了一把火,2000多双假冒温州鞋在熊熊大火中化为灰烬。当时《经济日报》生动地报道:"12年前一把火,烧温州人的劣质鞋;12年后的火一把,温州人烧仿冒温州鞋的劣质鞋。"

这次温州人成了胜利者！"为了这一把火，我付出了长达 12 年的努力啊！"王振滔感慨万千。

图片展示

活动体验

体验步骤

一、活动主题

企业质量月活动的主题是:抓质量水平提升,促发展方式转变。

二、组织领导

成立"质量月"活动领导小组,组长、各分管副组长,统一组织协调质量月活动。

三、活动内容

(一)积极组织参加活动

1. 组织参加由工信部、国家质检总局会同有关部门联合举办的"中国工业产品质量信誉论坛"和中国质量检验协会组织开展的"企业质量诚信倡议"活动,促进企业自主承诺质量责任,引导企业增强质量诚信意识,推动提高我产品的质量信誉水平。

2. 组织企业、名牌产品和地理标志产品生产,参加国务院国资委、国家质检总局联合组织的"质量 品牌 责任"系列宣传活动,配合相关媒体对企业进行采访报道。3、参加国家质检总局、工信部、中国质量协会组织举办的全国第三十二次质量管理小组代表会议和各级QC小组成果发布会,进一步调动企业创新增效、改进质量、提高技能的积极性。

(二)制作群发"质量月"宣传公益手机短信

通过手机短信群发形式加大宣传力度,短信主要内容为 2010 年"质量月"活动主题、宣传口号,短信群发对象主要为部门领导以及消费者。

(三)围绕"质量月"活动主题,召开各类座谈会、研讨会

围绕质量水平提升,促发展方式转变,组织召开创名牌经验交流会、农业示范区现场经验交流会、先进产品质量标准宣贯会等,营造我企业学标杆、创卓越、争名优的良好氛围。

(四)组织丰富多彩的质量月文化活动

举办好质量知识宣传进社区和"质量月"现场咨询活动。选择重点社区,普及质量知识,提升质量意识和维权意识。组织开展"质量月"现场咨询活动,制作展板、板报,发放宣传资料,受理质量投诉举报,免费为消费者进行检测和产品真假鉴定。联合新闻网开展宣传推广活动,让更多的人了解产品,进一步提高名牌产品的影响力和知名度。

(五)组织开展质量专家"企业行"活动

深入企业一线,开展咨询、诊断,对企业管理人员进行培训,推广先进的质量管理方法,帮助企业解决突出质量问题,为企业提升质量、增加效益作贡献。

(六)开展"质监邀您看企业、食品安全大家行"及"实验室开放月"活动

邀请人大代表、政协委员、政府领导、社会各界人士代表参观食品生产企业,走进质监实验室现场,加大质监部门的工作透明度,进一步加强与社会各界的沟通,争取和促进社会理解和支持质监工作,充分展示质监部门保障质量安全、服务质量提升的技术支撑和技术保障能力,树立科学严谨的质监形象。

(七)组织企业参加"质量月"活动

组织食品生产获证企业开展质量安全承诺活动。发动企业悬挂"质量月"宣传旗帜,张贴"质量月"宣传画和标语。组织企业开展群众性质量改进、质量攻关、岗位练兵、技术大比武、质量知识和技能竞赛活动,大力推广先进质量管理方法。积极开展《卓越绩效评价准

则》等培训,引导企业通过采用电话交流、发放征求意见函、网上收集信息、开展用户满意度测评、现场走访顾客等方式跟踪顾客对产品、服务的满意程度,不断提高企业产品质量和服务质量。

(八)组织检验检测人员开展执法打假比武、技术比武活动,不断提高办案能力和检验检测水平。

四、有关要求

(一)各单位要高度重视质量月活动,积极组织好相关的宣传咨询、打假以及专项整治等活动,共同营造良好的质量月活动氛围。

(二)要结合实际,积极组织开展质量知识竞赛、技能比武、食品安全培训、QC小组等活动,还可通过网络、简报等多种形式开展活动,提高企业职工的质量意识。

活动感悟

信用,不仅是企业对外树立良好形象的客观需要,也是企业理顺内部管理体制和经营机制,实现高效运行,凝聚员工队伍的内在要求。在市场经济条件下,企业信用体现着交易双方的利益,如果一个企业不守信,就意味着在损害别人利益的基础上,使自己得到某方面的好处或便宜,而守信则意味着在确保自己利益的同时,也确保了别人的利益。其实,企业守信与否,最根本的目的或动机都是获得利益。不守信的企业虽然能获取暂时的利益,但由于没有进行信用交易的基础,难以得到长期的、稳定的利益,最终玩火自焚。

信用是解决企业一些经济问题的有效途径。中小企业资金筹集的基础是企业的信用,换言之信用建设是解决中小企业资金紧张的基本途径。现阶段,经济发展中存在的诸如中小企业发展滞后、市场消费需求不足、民间投资乏力等一些问题,都与信用建设程度脱不开干系。约有3/4的中小企业受到资金不足的影响,资金不足已成为制约中小企业发展最重要的因素,且资金不足的紧张状况呈现愈演愈烈的趋势。再如,刺激消费需求,企业信用良好,提供的产品与服务质量优,才能让消费者放心消费,从而拉动市场需求;投资更是这样,没有良好的信用环境保障,对投资者的投资决策也会造成很大的负面影响。企业信用对于企业自身的生存和发展是至关重要的。企业信用观念弱化和企业信用体系乃至整个社会信用体系缺失,已成为制约我国市场经济改革与发展的瓶颈。据统计,在发达国家,企业间的信用支付方式占总数的80%以上,纯粹的现金交易越来越少。与之形成鲜明对比的是,由于越来越多的企业和个人在社会经济活动中不守信用,信用成为我国市场经济中最稀缺的"资源"。有的企业宁愿放弃客户的大量订单,而不愿采用客户提出的信用结算方式,致使信用作为支付手段的功能被极大削弱,使交易方式向现金、以货易货等更原始的方式退化,降低了商品流通的效率和资金的使用效率。企业信用薄弱增加了企业的生产成本和投资风险,同时也使政府宏观调控政策难以发挥效果。企业家的职业信誉,是企业家的职业道德、职业业绩的体现,是企业家的立身之本,更是企业信用的重要组成部分。它不仅是对企业家过去的总结,也是企业家创造未来的投资源。企业信用就是企业生存和发展的命脉。一个企业的生存、发展离不开融资。如果没有信用,企业的生产活动只能在自有资金狭小的范围内进行和维持,就不可能吸纳社会资金使企业规模迅速扩大,就形不成社会化大生产的规模和能力;如果没有信用,生产和流通的速度达不到市场更新的速度,只能在自给自足的范围内维持,不可能使生产和流通的发展速度超过任何时代而飞跃前进。在市场经济条件下，企业之间的竞争，主要表现为企业产品质量的优劣，消费者满意的程度，生产和管理成本的高低，效益的大小，市场占有率的多少，等等。而这一切，无不体现在企业信用上。企业有信，就能得到社会的广泛认同，顺利获得发展生产需要的贷款，在证券市场上募集更多的资金，实施与相关企业的公平交易，产品为广大消费者所青睐；就能建立良好的企业文化，大大增强企业的凝聚力、创造力，调动和鼓舞职工的生产积极性，推动企业不断发展壮大，在市场竞争中立于不败之地。反之，一个无信的企业，很难被社会和消费者所认可，必然在激烈的市场竞争中被淘汰。前不久某地一个制药厂将过期的药品换上合格标签重新投放市场，被媒体曝光和有关执法机关查处后，企业领导人被追究刑事责任，工厂关门，职工下岗，就是一个惨痛的实例。

企业守信是市场经济基本的道德规范和经济伦理。规则和信用是市场经济的两大基石。市场经济对资源的配置是通过交易而实现的，而交易要建立在严格的契约基础上，因此，从市场经济的内在要求及运行方式来看，市场经济实际上就是以契约为基础的信用经济，它要求经济主体遵守规则，诚实守信。市场规则是保证市场有效运作的基本原则，但仅有规则（如法规体系），而没有有效的道德支撑和约束，不遵循一定的经济伦理，再好的契约也会是一张废纸，即使诉诸法律解决，也会极大地提高运行成本，破坏市场效率，中断后续的商品交换过程。市场经济越发达，社会分工越细密，商品交换越扩展，经济主体之间的联系就越紧密，就越要求企业诚实守信。

项目七

企业文化的亚文化

>>>> >

业务导入

  企业亚文化是企业文化的有机组成部分,企业主文化能否包容、吸收和同化企业亚文化往往是成长中企业成败的关键。

目标设计

  知识目标——了解企业亚文化的概念、特征;

  技能目标——掌握正式组织群体文化的特点、非正式群体文化的功能和效用;

  能力目标——联系企业实际或案例深入理解企业文化冲突的解决办法,利用强势文化重塑企业亚文化。

  引例:

蒙牛企业的亚文化解析

  战略文化:专注乳品事业,打造核心能力;强化危机意识,实施百年创业。

  人才文化:搭建成长平台,强化学习培训;实施大师计划,成就员工价值。

  经营文化:以需求为导向,以双赢为目的;以质量为核心,以服务为手段。

  竞争文化:倡导宏观联合,坚持协同竞争;在竞争中发展,在合作中双赢。

  产品文化:以品质取得信任,以品牌提升价值;以创新制造差异,以成本赢得竞争。

  市场文化:客户就是市场,人心就是市场,家门口就是国际市场。企业价值链之间的竞争本质是文化力的竞争。

  营销文化:80％是营,20％是销;营造一种文化概念,率先深入人心,便是市场营销的一切。营销不仅要深入,而且要"神"入。

  领导文化:分权有序,集权有道;事权分散,财权集中;坚持12字方针,提升领导影响力。

任务一　企业的主文化和亚文化

  企业经过艰难的创业,积累了一定的资金后,进入快速成长阶段。在此阶段,多角经营、兼并收购成为企业降低风险、寻找新的增长点、实现低成本扩张的有效选择,但与此同时,企业往往进入"扩张陷阱",扩张成为企业失败的开始,民营企业中的"巨人集团",其经营失败就是个例子。究其原因,企业的亚文化间没有成功整合是企业扩张失败的主要原因。所以,认识企业亚文化,了解企业亚文化对企业的健康成长具有重要的意义。

什么是企业文化? 企业文化尚属学术争议之中的问题,有关企业文化的界定有多种,在这里摘录几条,供研究企业文化朋友们参考。美国学者约翰·P.科特和詹姆斯·L.赫斯克特认为,企业文化"是指一个企业中各个部门,至少是企业高层管理者们所共同拥有的那些价值观念和经营实践。是指企业中一个分部的各个职能部门或地处不同地理环境的部门所拥有的那种共同的文化现象"[①]。这种不同职能部门、不同地域部门的共同文化主要指的是企业的价值观和经营理念。美国学者斯蒂芬·P.罗宾斯将企业文化定义为"组织成员共同价值观体系"[②]。国内学者肖峰认为:"企业文化指的是一个企业的行为规范和共同的价值观念。"[③]笔者认为企业文化的核心是指企业的价值观体系,它具体包括物质文化、行为文化、制度文化和精神文化。

操作指南

一、企业优质文化和劣质文化

按企业文化的性质来分,可分为企业优质文化和劣质文化。优质文化是指能够使企业适应社会环境发展变化并在这一适应过程中自我发展、自我创新的企业文化。这种企业文化适应性强,协调性好,能提高企业效率,产生社会促进效应,即 $1+1>2$ 效应;而企业劣质文化则相反,社会适应性弱,协调性差,使企业效率下降,产生社会惰化效应,即 $1+1<2$ 效应。评价企业文化是优质文化还是劣质文化,是健康文化还是不健康文化,主要以是否提高企业的生产效率和绩效为标准,能提高企业效率的,是优质的健康的企业文化;会降低企业效率的则是劣质的不健康的企业文化。

二、企业强文化和弱文化

在强文化中,企业的核心价值观得到强烈的认可和广泛的认同,接受这种核心价值观的成员越多,他们对这种价值观的信仰越坚定,企业文化越强。相应地,企业文化越强,就会对员工的行为产生越大的影响,其在企业内部创造了一种很强的行为控制氛围,员工对自己应该干什么、怎样干都十分清楚。管理人员不用花费大量时间制定规章制度来规范员工的行为。员工接受了企业文化的时候,那些规章制度就内化在他们心中了。这种目标的一致性导致企业员工有很强的凝聚力、忠诚感和组织承诺。当然,企业的组织结构对企业文化的强弱有影响。垂直型组织结构会容易产生强企业文化。强文化能使企业员工行动高度一致,凝聚力强,效率提高,但太强的文化往往会使员工个性受到束缚,企业的创新能力下降,企业的变革和多样化经营就变得非常困难。弱文化恰恰相反,在弱文化的企业中,员工的行为控制氛围较弱,气氛轻松,这为员工的自我创新提供了一个很好的环境。但一个企业如果没有文化或文化很弱会使员工行为的恰当与不恰当没有统一解释,企业没有统一的价值观会导致不同部门之间的文化冲突。所以,企业到底是创建强文化还是弱文化,

①　刘光明:《企业文化》,经济管理出版社 2002 年版,第 5—6 页。
②　斯蒂芬·P.罗宾斯:《组织行为学》,中国人民出版社 2002 年版,第 522 页。
③　肖锋:《企业文化》,中国纺织出版社 2002 年版,第 1 页。

要根据企业自身的实际情况作出选择。一般来说,传统行业的企业强文化能提高劳动效率,而依赖创新的高科技行业的企业却不宜选用太强的企业文化。

三、企业主文化和亚文化

企业文化按文化主体和作用划分为主文化和亚文化。企业文化所体现的为大多数成员所认可的核心价值观就是企业的主文化。当我们说企业文化时,一般指企业的主文化。

亚,即次一级。所谓亚文化,是指某一文化群体所属次级群体的成员共有的独特信念、价值观和生活习惯。差异性是造成亚文化存在的原因,所以只要有间隔存在,就会有小群文化即亚文化的存在。一般情况下,每一亚文化都会坚持其所在的更大社会群体中大多数主要的文化信念、价值观和行为模式。同时,每一文化都包含着能为其成员提供更为具体的认同感和社会化的较小的亚文化。从整个社会来看,根据个体的经历、年龄、地域、民族、宗教、职业等不同,组合形成不同的群体和群体文化。如民族亚文化群、宗教亚文化群、地域亚文化群、年龄亚文化群等。企业也有企业的亚文化,企业亚文化包含两层含义:一方面是和企业主文化有性质上差异的非正式文化即非正式组织小群文化;另一方面是企业主文化下的次级文化,这就是正式组织小群文化。对于一个大型的多元经营的跨国公司,在不同的行业、不同的区域乃至同一行业同一区域不同工作部门,其物质文化、行为文化、制度文化和精神文化表现出不同的特点,这种各具特色的群体文化就是企业的亚文化。在一个组织内部,不同部门也会形成不同群体文化。如营销部、采购部、技术开发部、生产部等分别形成各具特色的营销小群文化、采购小群文化、技术开发小群文化、生产班组小群文化等。营销部所拥有的本部门成员共享的独特亚文化,既包括主文化的核心价值观,又包括营销部成员独特价值观。亚文化一经形成便是一个相对独立的功能单位,对所属的全体成员都有约束力。一般来说,企业的主文化在企业文化中处于主要的、主导的地位,企业的亚文化则处于次要的、非主导的地位。但两者的关系又是辩证统一的关系,二者在企业文化系统中同时并存、相互转化。

企业亚文化通常分为两大类:一类是企业制度性群体文化,即企业正式组织小群文化;另一类是非制度性群体文化,即企业非正式组织小群文化。

任务二 企业亚文化

操作指南

一、正式组织的群体文化

制度性群体或正式群体(formal)是指正式文件明文规定的群体,群体的成员有固定的编制,有规定的权利和义务,有明确的分工。跨国公司在各国的子公司及各事业部,工厂的车间、班组、科研院所及学校的班级、教室,党团组织、行政组织等都是正式群体。

所有的群体都有自己的规范。所谓规范,就是群体成员共同接受的一些行为标准。群体规范让群体成员知道自己在一定的环境条件下,应该做什么,不应该做什么。斯蒂芬·P.罗宾斯把群体规范划分为这么几种类型:

第一类群体规范大多与群体绩效方面有关。通常群体会明确地告诉其成员:他们应该怎样努力地工作,应该怎样去完成自己的工作任务,应该区别什么样的产出水平,应该怎样与别人沟通,等等。这类规范对员工个人的绩效有巨大的影响。

第二类群体规范是群体成员的形象方面的。包括如何着装,对群体或组织表现出忠诚感,在何时应该忙碌,何时可以聊聊天。其中,个人表现出对群体或组织的忠诚感是很重要的。比如,在许多组织中,组织成员公开寻找另一份工作,被看作是不合适的。

第三类群体规范与资源的分配有关。这类规范主要涉及到员工报酬、困难任务的分配、新型工具和设备的分发等。

群体规范与企业规章制度不同,规章制度是正式的、成文的。而大多数群体规范是不成文的、非正式的。然而,规范也必须有某种权力或影响体系的支持。如果其成员一贯地并且极度地违反群体规范,则其他成员就会对他实行某种类型的消极制裁或积极制裁。这种制裁可以是人身辱骂或威胁甚至拒绝接纳等。因此,群体中的个体都受到从众的压力。

群体规范被群体成员认可并接受之后,变成群体成员共同的价值观,就成了群体文化即企业的亚文化。

小群文化即企业亚文化的存在,是企业内文化冲突的根源。企业文化冲突表现在三个层面:个体价值观与企业亚文化的冲突;企业亚文化与亚文化之间的冲突;企业亚文化与企业主文化的冲突。

(一)个体价值观与企业亚文化的冲突

群体文化有两个特征:一个是强烈的自我认同和归属的小团体性,它常常用"我们"来表示;另一个是它的排外性,常常用"他们"来表示。小群围绕着"我们"形成一个圈子,往往认为圈子内的人都是好的,圈子外的人都是坏的,或者是不怎么样的。在企业中,这种群体文化意识发展到极端的程度,对企业发展的负面影响很大,下面是企业里发生的故事:

小王是刚加入这一生产班组的员工,一天,当小王清理锯木屑时,在锯木屑里、木堆后面或机床下面,小王发现一些家具木料。最初几次,小王总是非常高兴地告诉操作者,然而操作者并不在乎小王的发现,小王就想到这里面是不是有什么问题。老黄是一位文静的人,似乎从来没有提高嗓门说话。可是这次,当小王把在他后面清理出来的一些木料让他看时,他喊道:"是哪个笨蛋叫你当侦探的?不许你到我的机床后面去!"

小王迷惑、难堪,几乎掉下泪来,他点燃了一支烟,开始踱来踱去,像头恼火的骆驼喘着粗气。正当小王踱着步、气愤不已的时候,老黄走了进来,他说:"听着,孩子,不要生气,让我告诉你关于这里的一切吧!我们周围开机床的小伙子们经过协商规定了一个产量标准以及应交老板的量,不多生产也不少生产。现在有的人有时生产的产量稍微少点,所以我们总是保留加工完的木料藏起来以备补用。"他继续说道:"你看,孩子,老板总是想要更多的产品,而一旦我们拼死为他生产了那么多产品,他也不会在乎,所以我们商定了一个上交给老板的产量标准——既不多也不少,你明白吗?孩子,如果你连续在这儿太快地运送木料,老板就会明白这儿出了什么事情。"

老黄将胳膊放在小王肩上,他说:"所以,你应算出你运送多少木料才不超过我们生产的产量,能做到吗?怎么样?你会做到的。"小王说:"当然,我一切都明白了。"

小王吸取了这个反复实践多次所得到的教训。除非绝对需要,不要做更多的工作。

在这则故事中,小王与班组的冲突就是个体价值观与群体文化的冲突。个体加入群体,要求从群体中获得自身需要的满足,例如物质需要的满足、安全需要的满足、社交需要的满足、尊重需要的满足等。当个体的价值观与群体文化发生冲突并相当严重时,遭到小群体的排挤和惩罚,其基本需要将得不到满足,因而会焦躁不安、绩效下降。这时,个体有两种选择:一种选择是离开这个群体,寻找与自己价值观相同或相近的企业和组织,这是员工跳槽的主要原因。另一种选择是个体在群体规范的压力下,顺从群体规范的要求,以获得群体的认同。有的员工在小王这种处境下会离开企业,有的员工像小王一样在群体压力下顺从群体规范要求。值得注意的是,在企业初创时期,当企业文化还是弱势文化时,这种"一家独大"的小圈子文化是非常普遍的。当前一些中小型民营企业普遍存在招工难,招到工人后人难留的现象,究其原因无不与个体和企业价值观的冲突有关。

当然,上述案例中的群体文化是与企业主文化相悖的不健康的亚文化。但在一个有着优秀健康企业文化的企业中,个体价值观与企业亚文化的冲突同样存在。随着社会的进步,物质文明和精神文明程度的提高及个人发展层次的提高,社会越来越多元化,人也越来越有个性,个体在选择工作时越来越把价值观的认同当做首要条件。所以,一些企业为避免这种冲突,防患于未然,增加企业员工的稳定性,在招聘新员工时,喜欢选择一些个人价值观与企业价值观一致的员工,如红蜻蜓的"润有根之草,渡有缘之人"的用人之道就是其例。企业还会对新招聘的员工进行各种各样的入职培训,营造企业文化氛围,使新员工在加入企业之前先认同企业的价值观,增加企业凝聚力。数据通用公司的加入仪式就是一例。数据通用公司的爱克利浦斯(计算机设计小组)的新成员加入公司有一个奇特的加入仪式,老员工称之为"签约参加工作"仪式,相当于宣誓:"我愿意做这项工作,并将全心全意地做好。"在加入仪式过程中,新员工自主地接受了公司的价值观,形成优秀的企业亚文化。因此群体成员工作非常勤奋努力,凝聚力很强。每个工程人员愿意在必要情况下牺牲他们拥有的家庭、爱好和朋友。"以人为本",以员工的个人发展作为管理的最高境界的管理理论,正是这种思想的体现。

(二)企业亚文化与亚文化之间的冲突

只要有差别,就存在亚文化,差异性是亚文化产生的原因。一个企业按垂直分隔,可分为最高决策层、中级管理层、管理基层三个层次的亚文化;按水平分隔,可分为财务部、营销部、采购部、技术开发部、生产部等部门亚文化。各层次各部门的价值观各不相同,因而也会发生文化冲突。比如说,财务部门的员工比较关心降低成本的问题,对那些把昂贵的创新看得高于一切的研究人员难免会有意见。销售人员常做让运输部门无法兑现的承诺。而经理呢,对公司的问题往往会有与一线工人截然不同的看法。这些文化的碰撞和融合是企业发展的源泉。有了这些文化的碰撞,才会对现存的文化进行客观的分析和评价,弄清现存文化优劣势,找到需要改进的地方,对多年形成的企业文化进行一番去粗取精、去伪存精的梳理,革新原有的企业文化,使企业文化适应外部市场形势的变化。

但是,企业亚文化间的冲突是一把双刃剑,它既是企业前进的动力,如果处理不当,也是导致企业失败的原因。许多民营企业多角经营失败,与企业亚文化的冲突密切相关,如巨人集团在高科技行业取得很大的成功,当其将手伸向保健业和房地产业时,巨人大厦便轰然倒塌了。因为保健业和房地产业的文化与高科技业的文化很不相同,文化冲突不可避免,处理不当,失败是必然的。在大量的多角经营失败后,人们痛定思痛,总结经验,结论是:多角经营要以主业为中心,在相似的领域谨慎扩张,以避免不同领域文化的不相容。

(三)企业主文化与企业亚文化的冲突

　　企业亚文化可能是企业主文化的对立性文化,也可能是主文化的辅助和拓展。对立性企业亚文化是与企业主文化严重冲突或相悖的。这种对立性文化无论对群体的效率还是企业的整体效率都是不利的。这种文化通过非正常渠道在企业中传播,会大大降低企业的凝聚力,使企业效率低下,严重的将导致企业失去活力。

　　如何消除这种不良的亚文化对企业的负面影响,是成长中的企业在多角经营和兼并过程中特别要注意的问题。许多民营企业多角经营昙花一现,许多跨国集团兼并失败都与文化不能有效融合有关。要解决这个问题,首先要搞清楚这种亚文化产生的原因。我认为群体对企业不信任,企业主文化相对较弱是对立性劣质亚文化存在的原因。因此沟通成为解决问题的关键。通过沟通,消除不信任,然后用强势企业文化来重塑企业亚文化,使其成为与企业主文化相协调的辅助文化,达到增强凝聚力,达到1+1>2的目标。例如海尔的不注入资金、用文化"激活休克鱼"的兼并法作为成功案例进入哈佛案例库。但海尔在兼并过程中,企业主文化与亚文化的冲突同样存在,海尔用自己的强势文化重塑亚文化取得成功。海尔在兼并合肥的电视机厂时,曾与合肥电视机厂发生严重文化冲突。当时,20多人上街闹事,排斥海尔的企业文化和管理模式,后来双方通过对话沟通增进信任,消除矛盾,最后电视机厂员工接受海尔文化,企业很快扭亏为盈。海尔兼并青岛洗衣机厂时,也没有注入资金,只是派了三个人去,他们也用海尔的企业文化来重塑青岛洗衣机厂文化。海尔先后用"激活休克鱼"法兼并了青海电器有限公司、武汉希岛、顺德爱华、贵州风华等几家企业,成功率达100%。

　　当然,为避免企业主文化与亚文化的冲突,企业在文化建社过程中就要注重企业亚文化的建设,做好人员的培训工作,为以后企业的成长创造良好的条件。联想集团就是一个很好的例子。联想集团下属许多子公司,整个公司有企业主文化,下面子公司又有子公司文化即企业亚文化。联想企业文化的培训在集团总部的联想学院进行,员工除了在集团总部接受公司文化培训,在各子公司还要接受亚文化培训。比如,联想电脑公司(LCS)的培训部负责电脑公司亚文化培训,在电脑公司下面的事业部,例如台式电脑事业部、笔记本电脑事业部等都有培训人员。新成员在接受入职培训后很快就融入公司文化,该干什么,不该干什么,职责很明确,公司主文化和亚文化相辅相成。

　　但是,在企业兼并过程中,对于与企业主文化相冲突的健康的企业亚文化,不能一味地用强势企业主文化去重构它。虽然强势文化可以增强凝聚力,但太强的企业文化又往往会成为革新的障碍,扼杀企业的创造能力。如果一个传统的制造企业去并购一个网络公司,是不能单纯地用制造企业的文化去改造网络公司的文化的。因为视创新为生命的网络公司的价值观与传统的制造企业的价值观是不相容的。这时,沟通很重要,通过沟通建立相互的信任,然后大胆地授权,才是解决问题的有效方法。

　　总之,企业亚文化像一把把桨,是推动企业发展的动力。应允许企业亚文化的存在,正视其发展,肯定其合理性,鼓励积极向上的企业亚文化,促进其向企业主文化转化,以企业亚文化作为企业文化创新的源泉,实现企业文化的进步和发展。

二、非正式组织的群体文化

　　任何一个机构里,在正式的法定关系掩盖下都存在着大量非正式群体文化构成的更为复杂的社会关系体系。我们不是把某一个,而是把形形色色的非正式团体,即整个这样的非正式组织群体称为非正式组织。非正式群体文化对于生产效率、工作满意度都具有强大的影响。无论正式的还是非正式的组织系统,对于一个团体的活动都是不可或缺的。恰如一把剪刀的两半叶片,缺一不可。

非正式群体文化就是企业成员在共同工作的过程中,由于抱有共同的社会感情而形成的非正式团体文化。比如在一个企业里,在同一车间的同事之间,或者在兴趣相同的人们之间,或者因职务关系接触较多的人们之间,有各种各样的来往,从而会形成各种各样的群体文化,这是很自然的事。构成这样的群体者,可能是同一单位的,也可能是跨单位的;可能是同级的人,也可能是不同级的人。他们凑到一起,谈的问题可能是和工作有关的,也可能是和工作毫无关系的其他问题;可能是在传递某些信息,也可能是在一起打球、打桥牌,等等。这些人的往来,不是按照正常的隶属关系进行的,这是非正式群体的重要特征。任何正式群体文化中都有非正式群体文化的存在,二者常常是相伴而存、相促而生。

非正式群体和正式群体的区别在于前者没有共同的(或自觉配合的)目标,它的成员和形成是不定的,经常变动的。所以,它不可能像正式群体那样画出组织机构图来。但非正式群体对于正式群体成员的情绪和干劲,对于正式群体的士气和工作效率却有很大影响。这种影响可能是好的,也可能是坏的。

(一)非正式群体文化的功能

各种非正式团体之所以兴起并持续不衰,是因为它们为自己的成员提供了切实有用的服务,我们把这种服务叫做非正式团体的职能。

第一种功能是维护并延续成员的文化价值观念和团体的生活方式。团体的准则与团体有赖于这种职能得以在一个很长的时间内绵延不绝。

第二种功能是为成员提供社会需求的满足。非正式组织可以给人一定的社会地位和社会承认,为人们提供更多的活动机遇。

第三种功能是沟通。为了满足成员的需要并保持对其成员的非正式的影响,团体还有开辟各种沟通系统和沟通渠道的职能。

第四种是社会控制职能。团体运用自己的社会控制职能以影响并调节他人的行为。社会控制职能包括对组织内部的控制与对组织外部的控制。对组织内部的控制表现在引导说服成员与团体的生活样式保持一致。一个在会计部门工作的雇员系了一条打皱的领带是团体所不能接受的生活方式。于是你下次就看不见有人再系这种领带上班了。外部控制指的是对团体以外的活动加以引导与影响,如对管理部门、工会领导人和其他非正式团体。

非正式组织活动给企业带来好处的同时也带来一些难题。我们先来讨论与每一种非正式组织功能相联系的问题,然后再讨论它的功能。

首先是阻碍变革。非正式组织的第一种相关功能,即文化持恒功能。它具有一种使团体过分维护现在生活方式和在变革面前采取僵化态度的倾向。这种文化持恒功能容易使人觉得现在一切都完善无缺。比如,如果 A 职务的地位一直高于 B 职务,纵使发生变化,使 A 职务变得很容易完成,原来的地位与工资也必须原封不动。假如在过去的专制型管理条件下,需要限制生产,那么即使现在采取了参与管理,管理条件变了,依然需要限制生产。非正式组织尽管不是由挂在墙上的图表所制的,但常规的习性、长期的惯性和无形的文化力量都紧紧地束缚着非正式组织。

其次是角色冲突。非正式组织的第二种相关功能即提供社会满意的功能。非正式组织为了满足团体成员的需求。有可能使雇员离开组织的目标。对雇员是好事,并非经常对组织是好事。工间咖啡是人们向往的,但是如果把人们早晚多花15分钟用来喝咖啡变成一项社会化的活动,生产效率可能由于这项既不利于业主,也不利于公众的活动而降低。这里问题的要害是发生角色冲突。人们的愿望是能满足团体与业主双方的需要。事实上,这两方面的需要时常处于互相冲突的状态之中,大部分角色冲突可以通过非正式组织的精心协调,而得以避免。正式团体与非正式团体利益关系一体化和程度越高,越有可能指望获得高度的生产效率与工作满意。然而正式组织与非正式组织之间,总归是有区别的,其间不存在一个完美谐和的共同领域。

再次是谣传。非正式组织的第三种相关功能——沟通,可能导致众所周知的谣传的流布。例如财务人员出差几天,人们谣传其财务有问题而潜逃。

最后是说服。非正式组织的第四种相关功能——社会控制,对于迫使人们服从组织具有强大的压力。非正式组织的影响是促使雇员服从组织的重要因素。由于人们日常生活中的绝大部分时间是在组织中的非正式组织影响下度过的,以致很难觉察到时时处处都有一种令人意识不到的强大的压力促使他们服从于非正式组织的生活方式。同这种非正式组织的依附关系越深,其影响力也越强。

非正式团体要求以众所周知的规范来统一人们的生活步调。团体的某些规范一旦为人们所接受,这样的团体文化实际就是一种"干预性团体文化"。团体用来诱导人们服从其规范的奖酬与惩戒,便是对成员的"制裁"。非正式的规范与制裁,在于人们必须服从,他们时而出谋划策,时而施以权威。那些拒不服从的成员在压力和烦忧下只有屈服,或者被迫离开这个组织。

非正式团体可以在工作中制造种种干扰,比如故意藏起工具,用奚落嘲讽来折磨不愿就范的成员。在工作之外,则采取给人家的汽车轮胎放气,或者孤立政策以迫使人们就范。据说,在英国,这种把人孤立于团体之外的做法叫做"断绝来往"。这时,团体可以几天甚至几个星期不理睬他们要惩罚的某个成员,也不使用犯了团体纪律的人的工具、机器。这类极端措施已足以使人无法工作,只好辞职不干。

(二)非正式群体的效用

非正式组织的存在有弊也有利,尽管带来种种弊端,但也可以为雇员和组织带来许多好处。其中最重要的事实是这些混杂在正式组织中的非正式组织构成了一个有效能的总体组织系统。在瞬息万变的情况下,官方正式的计划与对策,是制订于情况变动之前,而且部分缺乏灵活性,因而不可能随机制宜地解决纷至沓来的具体问题。恰恰是这些可以灵活应变,出于自发的非正式组织能够满足这些需要。

非正式组织的另一种效用是减轻管理工作的负担。管理人员意识到,非正式组织在配合工作时,完全不必再强令督导以确保各项工作的井然有序。非正式组织的配合还鼓励管理者放手委托并实行分权,因为他们确信雇员群众会与管理部门合作。一般说来,非正式团体对管理人员的支持,很可能导致更融洽的协调配合和更高的生产效率。从而,大有助于工作任务的圆满完成。

非正式组织还具有一种为管理人员拾遗补缺、取长补短的作用。如果管理者不擅长制订计划,就会有人以非正式的方式在计划工作中帮助他,从而即使在这方面有弱点的管理人员也能制定出详实的计划。

创造一种令人满意的稳定运行的工作团体,是非正式组织所能发挥的一项意义重大的效能。这样的工作团体意味着使雇员有某种意义的归属感或安全感,它使人们觉得总有什么值得留连,要求调离的事自然会减少。

此外,作为雇员联系沟通的有用渠道,是非正式组织的一项附带的效能。它可以使人们保持密切的联系,了解有关工作的状况,认识周围正在发生的一切。

常被人们忽视的非正式组织的另一项效能是"安全阀"的作用。非正式组织对于雇员的挫折以及种种精神上的困惑问题,能起到"安全阀"的作用。通过与某些成员公开的讨论,以及非正式组织中成员们提供的这种理解与支持的环境,可以使人们精神上的压力得到缓解。

例如:马科斯·舒尔茨在与他的上司费立克·斯堪纳德相处过程中出现了挫折,为此十分生气。马科斯·舒尔茨觉得仿佛是自己打击了费立克·斯堪纳德,但是在文明化的组织文化集团中,这种打击不会是一种具体的行动表现。马科斯·舒尔茨很想弥合这种关系,坦率地告诉费立克·斯堪纳德自己对她的看法,但又碍于已经存在不和睦关系,于是马科斯·舒尔茨便决定找一位比较亲近的朋友一起吃午饭,向朋友诉说自己的真实感想,让好友分担自己的烦恼。通过这样的倾诉衷肠之后,顿然觉得自己完全有可能以一种轻松谅解的方式同费立克·斯堪纳德一起工作了。非正式组织还有一种很少被人们承认的效能,那就是对于促使管理人员在计划与行动方面倍加谨慎,感到有它与没有它大不一样。充分理解非正式组织的能量的管理者明白,在他们无限地运用权力时,非正式组织是这种权力运用的监督者和平衡者。管理人员只有细心安排、周密计划后,才最利于在团体中实行某种变革。因为他们清楚,非正式组织可能暗中散布对改革不利的设想,从而动摇既定的计划。而管理人员当然切望计划能够成功地实现,因为计划的成败与管理者的权威紧密相关。

项目小结

◆企业亚文化是普遍存在的,企业亚文化分为积极的和消极的两种。

◆健康积极的亚文化是企业发展的动力源泉,主文化应包容、吸收、同化它;消极的亚文化,企业要通过沟通,建立信任,然后用强势主文化重塑企业亚文化。

模仿训练

知识题

1.名词解释

(1)亚文化

(2)非正式群体文化

(3)优质文化

(4)制度性群体

2.填空题

(1)企业文化的核心是指企业的价值观体系,它具体包括 _____ 、 _____ 、 _____ 、 _____ 。

(2)企业文化按性质分可分为 _____ 和 _____ 。

(3)企业文化有 _____ 和 _____ 之分。

(4)美国学者斯蒂芬·P.罗宾斯将企业文化定义为 _____ 。

(5)企业文化所体现的为大多数成员所认可的核心价值就是企业的 _____ 。

(6)企业文化的冲突表现在三个层面: _____ 与 _____ ; _____ 和 _____ ; _____ 和 _____ 。

(7)企业的亚文化像一把把桨,是推动企业发展的 _____ 。

(8)非正式组织的另一种效用是减轻 _____ ,还具有一种效用是为管理人员 _____ 、 _____ 的作用。

3.简答题

(1)美国学者斯蒂芬·P.罗宾斯把群体规范划分为哪几种类型?

(2)非正式文化有哪些的功能?

技能题

1.请用员工和企业老板来举例企业主文化与企业亚文化的关系?

2.一个企业不可能一直都一帆风顺,总会遇到战略危机,作为学生也难免会遇到,请你谈谈你的危机解决之道。

案例题

1.案例一

承认亚文化

芝加哥 DePaul University 的管理学助教莉莎·冈佳(Lisa Gundry)认为,亚文化是每个公司极有价值的一部分。毕竟,谁不希望会计部门有很强的成本意识呢?再者,亚文化给员工一种认同感,让他们明白自己能够因为团体的成功而成功。然而,如果亚文化差异太大,与公司的使命发生冲突,就会出现问题。

就说 UOP Inc.公司吧。1987 年以前,它是联合信号公司(Allied－Signal Inc.译名)下属的一个全资分公司。1987 年,在和联合碳化物公司(Union Carbide 译名)达成一项协议后,公司员工总数骤增了一倍,达到 3500 人。UOP 公司的高级会计师李奥·苏尔茨(Leo Schultz)说,前联合碳化物公司的员工已经习惯了依赖政策和步骤的结构化运行模式。与此相反,联合信号公司鼓励一种比较随便的风格,偏重创新,而不是结构。两组人之间的差异出现了。而不同职能部门间的冲突使问题变得更加复杂。为把员工团结起来,创造一个有别于公司所有者的公司形象,UOP 公司实施了全面质量管理培训计划,通过这个计划让各个团体的员工走到一起,讨论如何提高质量。UOP 公司充分交流是统一公司内亚文化的基础。苏尔茨说:"我们发现,主要问题是职员之间缺乏交流。人们不知道别人在干什么,于是都以为自己的做法最好。"为了扭转这种局面,UOP 公司准备了一份文件,阐述公司的使命和各组员工的职责。另外,UOP还积极鼓励员工自我组织起来,解决工作中的矛盾。由于公司把员工团结到了一起,打破了企业亚文化中常见的"我们、他们"意识。UOP公司的经验提示了文化变革的一个重要方面:变革必须扎根于基层,自下而上。公司要承认亚文化,承认其各自的特点,并且将其引入变革中来。那么,怎么知道究竟企业的亚文化是符合企业的总目标呢,还是各员工团体只顾忙自己的事,不管其他人怎么样呢?

思考题:

从群体文化、亚文化群体和正式组织、非正式组织这几个方面分析该企业的文化。

2.案例二

企业并购后的文化融合

企业并购是实现企业快速成长和低成本扩张的一种重要方式,因此近年来企业并购在全球范围内呈现风起云涌的势头。但综观历史上的企业并购重组,往往以失败者居多。美国默瑟管理咨询公司对300多次企业并购进行了调查,结论是大约2/3的公司并购以失败而告终。麦肯锡咨询公司也曾对公司并购做过一次大规模调查,得出了同样发人深省的结论,并购10年后只有近1/4的公司获得成功。究其原因,双方企业文化不能很好融合是其中一个重要的因素。

例如,埃克森(Exxon)公司在20世纪70年代初开始执行多元化战略,它不愿再完全依靠发展前景暗淡的石油产业,而开始致力于"未来办公室"技术的开发。通过并购森高建立埃克森办公室系统。作为并购交易的一部分,埃克森并购高科技企业,埃克公司获得了三项新的文字处理和打印技术以建立埃克森办公室系统。作为并购交易的一部分,埃克森继续雇用开发这些新技术的企业家。但是很不幸,这些喜欢冒很大风险迅速作出决策,以及在杂乱无章的环境里成长起来的企业家,被置于埃克森的政策和文化之中,必须习惯于经过多次会议之后才进行决策。最后,这些具有创造性但不守纪律的"坏孩子"离开了埃克森的会议和文件,在其他地方开始了新的事业。埃克森用从其他办公设备公司(如IBM和施乐等企业)雇来的管理人员代替他们。这些新的人员习惯于大量的员工和充分的支持,他们用刚刚离开的企业的管理方式管理这些小企业,他们不强调研究和创新,而是强调广告和促销。结果埃克森将办公系统公司出售。一个分析人员概括了埃克森的问题,很明显,埃克森从来没有考虑管理一大群小企业的特点,因为这不是他们文化的一部分。管理部门没有了解到冰冷的机器和过程技术在石油经营中可能工作得非常好,但是在迅速发展的办公设备行业却行不通,即埃克森公司忽视了并购后企业文化的融合。

思考题:

企业文化冲突有几类?如何来解决?

实训题

实训项目:群体文化建设探讨

【实训目标】

1.理解群体文化的特征和功能;

2.培养群体文化建设的初步能力。

【实训内容和形式】

1.分析所在的班级、小组或寝室的群体状况(和谐程度、优势与缺点、团体氛围等),并制定群体的目标。

2.每个人制定一份群体文化建设方案,包括:群体现状分析、群体建设目标、群体规范等。

3.班级组织交流,每个团队推荐 2 名成员作介绍,并对群体文化建设问题进行研讨。

【成果与检测】

1.每个团队提交一份群体文化建设方案;

2.根据班级讨论中的表现评定成绩。

讨论题

1.你认为大学生的亚文化是什么?

2.如何正确对待企业中存在的文化冲突?

模拟提升训练营

南宁市邕宁区总工会倾情打造职工文化品牌

在"职工书屋"里,职工们遨游知识的海洋;在棋牌室里,象棋高手们早早设擂接受挑战;在舞厅里,职工们伴着音乐翩翩起舞;在篮球场上,一群篮球爱好者们龙腾虎跃;在职工学校教室里,农民工和下岗职工们聚精会神地听着课……一项项活动,充实着职工的业余生活,彰显工会服务职工群众的理念。

而企业职工专场、农民工专场、社区文化专场……一台台贴近性、艺术性俱佳的演出,散发出职工文化的魅力。

这是南宁市邕宁区总工会坚守阵地、与时俱进倾情打造职工文化生活品牌的生动缩影。

近年来,面对广大职工文化生活需求的不断增长,邕宁区总工会领导班子认为,工会要真正成为职工群众的"娘家",必须增强活力和凝聚力,职工文化活动正是有效载体。为此,邕宁区总工会以服务职工群众为理念,依托基层职工文化活动阵地,广泛开展形式多样、丰富多彩的职工文化活动,出现了亮点纷呈的喜人局面,赢得职工的普遍好评。

一、阵地活动红红火火

"残花参差三春尽,天上星斗依稀现。猜三字抗日地名。"这是 2010 年邕宁区总工会新春灯谜邀请赛的一个迷题。

这类出自工会干部和职工之手的灯谜猜题还有很多。

邕宁区人大常委会副主任、总工会主席杨玉宗告诉记者:"满足职工日益增长的精神文化需求是工会义不容辞的责任,依托工人文化宫这一工会阵地,开展一系列富有地方特色的文化体育活动,让职工时时刻刻感受到工会的温暖,这既是我们的义务,也是我们的目标和工作品牌。"

走进邕宁区工人文化官,你会感受到轻松活跃的气氛。在灯谜、舞蹈、象棋、书画等10多个职工文体协会组织下,宽敞的篮球场、台球室、象棋室、职工网吧、培训室、舞厅等职工喜闻乐见的场馆,聚集了许多前来参加活动的职工,活动开展得如火如荼。63岁的退休职工李大叔告诉记者,如今到文化官来跳舞、健身已是职工群众生活的一部分,丰富多彩的文化活动让我们流连忘返。

经过多年打造的文化平台,猜灯谜和象棋擂台赛等项目的名气越来越大,就像一块磁铁吸引了分散在城区各企事业的职工,还有来自南宁市其他县区甚至广西区内的爱好者,各路高手一决高低,乐在其中。

据介绍,2005—2009年,邕宁区总工会先后举办了篮球、气排球、羽毛球等球类比赛539场次,扑克拖拉机大赛11场次,316场象棋擂台赛和5次职工春节游艺活动。

当越来越多的职工被阵地活动吸引时,邕宁区总工会领导又想到了农民工,他们更加渴盼掌握更多的知识技能。这两年,受金融危机影响,返乡农民工越来越多,邕宁区总工会请来了老师和专家,组织他们学习烹饪、电脑技术等各种技能,把他们的脑瓜子"武装"起来,为农民工重新踏上再就业之路提供了免费服务。

二、职工文艺活动唱响工会的品牌

今年5月初,在邕宁区政府礼堂,一场题为"红五月之歌"的职工文艺汇演正在精彩上演。这是今年邕宁区总工会庆"五一"系列活动中非常重要的一部分,整台晚会的节目都是由企业职工自排自演,小组唱、独唱、曲艺、舞蹈,精彩的节目一次次把现场的气氛推向高潮,城区党委、政府领导也来观看演出。

这些年来,这种打动观众的大型文艺演出,邕宁区总工会策划并举办了许多场。正是通过那一个小小的舞台,展示出当代邕宁区职工爱岗敬业、奋发有为的精神面貌和理想追求。

"哪里有职工,我们就要将职工文化活动开展到哪里。"邕宁区总工会副主席杨俊康如是说。

近年来,随着农民工正式纳入职工队伍,邕宁区总工会将工作触角延伸到工地、村镇,开展了一系列文化活动,丰富农民工的精神文化生活。邕宁区总工会联合相关单位,根据农民工工作生活特点,举办了几届大型农民工文化艺术节,颇受欢迎。

三、"职工书屋"创建活动有声有色

早在邕宁撤县设区之前,原有的职工图书阅览室就小有名气了。针对城区职工文化知识需求日益提升、缺少读书学习场所等问题,邕宁区总工会创新职工文化活动载体,注重提升职工素质工程,将"职工书屋"逐步打造成为职工精神文化生活的"加油站"。

在城区工会"职工书屋"一角,记者看到一本本让人回想童年往事的连环画,有《葫芦娃》《红星闪闪》等等。邕宁区总工会副主席凌丽笑着告诉记者,这些连环画收藏的时间大多超过20年了,不少读者专门从城区坐车来这里阅读。有些"小人书"是我们"职工书屋"的"镇屋之宝"。

2008年3月,邕宁区总工会在职工图书阅览室的基础上,建立了面积180平方米的"职工书屋",涵盖了政治、历史、哲学、文化、教育卫生及科普等书籍3.8万多册,报刊55种,光碟42张,另外,制定了"职工书屋"日常管理制度、图书借阅制度等规章制度,使"职工书屋"逐步达到了专业化管理水平,2009年邕宁区总工会"职工书屋"被中华全国总工会评为"全国职工书屋"示范点。同时,蒲庙镇、新江镇、广西南蒲纸业、蒲庙造纸厂、邕宁电业、广西银泉化工有限责任公司 6 个基层工会,在邕宁区总工会的指导下,积极开展创建南宁市工会"职工书屋"活动。2008 年,6 个市级"职工书屋"示范点已达标挂牌。

为了使"职工书屋"更大程度上发挥作用,邕宁区总工会组织职工开展"读书活动月"活动,越来越多职工群众利用闲暇时间,来到"职工书屋"读书学习。

如今在邕宁区,举行各种大型职工文化活动,已经成为总工会的一个响亮品牌。工会承办的大型文化活动越来越多,人员编制虽少,但大家都干得很卖力。杨玉宗说,这是凝聚职工的力量,提升工会形象的活动,也体现了城区领导对工会的重视和职工对我们的信赖,我们累并快乐充实着!

图片展示

活动体验

体验步骤

职工文艺活动

一、演出时间：

二、演出地点：

三、活动形式：

1.职工自助餐；

2.职工同台演出；

3.抽奖活动。

特等奖 2 名；一等奖 12 名；二等奖 36 名；三等奖 60 名；优秀奖若干名。

四、节目安排：

以下为拟定节目数量（各部门如申请增加节目需将申请先报我处，如需作节目安排调整，也必须将调整申请先报我处）。

1.各单位各报节目（每单位　个节目）。

2.后勤、教辅员工　个节目

(1)生活管理员联合厨房员工　个节目（三个校区各 1 个）；

(2)保安员　个节目；

(3)仓管、清洁工、器材管理员、电工联合准备　个节目。

3.行政及中层以上干部准备　个节目。

共　个节目。

五、表演形式：

题材和体裁要求健康向上、形式多样、轻松愉快，可以是舞蹈、联唱、合唱、器乐、戏剧、曲艺、小品、时装表演、短剧、音乐剧,等等。

以集体节目为主,倡导多人参与,计划内安排的＊个节目原则上不报独唱、独奏节目。为确保节目的题材质量,由德育处及音乐科做好节目题材预审工作。

六、工作分工:

总策划:

策划:

协调:各级各部门负责人

总后勤部:(就餐、抽奖、奖品发放、场地布置等)

导演:

音响灯光:(负责人)

舞台监督:

舞美设计:美术科(负责)

追光:电工组

舞台电控:

摄影录像:网络管理员(负责)

安全:保安队(负责)

主持:

七、工作日程:

日前完成节目题材预审工作(请各节目准备好题材后即报审)。

上报节目:　月　　日

上报音乐:　月　　日

联排:　　月　　日

注:每个节目走台不超过20分钟;原则上不安排其余时间走台,如确有需要,请主动联系正式演出:　月　日(初定)

八、准备工作:

1.做好自助餐及奖品和场地的相关准备;

2.音乐科和电工检查和调试好所需设备,并做好现场环节的统筹;

3.元旦各单位活动较多,各节目要提前做好服装的筹备;

4.当晚服装、化妆等工作由各节目自行解决。

九、演出注意事项:

1.舞台音响服从工作人员统一调度;

2.提前三个节目在台下候场,听从舞台监督指挥;

3.演出期间管好孩子注意安全,注意秩序,保证正常演出;

4.发放奖品时,望有序领取;

5.每个节目的费用支出控制在500元之内,所用票据待演出后上交统报;

6.各部门领导及职工应积极参与,确保今年的节目水平更上一层楼。

未尽事宜,另行通知。

活动感悟

　　企业的和谐发展,离不开企业的文化建设,而企业的文化建设更离不开企业的文体活动。文体活动作为精神文化生活的主要体现,在促进员工对企业的感情、改善人文关系环境、增强企业凝聚力方面起到积极的作用。重视职工的文体活动工作,通过各种有效的文体活动载体,着力增强职工的自觉参与意识和团队凝聚意识。大力推进职工文体活动的广泛开展,引导职工积极、自觉、持续地参加各项文体活动。根据不同人群、不同爱好、不同年龄、不同性别,明确活动主题,因地制宜,广泛开展丰富多彩的文体活动。

项目八

企业家与企业文化 ≫ ≫ ≫ ≫

业务导入

　　企业文化其实质是人文化,从一定意义上来说,是企业家文化,是企业经营者文化,是企业领导人文化。没有优秀的企业家就不可能创造出优秀的企业文化。

目标设计

　　知识目标——了解企业家的基本素质内容;

　　技能目标——掌握企业家精神的构成及其在企业文化发展中的地位和角色;

　　能力目标——联系企业实际或案例分析企业家与企业文化间的关系。

　　引例:

马云谈"企业文化与领导力"

　　讲到文化和领导力,马云首先从分析制度和文化的关系开始。一个企业最重要、最有价值的东西是什么? 西方的企业管理理念根植于其强大的法治文化,因而非常强调制度的重要性。许多企业向西方学习管理时,往往制定一条又一条的规章制度,恨不得把每个员工从头管到脚。

　　对于这样的观点,马云不敢苟同。马云认为,制度有其天然的缺陷。首先没有人愿意在制度的条条框框下干活,制度越多,员工干得越不开心,企业何来活力? 其次,制度再多,总有制度无法到达的地方,况且,再严密的制度,总能找出规避的办法。在制度之外,如何引导员工如企业所愿地做事,马云认为只有"文化"。

　　"中国不缺制度,很多倒下去的国有企业,规章制度多到负责制定的部门自己也搞不清楚。但是没有很好的企业文化,制度再多,得不到执行,最后还是空的。"

　　马云认为,企业文化的精神内核是一种油然而生的使命感。一群人因为有了共同的目标或者说使命感而组织起来,从而产生了比离散的个人更为强大的力量。因此,使命感对于一个组织来说是必不可少的。尤其是当一个公司成为行业的先驱和领军者时,因为没有可以模仿的对象,"企业如何往前走,这个业务做与不做,全赖使命感来驱动和抉择"。

　　"每一个企业都要找到自己的使命,根据这个使命才有你的行动准则和方向,你才知道去哪里。"

　　马云以我们自身的成长为例,正是因为在成长过程中父母老师耳提面命,千叮万嘱,才塑造出我们每一个人生活的观念、行为的准则。"文化是一定要训练和考核的,不训练不考核是没有用的。"

马云认为,企业如宗教,企业的价值观如同宗教信条,信则进(加入企业),进则必须信,不信则换(换工作)。进入企业,你就必须以积极心态去适应企业文化,转变自己的价值观。

在讨论领导力时,马云强调,领导力首先不是权力,而是责任心,责任心多大舞台有多大。

继而马云比较了员工和领导岗位的不同。他说,作为员工你首先是为自己干,别人也不应该用焦裕禄的标准去要求他。如果要模仿或者学习,也没有必要学习离自己太远的比尔·盖茨,你身边的人就是你学习的榜样,只是你愿不愿意降低姿态去学习。

但是成为一名管理者就不一样了。"你是经理,别人的成功才是你的成功,向你报告的7个人他们的加工资、他们的买房子、他们的快乐、他们家庭的快乐都跟你有关系的。"所以马云强调,在阿里巴巴,要提拔一个人做经理,首先要考核的是他愿不愿意为底下人负责。

除了价值观,马云认为,做一个好领导,还需要考核三个指标:眼光、胸怀和超越伯乐。他尤其强调胸怀的重要性。他说,10个能干的人9个是古怪的。因为能干的人这儿能干那儿有问题,那儿能干这儿有问题,基本都是这样的。所以作为一个领导,需要能够包容他们的胸怀,"心中能够容纳千军万马"。

任务一　企业家的基本素质

素质一般是指某一岗位员工从事岗位工作应具备的基本要求和素养,包括先天的和后天的。先天的主要指生理特征和心理特征,后天的主要指学识、专业技能、特征和实践经验的积累,等等。企业家的素质是指企业的领导者在领导工作中经常起作用的共同特征,是企业家应具备的各种条件和质量的综合,包括德、识、才、学、体等。

操作指南

一、企业家的心理素质

凡是足球迷都知道,中国足球队有"恐韩"症,20多年来中国足球队鲜有胜韩。究其原因,不管是队员还是教练会很不服气地说:"不是咱技术不如人,只是心态有问题罢了。"我们听了以后都会暗自发笑,难道心态不是一支球队所应具备的最重要的素质吗?其实不管干什么事情,心理素质是根本,其他素质只是枝干而已。心理素质好,其它素质才能发挥出来,发挥好;心理素质不好,其他素质再好也没用。对于一个统领千军万马的企业家来说,心理素质尤其重要,因为他的压力不是常人所能忍受的。

(一)强烈的创业信念和热情

企业家只有具备强烈的创业信念和创业热情才能使其思想进入一个新境界,才能有竭力尽智多做工作的主观能动性。这种主观能动性是企业家干事业、冒风险、攀一流的内在驱动力。著名经济学家熊彼德曾说:"企业家要显示个人成功的欲望,为显示自己的才华出众,而竭力争取事业的成就。"内在驱动力首先会促使他们树立起坚强的道德观念,坚定的个性和勇气,使他们能成为不屈不挠的独立创办者。其次,提高了企业家的影响力。企业之大,不可能靠一人而成事业,优秀的企业家还得靠其他人的协助和努力才能实现自己的使命。企业家的创业信念和创业热情会影响员工为实现企业的目标而努力,并从成功中受到鼓舞。正如美国通用电器公司经理杰克·韦尔奇说的,"企业的工作必须能提供一种令人振奋的环境","充分发挥雇员在竞技场上的作用,并获得100％的效果"。而这种令人鼓舞的环境首先是企业家的自身的创业信念、创业热情造成的。

(二)风险的心理承受力

承担风险、善于创新、干实事而不空谈。从企业家的内涵看,企业家必须有风险意识。作为企业生产经营的主要指挥者、决策者,企业家对关系企业兴衰成败的经营决策起着决定作用。企业生产什么?所生产的产品如何销售?企业产品生产能力的扩大或缩小、生产品种的增加或淘汰、产品价格的提高或降低,新技术、新设备、新工艺的选择,应用市场的开发和占领,企业发展战略的制定和实施等等所面临的决策,都存在着巨大的、不确定的风险。决策的成功与否关系企业的命运,还关系到企业家本人的荣誉、地位和利益。决策失误而造成企业经营失败的人将会受到降薪、解雇、身家贬值甚至失去企业家资格等惩罚。而对于那些私营企业的企业家,决策失误的后果远不只这些,可能会倾家荡产,甚至负法律责任。企业家本身就意味着风险,企业家的行业就是一个充满风险的行业。

二、企业家的知识素质

企业家的知识素质是企业家领导能力、管理能力、指挥能力的基础。因为企业家的思维方法和思维能力、判断方法和判断能力、决策方法和实施能力、创新艺术和用人能力等等都要靠知识。企业领导艺术是一门综合性的应用学科,它和许多知识有密切的关系。从知识的需要和深度、广度、掌握程度上分析,我们认为通过学习应当努力形成一种"T"形结构的知识层次和范围。

(一)基础知识

揭示自然界和社会的一般规律,是企业家把握宏观趋势所必需的基本知识。

1.要学习党和国家制定的各项方针、政策、法律、法令、条例、规定。重点是经济方面的法律、法令和规定,例如国民经济和社会发展规划方面所制定的法规。又如经济合同法,财政、金融、税收、物价法规,专利法和知识产权,涉外法规,对外贸易法,环境保护法,公司法等等有关法规。使自己既能知法、不违法,又能充分利用法律维护企业自身利益。

2.要学习一些社会科学、自然科学、哲学等方面知识。

(1)社会科学知识。主要有:学习马克思主义的政治经济学、科学社会主义、心理学、人才学、组织学、伦理学、历史、文学以及美学等社会学的基本知识和常识。通过学习了解社会、了解人,提高自己的领导艺术和组织才能,陶冶自己的情操,丰富内心世界,提高自身的品质和修养。

(2)自然科学知识。企业家应掌握中等以上水平的数学、物理学、化学、生物学、地理学知识。了解机械、金属工艺学、电子学的一般理论常识。懂得制图和计算机原理及应用知识。要学好本企业的主要技术专业知识,经过高等专业培养和系统的理论教育。比如一个钢铁联合企业的企业家,要懂得从采矿到选矿、烧结、炼铁、焦化、炼钢、铸造、轧钢的全部过程的工艺和原理。企业家要尽可能成为本专业的专家。

(3)哲学方面。企业家学习哲学并不是为了搬弄抽象的概念,而是为了更好地掌握科学的思维方法,提高理论水平和科学研究能力。他们应重点掌握运用对立统一规律,量变与质变,肯定与否定的关系和规律。认识本质与现象、原因与结果、必然与偶然、可能与现实等辩证关系。学哲学可以帮助企业家端正思想,提高思想水平和工作水平。企业家还可以用基本的哲学原理,指导当前的企业,预测企业的未来和方向,促进企业经营管理和生产发展跃上一个新台阶。

(二)专业知识

1.现代企业家应掌握计划管理、财务管理、劳动管理、生产管理、质量管理、技术管理等等基础知识。

要懂得现代化管理的主要方法,如目标管理、价值工程、系统工程、网络技术等等。要知道世界企业管理的发展史,特别是世界著名的几种管理学说,如泰勒为代表的"科学管理",梅奥为代表的"人际关系"学说,以及各种学说的基本观点、产生背景、局限性。

2.懂得行为科学、公共关系学和人才学。

行为科学、心理学是研究人的理论,企业管理的实质是人的管理。强调以人为中心的管理方式,需要研究人,学习运用心理学、行为科学的理论。掌握使用方法,通过研究人的心理、行为,做好人的工作,引导员工为自己的需要而努力工作,并把个人的目标同企业的目标一致起来,以激发人们的行为和动力。通过对不同人的心理研究,有针对性地做好思想工作,发挥人的主观能动性,从而提高企业的生产力和经济效益。

通过学习《公共关系学》,掌握"公关"技巧,可以有效地交流信息,增进与公众的相互了解,倾听意见,减少隔阂,解决好企业内部和外部的关系。扩大企业的横向联系,扩大企业的影响和知名度,树立企业的良好形象,取得公众的谅解和支持,从而促进企业的壮大和发展。识别、选拔、使用人才是企业家的主要职责。学习《人才学》可以使企业家的识才、育才、用才从主观意识上升到理论认识,了解人才的类型,掌握识别人才的方法,懂得管理人才的基本原则,清楚人才成功的内、外在因素,从而自觉地培养和吸引人才,为企业的兴旺和发展创造良好条件。

3.学习组织领导学。

企业家属于管理的上层,应该对整个企业的工作有战略眼光、全局观念和决策能力。领导学从整个组织角度,研究如何组织,如何用人,如何决策,以达到领导者和被领导者之间的协调和一致性。学习掌握组织领导学,企业家就能从理论上提高规划能力、预见能力、判断能力、组织能力、交往能力、思维决策能力和调动下属积极性的能力。企业家就如虎添翼,自如、灵活、准确、有力地领导企业,不断地壮大发展企业。

三、企业家的能力素质

企业家的能力素质是企业家整体素质中最核心、最实际的素质,是企业家综合素质的真实的体现。

所谓企业家的能力,就是企业家驾驭企业的本领。这种本领是根据企业生产发展中的需要提出的,包括决策能力、指挥能力、领导能力、组织能力和协调能力等等。对于企业家应当具备什么样的能力素质,说法不一,各有侧重,有从管理者的角度提出的,有从领导者的角度提出的,有从工作的实际需要提出的,也有根据企业家的几种类型特征(如开放型、务实型、民主型、协调型)分别提出的。但是不管从哪个角度讲,有这么几种能力是不可缺少的。一是创新能力;二是组织能力;三是指挥能力;四是决策能力;五是控制能力;六是协调能力。当然还有其他能力,但主要是这六种。企业家的能力素质很难有一个确定的提法,只是认为作为企业家应当尽可能地提高这几方面的能力,并根据自身的气质、性格、特征突出其中某些方面能力,从而成为有个性、有作为的企业家。

(一)创新能力

创新是企业的生命,没有创新就没有企业的发展和活力。创新能力是企业家青春活力的源泉,失去了创新能力,企业家很快就会失去活力,甚至职业生命。所谓创新能力,就是企业家在生产经营活动中,善于敏锐地觉察旧事物、旧方法的缺陷,准确地捕捉新事物的萌芽,提出大胆、新颖的推断和设想,继而进行周密的论证,拿出可行的解决方案的能力。

创新能力表现为五方面内容:

(1)敢于冲破传统观念和习惯势力的束缚而不断创新的精神。

(2)勇于接受新事物的胆略。

(3)大胆尝试新管理体制和创造新管理模式和管理方法的魄力。

(4)适应市场竞争、灵活多变的竞争战略、战术。

(5)不断地创造发掘出企业各环节蕴藏的效率和潜力,从而创造出新的生命力。

一个人的创新能力与本身的内在气质有很大关系,企业家要在改革中不断创新,积极进取,应该培养以下四个方面的能力:

(1)敏锐的观察力。

(2)立体思维和辩证思维的能力。

(3)独立思考、巧于变通的能力。

(4)脚踏实地、敢做敢为的能力。

(二)决策能力

企业家日常面临最多和最重要的问题就是抉择,所以决策能力是企业家必备的各种能力中的核心,是企业家根据外部经营环境和企业内部经营实力,从多种方案中确定企业发展方向、目标、战略的能力。具体包括四点:第一,发现问题、提出问题的能力。第二,善于冷静地分析的能力。第三,决策优化能力,就是从多个可行性方案中抉择、取舍,使决策方案尽可能为最优化的能力。第四,自检能力,就是在方案决策实施过程中的检查可行性能力和受外部条件约束和调整、修正方案的能力。要提高决策能力,企业家应当注意在以下几个方面加强自己的修养。

(1)开拓创新,慎重果断。只有具备开拓创新的意识,有改革现状的迫切性,才能敏锐地发现和提出问题,大胆地、创造性地进行决策。

(2)谦虚博学,实事求是。知识渊博并巧于运用才能在决策时做到足智多谋。

(3)相信群众,民主决策。要善于深入实际,吸取群众的智慧,支持群众的创造精神,广泛征求各个方面、各层次人员的各种意见,包括吸取反面意见,集思广益,发挥决策组织作用。

(4)按科学决策程序进行决策,这是科学决策的重要保证。一般情况下的决策要经过调查研究,确定决策目标,制定方案,方案选优,方案实施,信息反馈等阶段。

(三)组织能力

组织能力就是企业家为了有效地实现企业目标,把企业生产经营活动的各个要素,包括人、财、物、外部环境和条件等各个要素,从纵横交错的关系上,从时间和空间的联系上,有效地、合理地组织起来的能力。具体有：

(1)组织分析能力。即结合实际进行系统分析，并对分析的结果作出估价的能力。

(2)组织设计能力。主要指组织管理和改革的系统设计针对企业实际提出模式框架，并具体处理好相关关系的能力。

(3)组织变革能力。包括评价改革方案能力、组织方案实施能力和执行改革方案能力。

(四)控制能力

控制能力就是指企业家运用各种手段(包括经济的、行政的、法律的、教育的)来保证企业经营活动的正常进行，保证经营目标如期实现的能力。控制能力包括三方面内容：

(1)自我控制能力。就是通过检查自己所做的工作，清楚哪些做对了，哪些做错了，错了的如何改进，对的怎样巩固和发展。

(2)差异发现能力。差异发现能力是控制能力中的一项重要内容，就是对事物处理的执行结果和设定目标间发生的差异能及时测定或评议的能力。

(3)目标设定能力。要实现有效的控制，企业家必须把实际完成和目标测定之间的差异控制在最小范围，以实现目标计划的准确性。

(五)协调能力

协调能力就是指解决各方面矛盾，使全体职工为实现企业经营目标，密切配合、统一行动的能力。具体包括：

(1)善于解决矛盾的能力。在企业纷繁的矛盾中，善于分析矛盾产生的原因，以及主要矛盾和矛盾主要方面，并提出解决矛盾的对策。

(2)善于沟通情况的能力。企业内部生产经营活动中出现的不协调往往是由于没有沟通或信息反馈不及时造成的。所以企业家要及时地了解情况，善于和各方面沟通。

(3)善于鼓动和说明的能力。企业目标确定之后，要使目标变成全体职工的行动，企业家必须把自己的思想变成全体职工的思想。这种统一思想的过程是鼓动宣传、说服的过程。要求企业家有一定的演说技能和较高的语言表达能力，通过深入浅出、通俗易懂的宣传，把自己的思想、观点，贯彻、渗透到职工的心中，使之变成全员的思想和行动。

(六)指挥能力

指挥能力是指企业家在生产经营活动中，运用职务权限，按照计划目标的要求，通过下达命令，对下级进行领导和给予指导，把各方面工作统率起来的能力。主要包括两方面内容：

(1)正确下达命令的能力。命令是指挥的一种重要手段，没有命令就谈不上指挥。而没有正确的命令也无法实现有效的指挥。

(2)正确指导下级的能力。正确下达命令后，如何让下级理解命令的意图和重要性，指导下属正确地贯彻和实施很关键。

四、企业家的身体素质

现代企业家工作异常繁忙，肩上的担子日益沉重，因此要求企业家必须有健康的体魄、充沛的精力、较高的智力和良好的心理素质。

首先，企业家必须具有充沛的精力和耐劳的体力、敏锐的智力和承受压力的心理。

所谓体力，就是要求企业家具备短时间同工人一起劳动的体力，应付社会活动、人际交往的和长途旅行的体力,能有对企业所在地恶劣自然环境和条件的适应能力。

所谓精力,就是指企业家处理事务的频率和持续能力。包括思维敏捷、反应迅速、办事效率高、经较长时间的体力和脑力劳动而不知疲劳。

所谓智力,就是要求企业家的智商较一般人高,包括记忆能力、综合分析能力和推断能力。

所谓心理承受能力,就是指企业家在任何情况下,在意外打击中能保持健康的心理状态,思维、情绪无非常变化和影响。比如:紧急情况下能冷静,心绪不乱,不急躁,不失态,判断准确,应变自如,指挥若定;在困难面前,能迎难而上,挺得住,看得远,坚定、自信,有坚强意志力,在冲突事件和挫折面前,能镇定自若,不灰心,不气馁。

五、企业家的理念

企业家作为企业领导者和企业文化最重要的创造者、倡导者,应该树立起用企业形象塑造企业文化的意识。企业文化与企业形象是两个相互包含的概念和范畴,是一种你中有我、我中有你的相辅相成的关系,二者共同构成企业的精神资源,企业文化具体反映和表现企业理念,同时也丰富企业理念的内涵。企业文化是在企业理念指导下,企业运行过程中,由员工群体所创造的并得到全体员工认可的价值标准和行动规范的总和。

企业形象主要包括企业理念 MI(Mind Identity)、企业行为 BI(Behaviour Identity)、企业视觉识别系统 VI(Visual Identity)三大部分,它们分别代表理念识别、行为识别和视觉识别。企业形象和企业文化的关系有如下几点:

首先,企业理念是企业文化的核心。几乎所有的企业文化的定义都提到价值观,这里的价值观的概念和企业理念的概念基本是一致的。企业的成功来自于成功的企业理念,作为核心地位的企业理念无时不在起指导作用。没有企业价值观,企业理念概括的企业文化起码是低层次的,也是没有企业特色的。

其次,企业理念统驭企业的行为、经营方向以及企业与外界的联系等。换言之,企业理念指导企业的内部与外部的各项工作,指导企业文化的方向,影响企业文化的形成、传播和发展。

最后,企业的外显文化,如典礼、仪式、企业英雄等等,都是企业理念的外化、直观感觉形象。

此外,企业理念和企业文化一般都强调人本的核心作用。企业英雄作为他人学习的榜样和敬重的对象,他们的一言一行都体现企业价值观念。英雄是一种象征,同样体现出企业人的完美理想。有了企业英雄,企业理念所强调的凝聚功能便有了现实的导向。所以英雄(劳模)也是企业文化的重要内容。

【实例】

柳传志选拔青年干部的标准

柳传志选年轻人第一要看有没有上进心。"年轻人能不能被培养,上进心强不强非常重要。关键时候,他说不干了,就想学卖馅饼的老太太,挣那份钱就完了,这样的人在联想做到一定层次,到外国公司去,待遇会比联想高。联想要培养的是更在乎舞台和自我表现机会的年轻人,要培养能把自己的事业同国家富强结合在一起的年轻人。其实,这样的人不在少数,大部分人都有这种强烈的感觉。看足球的人那么多,其实就是想看中国赢。我那么爱看足球,HP 请我去看世界杯赛,我倒不一定去。全是外国人在踢,我看他们干嘛。老百姓看中国队踢输了,那种表情,实际上是一种爱国情。男子汉如果没有这种劲头,他就没什么意思了。企业真正要做好,总得有一批这样的人,真的是为国家、为民族富强,把职业变成事业的人。纯粹求职的人,在联想没有大的发展。"

"第二,这个年轻人的悟性要强。什么能妨碍悟性的发展?是自己对自己评价过高。悟性无非是善于总结的意思,但过高地看自己,容易忽视别人的经验,不能领悟别人的精彩之处,这种人挺多。有很多人有一定的能力,聪明而已,达不到智慧的程度。有的人个性很强,强到外力砸不破的时候,这个人也没有培养前途。另外,人如果不能有自知之明,同事做了八分,他也做了八分,他把他做的事看成十分,把同事做的事看成六分,他要这么看,关系就没法相处,也没法进步。"

通过多年的培养,柳传志认为自己麾下已经有了五六个高层次的年轻人,他们不仅有实践经验,而且能把实践经验上升到一定的理论基础,用在新的行业里面,照样能开拓新的局面。

柳传志曾在科学院干部局干过一年,他所在的处是领导干部处,专门定各个研究所的党委书记和所长。"如果院党组成员对这个所的情况了解,我们说什么话都没有用,如果他不了解,那么我们说什么是什么。但是,我们又能够对那个所了解多深刻呢?我是学计算机的,要我到化学所配班子,我懂什么?我知道一般常规是怎么配班子,我认为那样做不行,不符合客观规律,弄不好就会乱点鸳鸯谱。干部的四项标准,革命化、年轻化,非常泛泛,很空,符合四项标准的人,很多很多,就像找对象,没见面之前,一个 1.72 米、一个 1.71 米,选 1.72 的吧,其实 1.72 比 1.71 差多少。"

所以,柳传志培养干部十分慎重,他说:"杨元庆、郭为那个时候,公司人少,他们又特别出类拔萃,很快成为重点培养对象。但今天有这么多年轻人,怎么选择,倒是我很费脑筋的课题,是我最重要的事。"

"我很尖锐,开会的时候,我会突然指出他的问题,我觉得年轻人和我说话的时候会紧张。怎么才能让年轻人在短时间内很好地展现自己的才华,是我最近经常琢磨的事情。"

【即问即答】
企业家需要具备哪些素质?

任务二　企业家和企业文化

操作指南

一、企业家的精神

所谓"企业家"不仅是一种经济现象,而且是一种精神现象。作为一种经济现象,企业家是经济社会的重要产物;作为一种精神现象,企业家属于现代群体中的一个特殊阶层,具有一整套独特的心态、价值观和思维势态,也就是用这种"超经济"的东西对经济活动产生深刻的影响,并在相当大的程度上决定了经济进程。他们立足企业界,关注社会,致力各种资源的最优组合,推动生产力发展,最终促进经济社会的全面进步。

(一)学习精神

世界经济发展的实践证明,谁能在吸收、掌握和运用知识方面高人一筹,谁就能在竞争的市场经济中获胜,谁就可以成为一个优秀的企业家和管理者。有一本书上说:"每一家公司都必须检讨其文化,这不仅是为了加强本身的竞争地位,虽然这已是充分的理由,而且还因为我们国家未来的财富要由今后的文化来决定"。为此,每一位要想取得成功的企业家,都要有活到老、学到老的精神,要有知识的饥饿感。

企业家的一个重要特征,就是有多方面爱好,知识广泛,能够掌握经营企业所需要的本领,是个多面手和样样通。这是企业家和技术干部的重要区别。有位日本人说:"机智这种东西和幸运一样,不是信手拈来的。它好像是赠给具有卓越的历史责任感和勤奋工作的国民一种礼物,对于那些被胜利冲昏头脑和过分相信自己势力的人们,决不会赠给这种幸运和机智"。因此,作为一位企业家要增强机智和扩大幸运就必须勤奋学习。

(二)创业精神

企业家的基本职能是创业,即使在条件和环境困难的情况下,也能干出突出的成绩。创业精神是企业家最重要的精神,如果不能创业,也就谈不上成为一个企业家。

现在国外流行一种卓越精神,而这实际上指的是创业精神。因为他们把"卓越"并不看成是一种具体的成就,而是视为一种信念体系,即今天所做的事情,到明天就会变得不适应。卓越精神就是"求新"、"求变",就是提倡创造性的不满足。"卓越"与"满足"先天就有冲突。满足是显示对现状的接受,不满足才是激励之源。我国有个"阎王爷审知县"的故事。意思是讲有个县官死了,到了阎王爷那里,自称在世为官清廉,所到之处连百姓的开水都不喝,只饮一杯冷水就行了。而阎王爷听后却笑着说:"设官是为了兴利除弊,如果不贪钱就是好官,那么,在公堂设一个木偶,不是连百姓的冷水也不喝吗!这岂不胜于你。"但是,县官又反驳说:"我虽无功,但总无过吧。"阎王爷听了生气地说:"你在世时,紧睁眼,慢开口,遇到问题绕着走,只求保全自己。在你的手下和笔下不知耽误了多少事,岂不是负国负民!无功就是过。"这位县官无言可答,只好乖乖地被打入地狱。尽管这是个虚构的故事,却说明了人要工作,就应该有贡献的道理。确实如此,廉洁奉公,不假公济私,不搞特殊化,这是一个干部起码的品德,当然这是十分重要的,但该问的事不问,该管的事不管,占着位子不干事,必然会影响其他人发挥作用,从这个意义上讲,无功就是过。

(三)思考精神

古人云:"业精于勤……行成于思。"作为一个企业家,要创造新的生产管理方式,而要创造新的生产管理方式,必须有创造性的思考能力。有位管理专家说:"管理者的第一要务是思考,公司未来前途全靠清晰的思考,以及创造性的思考能力。"企业家的思考与一般经营者的思考方式不同,作为一个企业家要能超越常规的思考,此特征是善于"反思",正像日本企业家丰田对职工说的那样,他习惯于把事情倒过来看,举一反三,对任何事物都不盲从,敢于打破旧的传统观念。只有这样,才能用不比别人高明的技术,向别人没有注意到的社会需要开发,才能在千百人司空见惯的社会现象中,发现别人还没有发现的新路子,研制出别人还没有生产的新产品,从而使企业走在别的企业前头。济南市西南郊白马山下有一个街道小厂,原来生产混砂机和永磁皮带轮。1980年国家调整工业结构,该厂生产的产品滞销。不过该厂厂长是一位善于思考的企业家,他一方面开展多种经营,另一方面积极开发新产品。有一次,他偶尔发现一家工厂墙角有一台 40 年代的钢板剪切器,他认为这是小企业的必备工具,因而大胆进行老产品改进,研制出新产品,先后生产出 3 代、4 个系列、15 个品种的产品,内销 28 个省、直辖市、自治区,并外销新加坡、法国、意大利等 7 个国家和地区,产品供不应求,其中 3 个产品获得国家"金龙奖",利税成倍增加,他本人被评为省劳动模范。

企业家思路清晰,对任何事物都能做到心中有数,不仅能用心中有数的"数"进行决策,而且还能用心中有数的"数"说服别人。深圳有位善于用数据思考的企业家,当他发现普通商店平均每成交一件物品需要 15 分钟,而自选商场只需要 2 分钟时,就立即决定把食品商店改为自选商场,人员没有增加,而平均每天营业额却提高 3 倍。

(四)求实精神

"求实"就是实事求是,就是一步一个脚印,把各项工作搞得扎扎实实,不摆花架子。求实精神是企业家精神的重要表现,它对于改进领导作风,克服不良现象,抵制来自各方面的瞎指挥,保证企业稳步发展有着重要的实践意义。因此,很多企业家都把"团结奋进、求实创新"当成座右铭,如吉林碳素厂是全国的先进企业,厂长把"求实"作为"厂魂"的重要内容。

企业家的求实精神主要表现在:(1)在经营的指导思想上,能够重视经济效益和对社会的贡献;(2)在产品选择上,能够从企业的资金、设备、技术和职工素质出发;(3)在市场选择上,决不把产品扩大到力量达不到的范围;(4)在对待竞争问题上,能够注意发挥自己的优势;(5)在工作作风问题上,不说假话、大话和空话;(6)在工作态度问题上,少说多做或只做不说,不搞无原则攀比图虚名。现在有不少企业家不愿意会见记者,不愿意做新闻宣传,而是要当一个实干家。1992 年 4 月 22 日,《经济日报》登了一篇记者报道《"陌生"的顺德人》。记者说:"这次南行,我专为采访顺德经验而来的。内地对这类采访,绝对热诚欢迎、若是按此推论顺德,则大错特错。到了顺德后,我与县委宣传部联系,对方右躲左闪不见人。翌日堵上门口,抓住那位新闻发言人,反复声明采访成绩、经验,不是找碴。他们还是说,你采访的内容归县政府办公室,客客气气送我出门。"当记者赶到几里之外的县政府,说明来意,办公室的同志又推到县委,谁也不愿介绍。当然他们不愿意介绍可能有自己的考虑,谦虚是一个方面,但最重要的是反映了他们少说多做的求实精神,体现了发展商品经济的要求。

(五)拼搏精神

任何企业都是拼搏出来的,因而企业家都要有拼博精神。所谓拼博是指一个人性格刚毅,勇于实践,在困难和挫折面前从不丧失勇气和信心。

办企业如同打仗一样,或者说,办企业比打仗更复杂、更曲折。因为任何战争总有个结束,就是两次战役之间,也有间歇和喘息的机会,而办企业、搞生产却是日日夜夜、月月年年运转不息。只要有人类生存,生产经营就永远不会停顿。企业家在自己的实践过程中深刻地体会到,生产的每一环节都有可能遇到这样或那样的困难,克服了就前进,克服不了就停顿,甚至有可能失败。因此有人说"决心就是力量,信心就是成功,拼搏才能胜利",这话是有道理的。

(六)服务精神

企业是人经营的,而且也是为了人才进行经营的。一个企业服务质量的优劣关系到企业的兴衰与成败。第二次世界大战后,市场经营的指导思想发生了根本变化,有人称为市场学的革命时期。这个时期最重要的转变,就是以生产为中心改为以顾客为中心。作为一个企业家必须要有满腔热情为顾客服务、为企业员工服务。

企业家的服务精神,不仅表现在服务态度上,而更重要的是能够处处为顾客、员工着想,真正把顾客当成"上帝",把员工当成主人。一方面要生产经营顾客所需要的产品,保证产品质量,尽可能地减少开支,节约成本,降低产品出售价格,给顾客实惠;另一方面要为员工创造好的工作环境、好的生活待遇,让员工真正成为"主人"。

二、企业家决定着企业文化

古人云"三军易得,一将难求",这句话突出强调了"将"的重要性。因为即使有了合格的三军队伍,若没有一个优秀的统帅将领,那么军队是不能打胜仗的,因为这支军队缺少一个关键的因素——精神支柱。而对于企业来说,企业家就是这"三军"的统帅,也是企业的精神领袖,他们个人精神素质对企业的发展起着至关重要的作用。

(一)企业家是企业文化建设的第一主体

在企业文化的建设过程中,企业员工作为一个整体处于主体地位,企业家是企业文化建设过程中当然的第一主体,这是由企业家在企业中的地位和作用所决定的。企业家在工作中要担当各种角色,比如,在信息方面,企业家既是信息的接受者,每天都要摄取和处理大量外来信息,又是信息的传播者,与下属分析研究信息,同时还是发布者。在人际关系方面,企业家首先是以本企业首脑的角色,代表企业参加庆典、接待客人、签署文件;其次充当领导人,负责对下级的雇用、评价、报酬、激励、批评、干预等;再次是充当联络者,通过各种渠道沟通与外界的联系。同时企业家又是企业的决策者,承担更重的责任。

从现代企业制度所要求的企业内部组织结构来看,企业家总是处于最核心的地位,他一头参与经营决策,一头组织实施执行,毫无疑问是企业经营管理的中枢人物,他应该是个拥有企业行政管理权力,自主地从事经营活动并承担经营风险的人。他的主要任务是利用和组织各种人力、物力和财力资源创造具有生命力的企业,是企业经营活动的总指挥。企业家的这种实际上的领袖地位决定了其个人意志、精神、道德、风格等文化因素在企业中备受瞩目,更容易得到员工的广泛认同和传播,形成自觉追随,以至于企业的最高目标和宗旨、企业价值观、企业的作风和传统习惯、行为规范和规章制度都深深地打上了企业家的个人烙印。

(二)企业家是企业文化生成的关键因素

在企业的创建初期,总是先由企业家基于其个人文化假设提出一些构想,并自觉不自觉地以这种文化假设影响员工,会聚同道,形成最初的企业文化核心群体。核心成员不断提炼、积沉的文化信念,将成为这一企业文化的原始胚胎。在企业的发展过程中,企业创建者的个人假设会借其权力因素和非权力因素的作用得到加倍的强化,逐步内化为员工的共同信念。

(三)企业家对企业文化的控制

随着社会的进步和文明程度的提高,企业的发展日益大型化、集团化和跨国化,企业的触角将无所不及,将面临多种文化源流的融入和渗透。能否形成高度整合、一贯以之的企业文化,对企业家将是一个严峻的考验。这时企业家对企业的"行政领导"反倒退居到次要地位,而能否成功地实现对企业的"文化控制"则成为至关重要的问题。"行政领导"主要靠的是一种权力因素的制约,而"文化控制"更多地则是凭借一种非权力因素的影响。行政领导下的双方是一种纯粹的利益关系,结成的是一种"利益共同体",而文化控制下的双方是在文化认同基础上形成的一种"文化共同体",并进而能够形成一种"命运共同体"。

当前,世界经济一体化趋势呈现出加速演进的势头。可以想象,驱动未来企业的最根本力量将是文化力量,评判未来企业家成功与否最重要的标准将是企业家对企业文化控制力的高下。

(四)企业家决定着企业文化的生命

企业家的生命是有限的,但企业家成功创造的企业文化却是恒久的。考察一个企业的生命力,既要看其发展的现实性,又要看其发展的可能性。同样,检验一种企业文化优劣的标准,除了看其是否推动企业的现实发展之外,还要看其发展的可持续性。这就是为什么有些企业昙花一现,而有些企业则历经几代,经久不衰的原因。企业由于历史悠久、成绩卓著而形成了一种成熟的文化,这种文化在企业中创造了以后每一代的认识、思考和感觉模式,从这种意义上来说,成熟的团体通过它的文化也创造了自己的领导者。正如三联集团总裁张继升所说的那样,"我们这一代企业领导人最大的功绩可能就是创造了一种让草包干不下去的环境","所有的领导者都受到他们以前的文化影响,而且,一旦他们创造了一种文化,就可能受到这种文化的制约,不再领导团体去进行新的和创造性的活动,从而,在创造性和制约力量之间形成复杂的相互作用关系。那么,解决这种冲突成为领导的中心工作之一"。从这一意义上说,企业文化的生命力取决于企业家文化观念的开放程度。一般来说,成熟的企业造就成熟的企业文化,但成熟的企业文化也往往容易成为一定发展时期的"文化局",这种僵局将成为企业对内对外适应性的强大阻碍。企业家能否冲破这种阻碍,实现质的飞跃,将是具有革命意义的一步。这对企业家的洞察力、情感态度都是严峻考验。因为,他们变革的对象正是他们自己。

企业家只有以彻底开放的胸怀,不断地经历一次次涅槃,痛苦地超越自我,才能对企业文化进行有效控制和调节,维持企业文化的动态平衡,永葆企业文化的生命力,推动企业健康、持续地发展。海尔,在十五年前是一家要倒闭没人要的国企,现在则是世界第六大的家电企业。海尔集团最初以做冰箱起家,在企业普遍保持着"多干多赚,数量第一"的想法时,它却坚持只做冰箱,打下坚实的基础,进而茁壮。在企业只着眼于国内市场发展时,海尔向国际化的方向前进。所以,当大陆企业在面对 WTO 时心中忐忑不安之际,海尔在海外已经拥有 9 个工厂、14 个海外贸易中心,175 个海外专营商、3.8 万个海外营销点和 1.2 万个售后服务中心,在意大利也有 10 个工厂正在建设中。这么大的的企业要如何维持不坠呢?我认为最重要的因素,是因为它不断地创新,用张瑞敏的话,"创新是海尔的灵魂"。这和我之前一直强调,让企业在观念上、战略上、技术上、组织上、市场上都不断维持"变"的观念是不谋而合的。我很赞同他说的:"对于企业来说,创新就是创造性地破坏,企业将原有成功的经验通通打破,不断打破原有的平衡,否定自我,重塑自我。"许多人在既有的成功之后,只希望继续保持原状,遵循同样的路径,希望得到同样的成功。但在环境快速变动之下,即使方式相同,易时易地后,未必有同样的成果。更害怕的是,企业的 CEO 没有这样的觉醒,坚持走过去的路子,过去的成功反而变成未来发展的包袱!最近海尔在美国热销的"储酒冰柜"便是一例。因为美国人喜欢在家存酒,但是放在地窖存取不易,便有了"储酒冰柜"的概念。其他厂牌在做类似产品的时候,只将冰箱内部略做改装,将塑料门变成玻璃门而已,但海尔

"储酒冰柜"金属质感的外壳具有装饰性,并且体积小巧、便于移动,温度还可随着内部存放不同的酒而调节。如果没有这种创新的精神,又怎会有这些新产品的问世、新市场的创造呢?

海尔集团不仅常常推动创新行动,甚至创新已成海尔企业文化的一环,因此不仅从上而下,甚至由下而上地,将创新变成习惯,成为"全员创新"。张瑞敏在厂内将有缺陷的冰箱砸毁,藉以宣告"有缺陷的产品是废品"的观念,至今仍为海尔员工津津乐道。

这点与张瑞敏的授权有很大的关系。张瑞敏认为,员工成为SBU(战略业务单元)是企业成功的关键,因此普通员工必须在自己岗位上创新,销售人员必须依据市场变化主动创新。在这种文化的熏陶之下,创新才能成为"全厂运动"。

除此之外,我认为海尔创新成功还要归功于他的"三只眼"理论:一只眼看市场,一只眼看企业,一只眼看世界。在大陆企业由规模经济迈向市场经济,甚至在进入WTO的时候,更需要有这第三只眼睛,看清楚世界整体的机会在哪里。有远见(Foresight)擘画出未来,才能站得高、看得远,企业才有正确的方向前进。由海尔身上,我再次看到一项企业经营的要诀:创新和不妥协的品质文化,才是企业在未来立足之关键。我希望企业可以把它当作是一项深植于品质企业文化的价值。我可以预估,未来是个"变"的世纪,如果你还没有建立"创新"和"高品质"的企业文化,就等着被淘汰吧。

任务三　企业家文化的塑造工程

著名企业管理大师彼得·杜拉克说,"当今世界,管理者的素质、能力决定企业成败存亡。"一些成功企业的领导者所具备的各种优良品格和素质中,最具光彩和魅力的,是他们的现代文明素质。这是企业发展成功的基石。因此,企业家文化塑造显得十分重要。

企业家文化是企业经营者在长期经营管理实践中形成的精神风貌、经营理念、价值观念、品德信用、个性气质以及为适应市场经济所具备的领导能力、领导艺术、品德修养、可持续发展的行为能力和工作成果,是影响企业领导行为的领导集体共有的价值观总和。企业文化的建设不能忽视企业家文化的建设。

操作指南

一、营造企业家文化建设环境和氛围

企业是现代市场竞争的主体,企业家则是抢占市场的导演与指挥。一个成功的企业背后必定有一个成功领导集体,有一位成功的企业家,并由此形成文化。要研究企业家文化形成的条件与土壤,积极宣传建设企业家文化的重要性和必要性,大力提倡和培养企业家文化。要满腔热情地宣传企业家创业精神,使关心、支持、尊重企业家成为全社会的良好风尚。要尊重他们的劳动,理解他们的甘苦,帮助他们解决困难,支持他们创业发展,营造一种有利于企业家脱颖而出、有利于培育企业家文化的良好环境和氛围。

二、要建立企业家文化培育的制度环境

首先要与建立现代企业制度结合。通过建立现代企业制度,为培育企业家文化提供条

件和动力。同样,没有企业家文化的培育,现代企业制度的建立也只能是一句空话。因此,在培育企业家文化中,应按照"产权清晰、权责明确,政企分开、管理科学"的要求,建立现代企业制度。其次要与改革企业家任用制度结合。鼓励企业家竞争上岗,同时引入市场机制,向社会公开招聘经营者,建立企业家脱颖而出的环境与机制。再次要与改革企业家培训制度结合,着重培养他们的开拓创新精神、竞争风险精神。最后要与改革企业家考核奖惩制度结合,经营者与企业形成利益共同体,经营者获得报酬与他的经营业绩相对应,从而激发企业家内在工作动力,推进企业家文化建设,也通过企业家文化建设,推动企业做强做大。

三、要提高企业家现代文化素质

要把培养学习能力作为提高企业家队伍素质的关键。每个企业家都要树立新的学习理念,增强学习的自觉性,并把学习作为个人一生的不懈追求,从而顺应新世纪、新形势、新任务要求,结合工作实际,不断进行知识更新,完善知识结构,以良好的学习精神推动工作创新。企业家精神是企业家文化的灵魂,也是社会主义市场经济时代的新文化精神,要在经营实践活动中树立产业报国的奉献精神。与时俱进的创新精神,自强不息的敬业精神,求真务实的实干精神,以良好精神境界不断开创企业发展新局面。眼光、胆量、能力是企业家必须具备的条件,要在有眼光、有胆量的基础上,不断提高企业家管理企业与驾驭市场经济的能力和技能,如决策能力、思维能力、分析能力、组织指挥能力、协调能力、用人能力、融资能力及自我约束能力。通过不断提高企业家现代文化素质,使企业家真正成为事业的实干家、经营的战略家、管理的艺术家、知识渊博的经营专家、颇具风度的外交家。

四、完善企业家文化素质培育的路径

企业家的高素质则来自于不断地学习提高。一方面提倡企业家的自我完善建设。企业家的自我完善是指企业家在一定外力的作用下进行自我调整、自我塑造和自我提高的一种内在作为,主要包括知识的完善、才能的完善、形象的完善和人格的完善等几个方面。另一方面通过建立培训机制提高企业家文化素质。构建优良的环境机制、优化的培训机制,培训出具有企业家素质的真正适应于市场经济的高级管理人才。采取多种多样的企业家培训形式:(1)岗位适应性短期培训;(2)定期的工商管理培训;(3)学历教育;(4)多渠道合作培训等。

项目小结

◆不是所有人都能成为企业家,企业家必须具备良好的心理、知识、能力、身体等素质和较好的企业理念。

◆企业家的精神包括学习、创新、思考、求实、拼搏和服务等精神。

◆企业文化是一个不断创新的知识体系,在这种创新中,企业家的非凡才能是推动企业文化发展的核心力量。

◆企业文化的建设不能忽视企业家文化的塑造和建设。

模仿训练

知识题

1.名词解释

(1)组织能力

(2)财务预测

(3)指挥能力

(4)企业家的素质

2.填空题

(1)企业家的心理素质包括_____和_____。

(2)企业家最重要的能力是_____。

(3)企业家必备能力的核心是_____。

(4)_____、_____、_____组成了企业形象。

(5)企业文化由_____决定。

(6)财务管理方法的内容:_____、_____、_____。

(7)企业家的精神包括_____、_____、_____、_____、_____。

(8)企业家的基本职能是_____。

(9)"企业家"不仅是一种_____,而且是一种_____。

(10)控制能力包括_____、_____、_____三个方面。

3.简述题

(1)企业家的基本素质包括哪几个方面?

(2)企业家必备能力的核心包括哪几点?

(3)简述企业形象和企业文化的关系。

(4)企业家如何影响企业文化?

技能题

列举你所熟知的一个企业及其企业的文化,并联系该企业的创始人或管理者素质和精神分析其企业文化形成。

案例题

1.案例一

推销员与 IBM 创始人

1895 年 10 月的一天,一个年轻人来到了美国现金出纳机销售总公司,他找到了公司营业处的负责人约翰·兰奇先生。

他向约翰·兰奇先生表示说:"我……我希望能成为贵公司的一名推销员。"

"噢！你先试试吧。"约翰·兰奇先生没有与他说太多的话,只是让他去仓库领了几台出纳机。

两个星期过去了,年轻人走街串巷,可是一台出纳机也没卖出去。

他只好又来到约翰·兰奇的办公室,希望这个前辈能够给他一些指导。

"哼,我早就看出你不是干推销的那块料。瞧你一副呆头呆脑的样子,还不赶快给我从办公室里滚出去！你呀,老老实实回去好好学学吧。"

没想到约翰·兰奇竟然劈头大骂。年轻人身材高大,此时却被骂得无地自容。不过,他并没有丝毫的不满,只是默默地站在那里……最后,约翰·兰奇没有再发脾气,而是和蔼地说:"年轻人不要太着急了,让我们来好好地分析一下,为什么没有人买你的出纳机呢？"

约翰·兰奇像换了一个人,他请年轻人坐下,接着说:"记住,推销不是一件轻而易举的事。如果零售商都愿意要出纳机,他们就会主动购买,就用不着让推销员去费劲了;如果每个推销员都能轻而易举地把商品推销出去,那也是不正常的。推销是一门很深的学问,需要你认真学习和思考。这样吧,改日,我和你走一趟。如果我们俩一台出纳机都不能卖出去,那咱们俩都得回家了！"

几天后,约翰·兰奇带着年轻人上路了。年轻人非常珍惜这个宝贵的机会。他认真地观察这个老推销员的一举一动。在一个顾客那里,约翰·兰奇耐心地为客户讲述出纳机的用处与好处,他说:"买一台出纳机可以防止现金丢失,还能帮助老板有条理地保管记录,这不是很好吗？再有,这出纳机每收一笔款子,就会发出非常好听的铃声,让人心情愉快……"顾客微笑着倾听他的讲述,最后竟然真的买下了一台出纳机。年轻人睁大眼睛看着一笔生意就这样谈成了。

后来,约翰·兰奇又带着这个年轻人到其他几个地方推销出纳机,也都一一成功了。

年轻人后来才知道,约翰·兰奇那天对他的粗暴行为,并不是真的看不上他,也不是因为其他的原因而拿他撒气,而是对推销员的一种训练方式——他先是将人的脸面彻底撕碎,然后告诉你应该怎样去做,以此来激发人的抗挫折能力和决心,调动人的全部智慧和潜能。

就这样,年轻人从约翰·兰奇那里学到了这种容忍的精神和积极的处世原则。后来,在他39岁那年,他离开原公司,负责经营一家只有13个人组成的计算制表记录公司。但经营并不顺利,几年后,公司几乎破产,靠着大量借贷他才熬过了1921年的经济危机。1924年,已经不再年轻的他将公司更名,他希望公司更上一层楼,成为真正具有全球地位的大公司。这似乎有点滑稽,但后来他确确实实成功了,他就是IBM的创始人——托马斯·约翰·沃森。

思考题:
成功的企业家需要具备哪些素质？

2.案例二

柳传志因什么而不同

那是北京的一个春天又突然变冷的清冷早晨。走在街上的时候,我不能停止地想象,承载柳传志这个人物魅力的,到底是什么。我事先并没有单独采访过他。而一个整版的访谈,在两个陌生人之间并不容易展开,我有些担心。

访谈是有关柳传志退居二线的话题。这是许多曾经的风云人物不愿谈及的。柳传志没有给我这种感觉。至少在我看来,他一直在很真诚地回答着我的所有问题。比如做企业的人要求内心的坚强程度,平常人生的系统设计。我想,他明知道从年龄与经历上讲,有些问题我是无法真正领会的。

其中一个细节是,采访中说到他得过美尼尔症,后来又治好了的事情。我说我有个亲戚也有这种病呀。采访过后,他让我再留一会儿,专门为我的亲戚介绍病的治法(他自己实践的方法)。"这种药只有在香港有卖的。挺贵的啊。你的亲戚要是没有机会去香港,我们给他带吧。治得好不好,告诉我一声啊!"

过了一段时间,柳传志的秘书打电话给我说:"柳总问你的亲戚吃了这种药了吗?病好了吗?用我们帮着带药吗?"我的惊讶并非源自感动,而是他如此忙碌的工作与生活状态下,仍能对这样的小事都应付圆满。后来,在一次发布会上,我提问,柳传志回答完问题后,说:"这样回答你满意吗?"这就是柳传志的说话方式。

所以,我深刻地相信,柳传志在经营联想时,遇到的问题决不比任何企业少,但柳传志式的重承诺与守信用会在联想的所有环节贯彻下去。他是绝对百折不挠的。我为那篇访谈取的名字是《柳传志:到对岸去》。

后来,我听说到更多关于柳传志的事情。事实上,联想发展到今天,忍耐了很多很多常人无法忍耐的东西,隐藏过常理不应隐藏的黑暗,为他人背过的黑锅也历历可数。但柳传志却全做到了,保全了企业的发展,也保全了自己,在中关村第一代创业者中无人企及。

今年4月初,我又采访了柳传志的接班人杨元庆。他提到柳传志时,不止一次提到他极强的妥协能力。"如果当初联想只有我这样年轻气盛,没有柳总懂得在什么地方需要妥协的话,联想就没有今天了。"

很多时候,我们无法看清这世界的真相,也无法了悟世间的无常。无聊的时候,倦怠的时候,我们会不由自主地追问有关生活的意义,并为此痛苦。这时候,精英人群的想法与做法,会给我们一个有益的参照,得到人生优化的指点。此后,当我想到"非凡的才能"与"优秀企业家"这两个词时,就会想到柳传志对人性的尊重,以及他的妥协精神。当我为自己编织美丽的梦境时,就会想到"百折不挠"这条通道。

思考题:

柳传志为人如何?一个成功的企业家往往会决定一个企业的文化,你能否结合柳传志的为人谈谈联想企业文化有特色吗?

实训题

实训项目:知名企业家走访

【实训目标】

1.了解一个成功企业家的基本素质要求;

2.增强对企业文化的感性认识;

3.理解企业家在企业文化形成和发展中所起到的作用和所担任的角色。

【实训内容与形式】

1. 选择当地 1 家有一定企业文化建设成绩的企业进行访问。

2. 访问之前拟好访问提纲,了解企业的状况、企业文化的内容,重点了解企业文化形成和发展中企业家的素质体现、企业家的决策内容、企业家的精神等。

3. 每位同学积极准备,就自己感兴趣的企业文化相关内容与企业家及相关的管理者进行交流。

4. 实训结束,各位同学认真总结和思考收获,提交实训报告。

【成果与检测】

1. 每人提交一份关于企业家访谈实训报告。

2. 教师进行评估和打分。

讨论题

1. 如何理解心理素质是企业家的基础素质?

2. 如何理解企业家的创新精神是企业生命力的源泉?

模拟提升训练营

电影进工厂 丰富员工文化生活

"东莞因你而文明"百场电影进工厂活动,在沙田镇百和织造厂开展电影巡回播放宣传。通过"送电影进工厂"的形式宣传我市文明创建工作,同时也丰富了员工们的文化生活。

当晚百和织造厂的 1000 多名员工在生活区活动场,观看了电影《长江 7 号》。在电影放映之前,首先播放了《东莞文明城市创建宣传片》,向员工们宣传了交通安全、消防安全、讲文明树新风等方面的知识。员工们在看电影中接受了文明城市创建的教育,提高了文明城市创建工作的知晓率和支持率,文明创建与文化活动结合,儒教于乐,受到企业员工的欢迎。企业员工:"很好,我们很长时间没看电影了,这样的露天电影比在电影院看更好。"企业员工:"这次到我们这里放电影我们感到很高兴,希望以后有更多的这样的活动到我们厂里来。"据了解,"东莞因你而文明"百场电影进工厂活动,还将在沙田镇井上五金、柏辉玩具厂等工厂巡回放映。在丰富企业员工的文化生活的同时,向新东莞人宣传文明城市创建工作,动员广大新东莞人以主人翁的身份积极参与到创建活动中来。

图片展示

2日晚上

活动体验

体验步骤

一、活动背景

基本情况简介、主要执行对象、近期状况、组织部门、活动开展原因、社会影响以及相关目的动机。说明问题的环境特征,考察活动的内在优势、弱点、机会及威胁等因素,对电影放映活动作好全面的分析。

二、活动目的、意义和目标

活动的目的是丰富职工生活,经济效益、社会利益、媒体效应都会凸显。活动目标要具体化,体现电影活动对员工文化需求的重要性、可行性。

三、资源需要

所需人力资源、物力资源,包括使用的地方,如广场或使用活动中心。

四、活动开展

活动的布置、嘉宾座次、赞助方式、合同协议、媒体支持、宣传、主持、领导讲话、会场服务、电子背景、灯光、音响、摄像、信息联络、技术支持、秩序维持、衣着、指挥中心、现场气氛调节、接送车辆、活动后清理人员、合影、餐饮招待、后续联络等。

五、经费预算

电影放映活动的各项费用在根据实际情况进行具体、周密的计算后,用清晰明了的形式列出。

六、活动中应注意的问题及细节

活动中内外环境的变化,不可避免地会给方案的执行带来一些不确定性因素,因此,当环境变化时是否有应变措施,损失的概率是多少,造成的损失多大,应急措施等也应在策划中加以说明。

七、活动负责人及主要参与人

活动感悟

文体活动以团体竞赛为载体,以职工普遍参与为重点,营造了团结奋进的氛围,增强了职工的团队意识,提高了职工的凝聚力和归属感。如内部运动会、外出比赛多数是以团体得分计名次的,只有团结一致、齐心协力的团队才能获得名次。以文化为内涵的企业核心竞争力,需要通过文体活动来培育和推广,动员和鼓励职工把比赛中争取好成绩的品质带到技术工作中去。在开展职工文体活动过程中,始终围绕改革发展目标,把着力点放在提高职工团队的综合素质上,不断增强职工的团队意识和凝聚力。

项目九

国际企业文化理论略述 　 ≫ ≫ ≫　　≫

业务导入

众所周知,企业文化一词是美国人提出来的,但它的最早实现者却是日本人。第二次世界大战中,日本国内经济遭到严重破坏,世人都以为它需要较长时间才能恢复,不久便发现并非如此。当日本产品相继敲开世界各国国门,特别是电视机、汽车等占领了美国大部分市场时,美国开始研究日本经济发展的奥秘。

目标设计

知识目标——了解 Z 理论、文化四指标、7S 框架;

技能目标——掌握日美企业文化的典型特征;

能力目标——联系企业实际或案例比较分析日美企业文化的差异。

引例:

文化,恒源祥的终极核心专长
——恒源祥的企业文化观及循环法则

一、神奇的老字号品牌

繁华的大上海的中心——金陵路浙江路路口有一幢八层的白色办公楼。

在这幢不大的办公楼中,看不到隆隆的生产车间、嘈杂的销售部门,但每年该品牌的产品销售量达到数千万件,2007 年销售额近 50 亿人民币。

在这幢不大的办公楼中,员工不足两百名,但这些员工却要管理遍布全国的 100 家加盟工厂,近 9000 家销售终端,超过 5 万的相关人员,并向他们提供战略、咨询、管理顾问服务。

在这幢不大的办公楼中,1996 年,走出了全世界最大的手编毛线产销企业;1999 年,走出了行业中首家获得"中国驰名商标"的企业;2003 年,走出了中超的首家赞助商;2004 年,走出了一家拥有全球最细羊毛、首家拥有国内全新男体数据库的企业;2005 年,走出了我国纺织服装行业首家也是唯一的一家北京 2008 年奥运会赞助商;2006 年,走出了一个荣膺全国质量大奖、中国最有价值的 100 个老字号中排名第二的品牌;2007 年,走出了中国品牌 500 强排行榜排名 64 位、品牌价值 97.58 亿元的品牌……

这个神奇的地方名叫"恒源祥"。可有谁能想到就在二三十年前,恒源祥还仅仅是南京路上一家 100 多平方米的绒线小商店呢?

恒源祥,1927 年诞生于上海。创始人沈莱舟在福州路开办了一家名为"恒源祥人造丝毛绒线号"的商店。"恒源祥"三个字,取自于"恒罗百货 源发千祥"的对联,暗涵了恒古长青(恒)、源远流长(源)和吉祥如意(祥)的意境。虽然在新中国成立前恒源祥已经成为了上海滩上知名的"绒线大王",当几经风雨,到改革开放前,恒源祥的总资产只剩下了30多万元。在恒源祥的中兴者——刘瑞旗总经理大刀阔斧的改革下,1988年"恒源祥"这三个字的店招被依法注册成为了商标。1991年,恒源祥开始与工厂合作,生产恒源祥品牌的手编毛线进入市场,很快就打开了局面。到1996年,恒源祥已经成为中国也是世界上最大的手编毛线的产销企业。1997年底,恒源祥开始向家纺、服饰、针织、日化等领域拓展。

改革开放30年,恒源祥由一家小小的绒线商店变成了一家拥有中国驰名商标,集针织、服饰、家纺、绒线为一体的集团企业,并在全国赢得了93.9%的品牌认知度,更为重要的是,恒源祥作为老字号在当前中国老字号日渐式微的趋势下,焕发出勃勃生机,在北京2008年奥运会上,恒源祥作为唯一的一家中华老字号赞助商,也是纺织行业唯一的一家企业成功地履行了服务奥运的庄严承诺,在提供赞助费用之外,还成功打造了中国奥运代表团、中国奥组委官员、技术官员近万套正装,另外还为奥运村、媒体村提供了25000套床上用品,受到了奥组委的盛赞。

二、决胜品牌文化

近年来,人们对一无行业优势、二无政策优势的恒源祥取得的成绩投来越来越多倾慕、探究的目光,并赞誉恒源祥为"中国运用商标资产经营得最好的企业",更有甚者,开始模仿恒源祥品牌经营模式,但是,不深入地了解恒源祥品牌战略的核心思想,是无法从形似转变为神似的。

而恒源祥品牌的战略内核恰恰是恒源祥的文化战略。

从1991年起,恒源祥以品牌的无形资产组合社会的有形资产组建战略联盟,恒源祥牌的绒线进入市场,到1996年恒源祥产销毛线10000吨成为世界第一,再到1997年恒源祥开始产业延展,恒源祥的品牌经营模式一路凯歌高奏。但就在恒源祥顺风顺水之际,一向有危机意识的恒源祥看到了未来将会有越来越多的企业涌入品牌发展的跑道,中国市场进入品牌的白热化竞争时代来得可能要比想象快得多。此外,随着经济的增长,当消费者满足了生理需求后,会对情感需求、精神需求提出越来越高的标准。如何更好地满足消费者?如何更好地体现企业的差异化? 如何在众多的品牌中脱颖而出? 恒源祥最后将目光锁定在文化上,认为文化将成为企业经营和管理的终极核心专长。恒源祥不仅意识到了文化是企业管理的灵魂,为组织内的成员提供了工作和生活的精气神,更为重要的是,文化是品牌企业满足消费者情感和精神需求的不二途径,而这正是恒源祥将文化作为企业安身立命之本的原因。

从1997年开始,恒源祥聘请国内著名的文化学家、未来学家等专家学者启动、筹备恒源祥的文化战略,到2004年,恒源祥文化战略基本确立并开始导入。

综观恒源祥的文化战略,其特点在于侧重于指导企业的经营,即品牌的经营,并以此为核心,衍射管理、营销、研发、质量、人力资源等各个方面的工作。这主要体现在恒源祥的使命——"衣被天下"以及恒源祥的精神——"为消费者心满意足而全力以赴"已成为了衡量恒源祥所有工作的准绳。

所谓"衣被天下"就是意味着宏大的气势,全天下是恒源祥服务的市场,争当中国第一、世界一流是恒源祥远大的战略眼光;衣被天下意味着领先,这种领先既体现在品牌的管理、经营和服务上,又体现在恒源祥始终走在时代的前端,满足最广大消费者普遍的、文化的、精神的需求;衣被天下意味着社会责任感,从产品的设计、生产到营销、服务的各个环节始终不断为促进人们幸福生活,支持社会进步发展而努力进取;衣被天下意味着充分的自信,成长的历程已经赋予恒源祥勇气和力量,在不可为而为之的品牌经营过程中即使遭遇困难,也能信心百倍迎难而上直至成功;衣被天下意味着做世界公民,在产业经济一体化、文化全球化的经济背景,早日实现为全球消费者服务的目标。

所谓"为消费者心满意足而全力以赴"是指:

1.充分满足。让消费者在生理、情感和精神三种需求上得到彻底满意,不仅要满足消费者已知的需求更要满足消费者还没意识到的、潜在的需求。

2.追求极致。既要做第一的工作,又要在细节上力争完美。

3.令人感动。每一环节的工作都要表现出对消费者根性深处的关爱与体贴,令顾客在消费之后留下难忘而美好的回忆。

4.圆满互动。只有当公司、员工和消费者三方在利益上形成良性的互动才能创造更大的价值。

三、品牌文化的实践途径

为了早日实现"衣被天下"的使命,彰显"为消费者心满意足而全力以赴"的精神,恒源祥体系内的所有员工用自己的不断创新的行动践行着自己的诺言:

对外,为了更好地满足消费者深层次的需求,文化研究的特色已经深深根植于对品牌和消费者的研究之中,例如近几年,恒源祥正全力与国内外领先的大学和科研院所开展品牌的五感研究,力求从消费者视觉、听觉、嗅觉、味觉、触觉等感官的生理和心理等研究角度,探究更好地为消费者服务,满足消费者身、心、神三方面需求的方法和内容,研究的成果则通过新品、终端、社会媒体等载体传递给消费者。

恒源祥还通过追求极致——代表中国购买全球最细羊毛,研发并纺织出最高支数的羊毛纱线及其面料,研发全新男体数据库以及服装快速生产信息系统,寻找百万爱心父母为国内 57.3 万孤残儿童编织爱心毛衣等慈善公益活动,让消费者感受到品牌的追求、精神与成果,以此带给消费者更多美好的品牌体验和感受。尤其是恒源祥经过十年奋斗,成为北京奥运会赞助商后,品牌带给消费者的情感和精神满足度达到了历史新高。

恒源祥的文化"手笔"赢得了消费者的喜爱和忠诚,在纺织行业普遍遭遇"严冬"的时候,恒源祥逆势上扬,绒线销售独占鳌头外,羊毛衫综合销量已经连续多年位居全国第一。走遍大江南北,一提起恒源祥,绝大多数的消费者都能笑着回答:羊羊羊。品牌不仅闻名遐迩更是深入人心。

对内,为了让所有的员工紧紧围绕着使命、精神,方向和行动一致地为满足消费者的需求奋斗,恒源祥多年来推动了一系列文化落地的工作:

1.通过定期召开员工大会、经销商大会、工厂大会等大小不等的会议宣导企业的价值观、经营理念和发展目标;

2.通过企业内部媒体——《创导》月刊、《周五频道》(电视台)、恒源祥集团网站、内部局域网等载体,多层次、多角度展现企业的信息和文化,引导员工工作,丰富员工文化生活;

3.通过每年的质量月升旗、班组学习、迎新晚会、职工运动会等活动,将文化战略分解成员工喜闻乐见的形式,强化了文化导入的效果;

4.通过恒源祥大学、恒源祥文化论坛等培训体系,让恒源祥的文化战略得到更为深入和系统的导入;

5.通过恒源祥劳模、先进工作者、十佳经销商、零售商、金牌店长、百强终端等评选,既表彰了先进又通过宣传让先进经验得到了充分的分享。

企业文化落地的方法不一而足、与时俱进。方法和成效不仅让组织内的员工满意,而且还获得了社会的广泛认可。近几年,恒源祥先后获得"中国十大最具文化价值品牌"、"2007年度全国商业企业文化优秀奖"、"2008中国纺织品牌文化创新奖"等荣誉。

到2007年底,恒源祥集团开展了以"提升经营品牌能力"为核心的组织转型"运动",并由集团党委统抓文化战略的导入,让恒源祥的文化战略获得了更好的组织保障、制度保障,让文化战略的实施变得更系统,文化战略的效率和效益进一步体现。

四、品牌经营的"循环法则"姓"文化"

2008年,恒源祥从长期经营品牌的实践中总结出品牌经营的"循环法则",概括出:经营品牌是不断发现文化现象和资源的过程;是不断创新文化设计和组合的过程;是不断实现文化传播和认同的过程;是不断提升文化力量和价值的过程。这四个阶段八个方面循环往复,成为恒源祥这一品牌企业过去、现在和未来践行使命、彰显精神的"方法论"。而这一方法论的提出,使文化作为恒源祥终极核心专长变得更完整,更令人信服。相信,恒源祥的文化战略将引领着恒源祥组织走向更为辉煌的100年!

人类历史先后从以资源、军事、金融、信息为主导,转变为在不远的将来以文化为主导。恒源祥正在以自己的经营和管理探索着企业的文化之道、生存之道,相信会为其他的企业提供前行的借鉴。我们有理由认为:只有当企业彻底地了解文化,才能够了解命运;只有当企业掌握了文化,才能掌握命运;也只有当企业学会借助文化,才能够彻底改变企业的命运。

任务一   企业管理与文化四指标关系

20世纪80年代,美国学者纷纷发表文章,指出日本企业发展迅猛的原因,在于日本企业有自己的企业文化,于是企业文化成了日本企业高速发展的首要原因。

操作指南

一、Z理论的基本来源

美籍日裔学者威廉·大内把典型的美国企业管理模式称为A(America)型,把典型的日本企业管理模式称为J(Japan)型,而把美国少数几个企业(如IBM公司、P&G公司等)自然发展起来的与J型具有许多相似特点的企业管理模式,称为Z型。Z理论称之为"Z"(Zygote,合子、受精卵),就是主张在麦格雷戈区分"X理论"和"Y理论"的基础上再来一次重大的理论突破。大内从战后日本企业的成功中得到启示:使工人关心企业是提高生产率的关键,但工人不是"单个的人",而是"社会的人",他们只有以最恰当的方式结合在一起,才能够使工作取得最有成效。因此,Z理论的核心思想就是怎样才能使每个人的努力彼此协调起来产生最高的效率,其研究的重点内容是工作中的信任、微妙性和人与人之间的亲密性。

二、Z 理论的基本框架

在 Z 理论的研究过程中,大内选择了日、美两国的一些典型企业进行研究。这些企业都在本国及对方国家中设有子公司或工厂,采取不同类型的管理方式。大内的研究表明,日本的经营管理方式一般较美国的效率更高,这同与此相关的 19 世纪后期起日本经济咄咄逼人的气势是吻合的。大内提出,美国的企业应该结合本国的特点,向日本企业管理方式学习,形成自己的管理方式。他把这种管理方式归结为 Z 理论型管理方式,并对这种方式进行了理论上的概括,称为"Z 理论"。该书在出版后立即得到了广泛重视,成为 80 年代初研究管理问题的名著之一。《Z 理论》《成功之路》《日本的管理艺术》和《公司文化》一起被称为美国管理"四重奏",其中《日本的管理艺术》作者之一帕斯卡尔与大内一起研究日本的管理。

Z 理论认为,一切企业的成功都离不开信任、敏感与亲密,因此主张以坦白、开放、沟通作为基本原则来实行"民主管理"。大内把由领导者个人决策、员工处于被动服从地位的企业称为 A 型组织,他认为当时研究的大部分美国机构都是 A 型组织。A 型组织的特点为:

(1)短期雇佣。

(2)迅速的评价和升级,即绩效考核期短,员工得到回报快。

(3)专业化的经历道路,造成员工过分局限于自己的专业,但对整个企业了解不多。

(4)明确的控制。

(5)个人决策过程不利于诱发员工的聪明才智和创造精神。

(6)个人负责,任何事情都有明确的负责人。

(7)局部关系。

相反,他认为日本企业具有不同的特点:

(1)实行长期或终身雇佣制度,使员工与企业同甘共苦。

(2)对员工实行长期考核和逐步提升制度。

(3)非专业化的经历道路,培养适合各种工作环境的多专多能的人才。

(4)管理过程既要运用统计报表、数字信息等清晰鲜明的控制手段,又注重对人的经验和潜能进行细致而积极的启发诱导。

(5)采取集体研究的决策过程。

(6)对一件工作集体负责。

(7)人们树立牢固的正确观念,员工之间平等相待,每个人对事物均可作出判断,并能独立工作,以自我指挥代替等级指挥。

他把这种组织称为 J 型组织。

大内不仅指出了 A 型和 J 型组织的各种特点,而且还分析了美国和日本各自不同的文化传统以致其典型组织分别为 A 型和 J 型,这样,就明确了日本的管理经验不能简单地照搬到美国去。为此,他提出了"Z 型组织"的观念,认为美国公司借鉴日本经验就要向 Z 型组织转化,Z 型组织符合美国文化,又学习日本管理方式的长处,比如在 Z 型组织里,决策可能是集体作出来的,但是最终要由一个人对这个决定负责。而这与典型的日本公司(即 J 型组织)做法是不同的,"在日本没有一个单独的个人对某种特殊事情担负责任,而是一组雇员对应组任务负有共同责任"。他认为"与市场和官僚机构相比,Z 型组织与氏族更为相似",

并详细剖析了 Z 型组织的特点。

考虑到由 A 型组织到 Z 型组织转化的困难,大内给出了明确的 13 个步骤,认为这个变革过程一般应如此进行:

(1)参与变革的人员学习领会 Z 理论原理,挖掘每个人正直的品质,发挥每个人良好的作用。

(2)分析企业原有的管理指导思想和经营方针,关注企业宗旨。

(3)企业的领导者和各级管理人员共同研讨制定新的管理战略,明确大家所期望的管理宗旨。

(4)能够创立高效合作、协调的组织结构和激励措施,来贯彻宗旨。

(5)培养管理人员掌握弹性的人际关系技巧。

(6)检查每个人对将要执行的 Z 型管理思想是否完全理解。

(7)把工会包含在计划之内,取得工会的参与和支持。

(8)确立稳定的雇佣制度。

(9)制订一种合理的长期考核和提升的制度。

(10)经常轮换工作,以培养人的多种才能,扩大雇员的职业发展道路。

(11)认真做好基层一线雇员的发动工作,使变革在基层顺利进行。

(12)找出可以让基层雇员参与的领域,实行参与管理。

(13)建立员工个人和组织的全面整体关系。

大内认为这个过程要经常重复,而且需要相当长的时间,比如 10—15 年。

三、企业管理的文化四个指标

在进行企业文化研究时,不但要具体讨论文化特质和企业管理模式,与此同时还要分析社会文化背景的差异。

(一)文化四指标

荷兰文化协作研究所所长霍夫斯坦特,根据其对 40 个国家的企业工作人员所作的大量问卷调查,写了《文化的结局》一书,指出了描述文化差异的四个主要指标。

一是"权力差异(power distance)"可接受程度的高与低。在一个社会的组织中,权力的分配往往是不均等的,有的国家或地区,对权力差距的接受程度较高,可称之为"高权力差距"的社会;反之,则称为"低权力差距"的社会。这种分别可以从社会内权力大小不等的成员的价值观中反映出来。因此,研究社会成员的价值观,就可以判定一个社会对权力差距的接受程度。

二是"防止不肯定性(uncertainty avoidance)"的迫切程度。一个社会对于不确定的、含糊的、前途未卜的情境,都会感到是一种威胁,从而试图加以防止。如提供更大的职业稳定性,建立更多的正规条令,不容许出现越轨的思想和行为,追求绝对真实的东西,努力获得专门的知识,等等。但不同的民族、国家或地区,对于防止不肯定性的迫切程度是不一样的。一个强烈追求防止不肯定性的社会,一般说来会产生高度的紧迫感和进取心,激发人们努力工作的动机。

三是个人主义与集体主义(individualism collectivism)。个人主义是指一种结合松散的社会组织结构,其中每个人只关心自己,而且也只依靠个人的努力来为自己谋取利益。集体主义则指一种结合紧密的社会组织结构,其中所有的人往往以"在群体之内"和"在群体之外"来区分,他们期望得到"群体之内"的人员的照顾,但同时也以对该群体保持绝对的忠诚作为报答。

四是男性化与女性化(masculine)。即所谓"男子气概"价值观在社会中占统治地位的程度。"男子气概"系指自信武断、进取好胜和喜欢冒险。之所以用"男子气概"一词来表示,是因为几乎所有的社会中,男子对这种价值观有较高的评价。一个社会中"男子气概"的评价越高,其男子与女子间的价值观差异就越大。

(二)文化四指标对管理的影响

日本霍夫斯坦特认为,以上四种文化指标或因素对于管理中的领导方式、组织结构和激励内容,会产生巨大的影响。根据其研究得出结论,过去80年,理论家和企业家忽视了文化与管理的关系,事实上,管理不是处理具体的东西,而是处理对人有意义的"信号",这种信号是在家庭、学校、社会等文化背景下形成的,因此文化渗透于管理和组织的全过程。

【实例】

15%规则

明尼苏达矿业及制造公司的员工们被允许利用他们工作时间的15%从事不是公司批准的"私活",只要头脑认为这"活"对公司有利就行。他们可以自由地做实验,进行研究,在同事间对自己的设想取得一致意见,还可以寻求内部投资。

【即问即答】

Z理论对中国的企业管理有何启发?

任务二　文化理论与日美企业文化的比较

美国人在研究日本企业后惊喜地发现,日美企业管理的差异根本点不在于管理方法和手段,而在于过去一致认为是相同的管理因素上。美国企业管理因素以理性主义而著称于世,过于强调技术、设备、方法、规章、组织、结构和财务分析等硬因素;而日本企业经营管理的技术模式,具有鲜明的非理性资源,把职工当做"社会人"、"决策人",最大限度地发挥职工的潜力,调动他们的积极性、主动性和创造性。

操作指南

一、7S 管理框架

为弄清组织结构与管理效益的关系问题,美国麦肯锡咨询公司以托马斯·彼得斯和小罗伯特·沃特曼为首的研究人员经过深入调查研究得出结论:任何一种明智的管理,都涉及七个变量,并且必须把它们看成是相互关联的。最后他们又经过一番提炼,把这七个变量的英文都写成以 S 开头,因此就有了"麦肯锡 7S 框架"的名称,这七个变量是结构(structure)、战略(strategy)、体制(systems)、人员(staff)、作风(style)、技巧(skills)、共有价值观(shared values)。按照斯坦福大学的理查德·帕斯卡尔等人的解释:战略是指一个企业如何获取和分配它的有限资源的行动计划;结构是指一个企业的组织方式;制度是指信息在企业内部是如何传送的;人员是指企业内部整个人员的组成状况,技能是指企业和它的关键性人物的特长;作风是指最高管理人员和其他高级管理人员队伍的行为方式;共有价值观是指能够将职工个人和企业目的真正结合在一起的信念或目标。其中,结构、战略和制度是硬管理要素,人员、技能、作风和共有价值观是软管理要素。在7S框架中,共同的价值观处于中心地位,把其他六个要素粘合成整体,是决定企业命运的关键性要素。

二、日美企业文化特征比较

上述对日、美企业文化的比较分析,可得出结论:两国在企业文化特质和企业管理模式方面有着根本区别,下面进行归纳论述。

(一)日本企业文化特征

日本企业文化的特征,概括地说,主要有以下几点:

1.企业家族化

许多日本企业家认为,企业不仅是一个获得利润的经济实体,而且还是满足员工广泛需求的场所。日本企业管理强调员工对企业要有强烈的荣誉感和认同感,与企业荣辱与共,所以日本企业一般采用"终身雇佣制",这使员工有职业保障的安全感,在工资及晋升上实行"年功序列制"(值得注意的是,这种传统的体制正在瓦解,并已成为日本企业发展的羁绊),把员工的收入与本人为企业服务的年限挂钩,并且还提供全面的福利,包括廉价的公寓、减免医疗费和发放红利等,从物质利益上使员工对企业"从一而终"。

上述管理方法强化了员工对企业的归属感和家族意识,减少了劳资双方的矛盾和对抗,使员工把对工作、事业、精神的寄托都纳入以企业为中心的轨道。评判一个员工的社会地位及信用,看的是他在哪家公司服务,而不是看他的职业。所以,日本人在就业时是以选择公司为主,而不是以选择职业为主。例如一个三菱公司的清洁工,若有人问他的职业,他不会回答是清洁工,他会回答:我是在三菱公司服务。此外,日本企业还特别强调献身、报恩的境界,尤其是企业管理人员要把自己的性命与公司的事业融为一体,为之而生,为之而死。这正如松下之助所说的:"专业知识或经验固然相当重要、可贵,但我认为仅靠这些还不够,更重要的是舍命的精神,尤其在多事之秋,能发挥舍命的精神的人才是真正有用的人。"事实上,在日本民族文化的熏陶和企业制度保障下,员工与企业成了"命运共同体"、"利益共同体",企业的工人、雇员和高层管理者之间有了亲属式的团结感。在家族化的企业管理模式下,员工以企业为家,对企业忠诚、敬业、爱业、乐业。在企业遇到困境、市场冲击和其他不利因素时,员工不是弃企业而去,而是齐心协力地抵御困难,这也是日本企业在竞争中立于不败之地的重要原因之一。

2.以人为本

日本企业文化特别注重培养人才,调动全体员工的积极性。因为只有这样,才能形成一个充满活力、干劲的集体,企业才会有真正的发展。为此,日本企业采取了以下措施:

(1)重视人

终身雇佣制、年功序列制和企业工会是日本企业经营模式的三大支柱。这三大支柱中无一不是紧紧围绕着人这中心,而且三者相互联系,密切配合,从三个不同的侧面来调整日本企业的生产关系。正是这些形成了命运共同体的格局,实现了劳资双方的和谐,推动着人与企业的高速发展。日立公司前总经理吉山说："我认为问题不在组织，而在人。"因此，在日立公司形成了"人比组织机构更重要"的组织风气，企业用尊重、信任和关怀来沟通员工与企业的感情。本田技术研究公司一贯坚持"以人为中心"的经营思想，他们认为企业经营的一切根本在于人，他们注意要把公司办成有人情味的集团，公司的基本任务除了制造消费者喜爱的产品以外，还要为员工提供一个能发挥自己才能的安居乐业的场所。因此，本田公司特别重视员工有没有朝气和独创精神。在分配青年员工工作时，重视分配略微超出他们实际能力的工作，本田公司各级负责人都得有向年轻部下委任权限的胆量。

（2）教育培训

为了提高职工的技术能力和创造能力，日本企业非常重视教育、技术培训和文化事业，主张通过教育提高员工的素质和能力，从而为企业创造更多的财富。日本企业家认为："人才开发的利益大得无穷"，"企业教育训练投资投入产出系数最大，是最合算的投资"，"只有人才才是企业活力的源泉"。早在1981年，松下电器公司的总经理松下幸之助就提出"经营即教育"的观念。因为经营是社会对企业的委托，企业的生存必须自觉地协调企业利益与社会利益，为社会发展贡献力量。为实现这一目标，企业必须依靠全体员工。而统一企业员工的思想和行为的最好方法就是教育。提高员工的素质就是提高整个企业的集体智慧，集体的智慧又将企业的经验推向一个新的高峰。松下公司自创建以来一直把教育作为经营理念的核心，松下曾指出："人的智慧、科学知识和时间经验都属于社会财富，而且比黄金更有价值"，并且提出"造物之前必须先造人"。三洋公司的信条是"三洋是生产什么的？是生产人的，首先是生产优质的人，然后再由优质的人生产优质的产品"。丰田汽车公司又是一个例子，丰田汽车的口号是"既要造车也要造人"。丰田公司的第三任总经理石天退三说："谋事在人，任何事业要想获得较大的发展，最重要的必须以造就人为根本。"丰田认为，企业由人、财、物三要素组成，排在第一位的是人，人就是财产。培养优秀的人，就是增加企业的资产，无论谁都应该在造就人上下工夫。因此，丰田公司从文化知识、技术技能、道德修养和思想感情等方面对员工进行教育培训，从而奠定了其世界著名公司的地位。

（3）重视激励

日本企业非常重视激励的作用，通过激励来刺激、调动和强化员工的积极性。激励包括发放工资和精神鼓励。资金分为三种：一种是一年两次的奖金，奖金的多少取决于企业利润；另一种是特别奖，根据员工每年的表现，由领导亲自发放，员工之间互相保密，不得相互询问，这样做就是为了防止员工情绪波动，也为了使员工对企业"感恩戴德"；第三种是"提案奖"，合理化建议提出后，只要有一点可取之处就奖励，建议取得的利益大就重奖。

企业除了激励员工本人之外，还激励员工的家庭。日本企业认为，员工取得成效是与家人的支持分不开的。所以，对取得成效获奖或晋升的员工，不仅要在公司表扬和庆祝，相关领导人员还亲自登门拜访或打电话到家里表示祝贺，感谢父母的培养、家人的理解和支持。

物质利益的满足只是较底层的需要，而从工作中得到的乐趣和成就感、自我价值的实现才是人们潜力和创造性发挥的永不枯竭的动力。在日本人看来，人的愉快不只是金钱带来的，一个人长期从事一项自己不感兴起的工作是一种极大的痛苦，给他再丰厚的回报也难以使他干得出色。日本企业家藤源银次郎说："工作的报酬是工作"，"如鱼得水"的工作可以增加人的满足感。如果一个人能够选择自己喜欢的工作，这本身就是对原来工作的报酬,也是对员工的激励。

正是基于这样的理解,日本企业家才重视在企业内部员工自由选择和调换工作,这就是日本特色的轮岗制度。松下公司每年有 5% 的员工调换工作,索尼公司每年调动一次。为了让员工各得其所,人尽其才,公司鼓励员工"如果对工作不满意,你有权利寻找比较满意的工作,你为什么不找呢?"

(4)重视沟通

日本企业家非常重视企业内部的感情沟通。公司管理人员不是终日埋头在办公室里,而是经常和下属职工打电话或面谈。有的企业家几乎每天晚餐时都同基层管理人员边吃饭边谈话,一些公司的高层管理人员甚至同下属工厂全体员工一起野餐、跳舞。据粗略统计,中级管理人员有 1/3—2/3 的时间花在参与下层人员的活动上,高级管理人员花的时间则高达 60%。日本企业家还要求基层管理者以关怀之心来关注每一位员工。索尼公司基层车间的工头们,每天早晨上班前集合员工开小会,告知人们今天有什么活,并且对昨天的工作进行总结和评价。开会时,留神地观察每一位成员,如果有人不高兴,工头会记在心上,然后了解此人是生病了还是有什么不愉快的事。日本企业家把这种感情的沟通看作是人际关系的黏合剂。

3.顾客至上的经营理念

日本企业很重视顾客,提出了一系列口号,如"顾客是我们的第一主人"、"顾客至上"、"顾客是上帝"、"一切为了顾客"等。日本企业认为,不是顾客依赖于企业,而是企业依赖于顾客,企业得以生存,全仰仗顾客惠顾。所以,日本企业将"顾客至上"作为一种原则,把严格的质量管理和完善的售后服务视为企业成功之道。两个生活在日本的美国人在一家商店购买了一台草坪修剪机,后来在使用过程中,这台机器发生了故障,他们将机器送到商店修理,并生气地说以后再也不买这商店的东西。店方对此再三道歉,要求他们允许该店在三天内修好。三天后,当这两个美国人下班回家时,他们意外地发现,店方不仅已将修好的机器送到了,而且还将草坪整整齐齐地修剪了一遍以示歉意。

日本企业除了重视企业内部的感情沟通外,还重视企业与顾客的感情沟通。沟通的方式有两种:

(1)尊重顾客

日本零售店的店员是面带笑容、彬彬有礼地接待各种类型的顾客。松下电器公司甚至把做生意看作嫁女儿,把顾客当亲戚,商品售出后,像关心女儿一样关心商品的使用情况,定期写信询问。

(2)与顾客保持联系

许多公司建有"顾客卡",详细记录顾客的姓名、住址、职业、家族成员、出生年月、兴趣、购买使用情况、商品需要等。企业利用"顾客卡"定期访问,发展同顾客的联系。同时,利用"顾客卡"可通过分析顾客的需求而开发新产品,及时推销及送货上门。

4.以和为贵

"以和为贵"的思想是日本企业的核心,这是日本吸收了中国儒家学说而形成的人生哲学和伦理观念,企业追求的"人和"、"上下同欲者胜"等意识皆源于此。日立制造的"以和为贵",松下公司的"和亲",丰田汽车公司的"温情友爱",三菱电机公司的"养和精神",都是"以和为贵"思想的反映。"和"的本意就是和谐一致、相安而处、团结协作。企业领导和管理人员从各方面关心员工,如衣食住行,甚至妻室儿女。员工也以企业为家,用高质量和高效率的工作来报答企业。企业内人人以处理"家庭关系"的宽容来处理成员之间的相互关系,形成和睦、善意的人际关系。"以和为贵"主要表现在以下几方面:

(1)建立良好的人际关系

日本企业在接受新进员工时,公司的人事部门就为他们准备了基础性的训练和一系列的活动。人事部门追踪这些新进的员工,直到他们被分配到所属的单位为止。工作外的活动,譬如演讲、读书会、联欢会、旅行等,是为了员工间的相互了解。管理人员还得经常替部下安排"相亲",作为部下的婚姻介绍人。工作现场的主任或领班,要和作业员分摊所有的工作,在工厂内的员工餐厅与作业人员共餐,或邀请部下到酒馆喝酒、聊天、交换意见、联系感情。经由这种友谊关系的建立,主管和部下之间的依赖感才逐渐产生。这样,员工们会越来越努力工作,表现高度的忠诚心;主管也可因此受到高层管理部门的赏识。反过来,如果遇到什么困难,部下也可对主管提供全面性的支援。日本公司的总经理和高层管理人员,除了经营企业的正常事务,必须参加一系列的仪式活动,演讲、主持会议、招待客人等。当部属间发生纠纷时,还得扮演调停者的角色,协调部属间的分歧意见。社会活动带来了很大的利益。员工上下阶层间的关系可以因此而调和,同事间也可以由社交活动培养出同舟共济的精神。这种人际关系所带来的最显著的效果是劳资关系的融洽,这不是通过正式的交涉所能得到的结果。

(2)鼓励和相互支持

日本企业把自己看作一个家庭式的活动团体,通过注入"家庭情感",鼓励成员相互合作、相互支持。企业竭力在内部强化一种道德观念,支持别人与主动合作。在公司中,如果哪位员工援助了同事,援助者会获得好评。如果公司要组织一次周末运动会,尽管经理告诉员工,是否参加由每个人自己决定,一旦某员工把其他一切事情放在一边而去参加运动会,那么他就会被认为是一个具有道德的员工。对于具有相互支持、相互合作的良好品德的成员,公司会高度评价,并会在以后给其提职或给奖金。

(3)保持团结和谐

日本企业非常看重公司的团结与和谐。因而,公司在沟通方面下了很大的工夫。如开诚布公地解决争执,给人留面子。

"以和为贵"的思想还表现在其他方面,如:人员的选聘从刚毕业的新人训练开始,重视人格、思想、家族环境,以思想稳健、人格完美为选择的基准。工厂中严格禁止使用会让员工士气低落的不良言语和行为。作业规律也有详细规定。减少工作差别待遇与竞争,缓和由此产生的紧张对立。若公司出了事故,不注重追查和重罚事故责任人。有人把这种和谐比喻成石墙,因此称为"石墙论"——一片墙是由大小不一的石头巧妙搭配而成的,重视以和为主的精神训话。

5.集体主义

在日本的一家美国公司建立了一种合理化建议制度,工人们如有提高生产率的建议,可以写出来投入特制的箱内。合理化建议一经采用,建议人可以获得一笔奖金,其数量为实现该建议所获得增产值的一定百分比。但六个月过去后,工人们连一件建议也没有提出来。美国经理们感到很奇怪。他们听说过许多有关日本的发明创造能力、勇于负责和忠心耿耿的轶事,然而迄今却连一件合理化的建议也未曾收到。

经理们找了一些工人,询问他们为什么没有响应合理化建议制度。回答是:"没有人能够单独地提出改进工作的方法。我们在一起工作,其中一人所提出的任何方法实际上也是由于观察别人并和别人交换意见的结果。如果把建议归功于某一个人,是会使我们所有的人都感到难为情的。"于是公司把它改成集体建议制度,由工人集体提出建议,奖金发给小组,小组可以把它储存起来,以备年底举行会餐之用。如果有足够的钱,也可用于工人全家一起出外度假花费。改变制度之后,建议书和生产革新的意见像雪片一般飞来。这就是日本企业的集体主义价值观,它是高效率的,它使人们和睦地在一起工作并相互鼓励做得更好。日本非常推崇集体的效能,而不鼓励华而不实的个人单独表演,那些处处想出风头、过于流露野心的人会受到排斥和批评。美国人说,日本企业如同蚂蚁垒窝,成千上万的"小人"抱着同样的目标做小事,结果创造出移山填海的奇迹。按照日本人的想法,集体主义既不是企业或个人的奋斗目标,也不是追求的口号。更确切地说,事情的性质在起作用,一直没有什么重要的事情是由于个人的努力而做成的。生活中的一切重要的事情都是由于协力或集体力量做成的。因此,企图把成果归功于个人的功劳或过失都是毫无根据的。

日本企业文化的集体主义价值观突出表现在以下两个方面:

(1)集体决策

美国人曾告诫他们的同行:如果你去日本做生意或签订一个合同,你最好把行程安排得宽松些。倘若你认为只需要两天,你就得预备两周的时间。如果你运气好,可能会得到一个"也许"的答复。日本人作决定需要无限长的时间。的确,日本人的决策过程非常缓慢是出了名的,当日本机构要作出重要的决定时,每个有关的人都要参与。如果要决定一个新厂的厂址,是否应当改变生产方法或者关系到其他重要的问题,那就经常意味着约有60～80人要谈话。而且遇有重大修订时,他们要再次与全部的参与人员联系。该小组将重复这个过程直至取得真正一致的意见。日本企业实行的U形决策方式,决策的起点不定,既可以是来自上层的战略构想或新想法,也可以是来自中层管理人员的新意见或下层员工的建议。不管来源于何方,都要经过员工反复讨论,发挥集体作用。最终的"最优"方案必须获得一致的认同,有时方案会盖上60～80人的图章。

日本人认为,实现集体决策,不仅能集思广益,保证决策的合理性和科学性,而且能强化员工的参与意识,统一员工的价值观,也便于决策的有效执行。理解和支持可能取代了决策中的实际内容,因为五六个可供选择的方案可能同样的好或同样的坏。重要的不是决策本身,而是人们对决策负责和了解到何种程度。否则"最好的"决策也能被搞坏,正像"最坏的"决策也能搞得不错一样。与日本人做生意的美国人常常抱怨:"要是他们肯告诉我谁是真正的负责人,我们就可以取得一些进展。"讲求"快"节奏、明朗化的美国人常被日本人弄得晕头转向,气得吹胡子瞪眼睛。在日本企业里,没有一个单独的人对某件特殊事情担负责任,而是一组雇员一组任务承担共同责任。"虽然我们对他们那种不知道由谁负责何事而仍然安然处之一事引以为奇,但他们自己却明白,他们每个人对所有任务都负有完全的责任,并且共同分担这个责任。"

(2)团队协作精神

日本人就像一群小鱼,他们秩序井然地跟着一个方向游进,就算有块石头掉入水中打乱了这支队伍,使之突然间向反方向游动,但队伍仍然是秩序井然的。"单枪匹马"现象在日本企业找不到,"和为贵"的思想是日本人崇尚团体活动和团队协作精神。人人求同存异、精诚合作爆发出巨大的整合功能。

有人把日本团体比喻为一架配置合理的发动机。单就个人的智力和才能，日本人在世界上并没有超常之处。但就整体而言，日本人却显示出其他民族所不具有的强大的内聚力和协作性，这就是为什么日本人会在许多领域创造领先世界的神话。如日本的汽车工业，团队合作、协调一致精神正好适应了汽车工业大批量生产、高度专业化分工的要求，从而使日本的汽车产业迅速崛起，与美国抗衡。

日本企业的集体主义价值观还体现在以下几个方面：

第一，重视对公司、集团的忠诚性，每个人视集团利益超越个人利益之上；

第二，整体的生存性，有时考虑的不是公司是否赚钱，而是公司整体的生存。如经济危机时，大伙讨论的结果并不是希望公司裁一半的人，而是大伙领一半的薪水，而继续留在公司服务；

第三，企业是营利集团，也是精神集团。日本公司在职务上并不太重视奖励，也不明确订立个人的绩效。他们认为你有70分的工作能力就拿出70分来，若你有90分的能力就拿出90分来，100分就拿出100分来，这是理所当然的。做得多、做得好的人不应该拿比较多的钱。

6.注重组织形象建设

组织形象是日本企业文化的一个突出特点，组织形象是企业员工长期以来养成的工作态度与作风，是企业在生产经营、实现发展战略目标中逐步形成的一种良好的企业风尚和文化形象。在日本绝大多数管理成功的企业都或多或少有自己的"座右铭"或是工作口号。例如松下电器的"纲领、信条、精神"、本田公司的"三满意"，等等。这些"座右铭"除了在公司内部发挥作用之外，对外则起着树立公司良好社会形象的作用。随着时代的变迁，公司不仅以传统的目标纲领和优质产品与服务保持并发展了自身的信誉，而且为适应人们不断增长的精神和文化需求，通过企业的活动、对内对外的文化服务来树立自己的形象。日本的大企业、大公司建设了第一流的文化设施，为社会提供第一流的文化服务。这样的企业建设不但使员工对企业充满信心和自豪感，对工作崇尚热情和积极性，同时也把自身的企业文化融合到社会中，与传统文化相结合并形成一种基于社会的认同，从而使企业具备社会大众的能力。日本政府原文化厅厅长官植木浩1988年说："文化活动对于一个企业来说不再是可有可无的装饰品。企业通过文化活动树立自己的形象，密切与地方、与民众的感情，获取信息，提高职工的文化素质，增强职工的自豪感，这些又促进了企业本身的发展。"

(二)美国企业文化的特征

美国的企业文化存在以下的特征：

1.顾客就是上帝

美国传统文化注重成本、技术、理性，在市场经营中忽视客户，带有些"价格傲慢"。而现在，"顾客至上"、"顾客就是厂家的上帝"、"顾客总是有道理的"、"虚心听取顾客的意见"、"经常访问顾客"、"尊重顾客"、"顾客买的不是东西而是期望"等口号，已是美国企业界的名言。美国最佳管理企业的经营方式和企业精神之一就是紧靠用户和顾客。国际商用机器公司(IBM)的口号是"IBM就是服务"，它几十年来一直都没有在技术方面居领先地位，它的优势是在服务方面的高度责任感。在与IBM签订的契约单上，不仅是机器的销售，同时还包括所有的服务项目(如机器本身的安装服务和顾客向IBM员工的进一步咨询和建议等)。很多助理通常只是为老板提公文包、传递文件、跑跑腿之类等工作,IBM 不是这样。IBM 专门提拔表现突出的业务员担任 3 年主管助理。在这 3 年内,他们负责一件事,那就是务必在 24 小时内解决顾客的任何抱怨和疑难。IBM 全体员工都很热衷公司的服务理念,亚特兰大拉尼尔公司资料处理部门负责人说:"记得上次我们遇到问题时,IBM 专家在几个小时内就从各处赶到了。为了解决我们的问题,IBM 共请来了 8 位专家,其中至少有 4 位来自欧洲,1 位来自加拿大,还一位是特意从拉丁美洲赶来的。"乔·吉拉德是第一位汽车经营商,卖出的产品比谁都多。事实上,他每年销售出的车辆数目要比第二位的竞争同业多出 2 倍多。他在介绍自己的成功秘诀时说:"我每月都要送出 13000 张以上贺卡,顾客还没有出我的门,感谢信就起草好了。"一旦成为乔·吉拉德的顾客,那么全年里每月都会收到他的信和卡片。吉拉德说:"我认为推销工作其实是在货物出售后才真正开始的,而不是在那之前,顾客回来要求服务,我总尽我所能,给他把事办得尽善尽美。顾客可不是累赘,他们是我的衣食父母,是我的饭碗。"

2.质量至高无上

靠优质的产品取胜是美国成功企业的一条经验。在质量问题上他们的原则是:坚持一贯性,不把质量仅仅看作是一种技术问题,注重培育质量意识,并且日复一日、年复一年地贯彻这一精神。世界著名的麦当劳公司多年来的宗旨就是"保证质量,服务周到,清洁卫生,货真价实",缩写是 QSCV。公司的创办人雷·克洛克说:"要是我每重复一遍 QSCV,就给我一块砖的话,我想我可能已经能用它们在大西洋上建起一座大桥了。"今天的麦当劳年销售额高达 25 亿美元,在世界各地拥有几千家连锁店,每一家连锁店都是从 QSCV 四个方面来考评,达不到标准者,经理就会被解雇或者取消特许经销权。麦当劳公司在 1980 年的年度报告上写道:"麦当劳公司的 QSCV 的头一个字眼是质量……因为质量是顾客每次光临麦当劳快餐馆时所喜爱的东西。"麦当劳公司有一本"教科书",详尽规定了各种操作程序和细节。如做汉堡时选用最好的牛肉;煎汉堡时要顺着翻动,切勿抛砖式,"巨无霸"汉堡出炉 10 分钟,炸土豆条炸完后 7 分钟,若仍未售出,一律废弃。许多接触过宝洁公司的人都坦诚地认为,宝洁公司的成功,除了传奇性的市场开发外,更主要的是他们对产品质量异乎寻常的关注。据说,在斯坦福大学夏季经理培训班上,一位宝洁公司的经理对全体学员说:"宝洁公司生产了市场上最好的卫生纸,并不因为产品是卫生纸,我们就放松对产品质量的要求。"在宝洁公司里,质量至上的这种价值观深深地根植于企业文化之中。在第一次世界大战中,宝洁公司为保持自己产品的质量,甚至拒绝更换肥皂中的一种没有达到军方标准的成分,尽管这意味着产品不再能满足军队的迫切需要。

3.行动和试验

美国许多优秀的公司制度具有走动管理、行动为导和频繁试验的三大特征。

(1)走动管理:美国出色的企业注重行动,管理不再局限于办公室内,而是到处走动,不拘形式地进行沟通。优秀公司非常注重无拘束的非正式沟通。例如,康宁公司在新盖的工程大楼内安装升降扶梯,用于增加面对面的机会。3M 公司协助任何申请者组成俱乐部,以便增加午餐时间解决问题的机会。花旗银行把有意见分歧的不同部门的职员安排在同一幢楼上,以增加全方位、多途径的沟通。一位惠普公司的员工在谈到该公司的核心组织经验时说:"我们也不清楚到底哪种组织结构最好,我们唯一明确的就是,先进行无拘无束的自由沟通,这是解决问题的关键所在,我们必须不惜任何代价来坚持!"联合航空公司的爱德华卡尔森称自由沟通为"有形的管理"和"走动管理",在莱维施特劳斯公司,自由沟通甚至被称为"第五种自由"。

（2）行动为导：以行动为导向使美国人特别喜欢在企业内建立形形色色的专案小组,如"特别行动小组"、"闪电小组"、"项目小组"充斥在美国各个企业里。倾向行动派的专案小组是有效行动的缩影,其灵活性高、目标性强、实效性强,在企业里发挥的作用是非凡的。它通常是用于解决和管理棘手问题的最佳途径,是实际行动的突破点。美国出色的企业注重行动,其最重要和最明显的表现就是他们愿意去把事情试出来,愿意去实验。"去干,去弄,去试","不要只是站在一旁,做点什么!"优秀企业的行动导向中,最显著的是他们乐意尝试诸事。尝试绝不玄妙,它是一个小小的完整行动,是一个可控的试验。试验是多数优秀公司廉价学习的一种方式,其结果证明:试验所付出的代价比起严密复杂的市场研究或谨慎的人力运用要少得多,但却更为有用。得州仪器公司的查尔斯费普斯指出,公司的早期成功在于它的大胆和勇猛,它具有试验的精神——有快速学习并掌握该行业各种知识的能力。作为一个拥有2000万美元且资源又有限的公司,他们发现自己竟可以在半导体方面胜过贝尔实验室、通用电气公司等大型的制造商。这正好是因为他们能尝试着去做,而不是整天泡在实验室里的缘故。

（3）频繁试验："试验几乎总是带着革命性的。它重视行动甚于计划,重视干甚于思考,重视具体甚于抽象。它用一种非常像禅宗的方式,启示人们应该顺水推舟,去找能够办得到的任务,去从最容易办到而且准备最充分的目标入手……在出色的企业里,要是不'走出去干一点事',这本身反倒成了一种风险了。"所以,美国优秀的公司都鼓励试验,重视创造有利于试验的环境和组织形式。

4.特色管理

美国的企业文化还表现在它的独具特色的管理文化上,这种特色与日本的截然相反,具有鲜明的个性,其表现如下:

（1）短期雇佣

美国人员流动性大。雇员与公司的关系往往视其条件而变化,雇员习惯于"人往高处走",只要有合适的去处,他们就"跳槽"。他们不愿长久停留在一个地方,总想寻求新的机会而甘冒较大的风险。密执安大学的教授罗伯特科尔的研究表明,美国公司人员补缺率约为日本公司的4～8倍,而辞职率在日本大企业内是很少的。

（2）迅速评价和升职

雇员的迅速流动迫使美国公司采取评价和升职的办法。如果一个人在几年内没有得到重大的升迁就意味着失败,他就会感到不耐烦而转换到别的公司去。

（3）明确的控制

美国人不像日本人那样重视感情因素,他们是讲究理性的。另外,高度专业化的经历道路使同在一个企业的人员彼此"陌生",由生产部门升上来的经理不懂得人事或会计工作的细微、巧妙之处,所以,除了一个外行的身份之外,他既不能指挥也不能评价人事或会计人员。仓库经理不懂得计算机程序编制员的工作性质,因此只能与他们进行疏远的和形式上的协调。任何事情都不能听凭默契和想象去决定,因为涉及到的双方都很可能持有不同的意见。因而,控制方法变成了明确的和形式的。

（4）个人决策

美国企业以"个人能力"作为决策行为的准则,强调个人决策。在典型的美国企业里,主管、部门经理以及总经理都一致地认为他们不能"踢皮球"——只有他们自己才应当担起作出决定的责任。个人决策的结果是决策迅速,责任清楚明确,但有一点就是贯彻中的协调很难。美国人曾嘲笑日本人作决定需要很长时间,日本人反唇相讥说:"你们签合同、作决定很快,可是让你们履行合同呢——你们需要无限长的时间!"

（5）利益驱动

美国企业一般给雇员分配比较多的利益,以高薪激励人员,而且利益分配与能力或等级层次挂钩,不同层级的人员薪水差距较大。大多数基层监工的年薪在 2.5～4.5 美元;中层管理者的起薪约为 3.5 美元,最高可达 9 万美元;大公司管理者每年可挣到 100 万美元或更多。例如,1990 年美国 50 家最大的上市公司总经理的平均现金报酬为 248 万美元。在许多情况下,这还不包括奖给这些总经理的股票期权。苹果计算机总裁约翰·斯卡利 1990 年的收入为 220 万美元,同时,他从以前奖给他的股票期权的兑现中得到了 1450 万美元。

【实例】

员工们把牛打垮

美国布林格国际餐馆连锁店的总裁朗麦克道格尔的办公室内摆满了牛的小摆设,有牛颈铃和陶瓷的牛灯等。为什么呢?他正在鼓励员工们向现状挑战,去找出和毁掉那些有损公司生产力和利润的圣牛。这个项目的代号被称作"把牛打垮"。

【即问即答】

日美企业文化的比较对中国企业有何启发?我国企业应该怎样吸取他们两国企业文化的精华?

任务三 国际企业文化发展与中国企业文化建设

操作指南

一、中国企业文化

中国文化的基本价值观是:强调以人为本,以德为先;重视群体的合作精神,倡导个人对家庭、社会、国家的责任感;重视人和,注重协调人与人、人与物乃至人与自然之间的关系,主张一种和谐、协调的总体观念;主张从总体上去把握事物,强调用个人的直觉和内心的感情去认识世界;重义轻利。

中华民族的这些文化特色反映在企业管理中,表现出企业文化的特点有:

（1）强调集权式管理。其特点有三:一是向心。在管理思想上表现为:一方面讲集中,求统一,力求实现"协和万邦"、"四夷宾服",管理活动大多是围绕着如何加强中央集权这一主题而展开的,以整体性的宏观管理为主。另一方面,又造成了这一地区的人们强烈的民族意识和眷恋国土乡邦的情怀,中国人的管理是维系在思想感情和心理因素的强大内心力的基础之上的。二是求同,强调统一,主张协同,追求和谐的境界。三是重人,强调以伦理关系为基础,以道德和教育为轴心,以"人"为中心进行管理,体现出中华民族血缘宗法关系非常紧密的社会特征。

(2)强调企业的社会责任,包括企业与社会的关系以及对国家的责任、对员工的全面关心和庇护。员工对企业有较大的依附心态、较多的忠心和较强的向心力。

(3)重视运用社会精神的力量去形成共同的意识形态,促使人们去服从组织的共同目标。

(4)鼓励在组织内形成一种家庭气氛,员工之间沟通密切,十分重视感情和人际关系,很少流动,使得企业能够有相对稳定的员工队伍。

(5)十分注意企业内各部门之间、各项经营活动之间的内在联系,更强调从整体上进行控制。由于重视协调各种关系和意见,因而倾向于集体决策和对工作的集体负责,并由此而产生相对平等的分配方式。

(6)相对于西方管理的明确性,东方管理更为艺术地应用含糊和微妙性以淡化组织中的冲突,达到和谐一致。

由于地缘、民族、社会心理的不同,经济社会发展走向和发展水平,特别是社会文化和根本社会制度的差异,各国的企业文化又呈现出千姿百态的个异特色(这本身亦是企业文化的一般特征)。通过对中国、日本、美国的企业文化分析,进行中外企业文化的比较、借鉴国际企业文化发展的最新成果是推动中国企业文化建设的重要内容。

二、中国企业文化建设现存的问题

从我国企业文化的发展现状来看,只能说尚处于较低层次,"企业文化战略"没有得到应有的重视,企业文化的培养缺乏系统理论的指导,企业文化大多是传统文化在企业中的缩影,从总体上看我国企业文化存在较大的差距。

第一,我国的企业文化建设已经从"移植组装"开始向"自主开发"阶段迈进,但总体上看发展很不平衡,东部沿海企业好,西部和民营企业差,表面的多,深层的少。企业文化建设的重要性仍然没有引起广大企业经营管理者足够的重视,还需要进一步引导和探索、加强和利用。

第二,我国对企业文化的理论研究方兴未艾,研究方法已经开始从定性分析注意转向定量分析(如文化贡献率、实证模型等),研究范围从国有独资及国有控股企业扩展到非公有经济实体甚至虚拟企业的企业文化,研究对象从单纯的研究企业形象开始深入到研究企业审美文化和"知识资本"的人才要素等。但总体上说阐述概念的多,实证研究的少,特别缺乏对世界500强企业和国内知名企业深层次的文化力研究,系统性、层次性、可操作性不强。

第三,许多大企业集团已经把企业文化建设作为企业全部工作的重要内容积极推进,而且设立了企业文化部,有的将其列入企业发展规划。但相当一部分企业经营工作与企业文化建设没有真正地融合,没有形成企业的核心竞争力,缺乏渗透力和实效性。企业文化建设决不能孤立地进行,更不能把它作为时髦的"装饰品"或庸俗化。有的企业,你走进大门,就会发现从走廊、办公室到各车间的墙上四处可见形形色色、措词铿锵的标语口号,如"团结"、"求实"、"拼搏"、"奉献"等,但它是否能真实地反映本企业的价值取向、经营哲学、行为方式、管理风格,能否在全体员工中产生共鸣,能否真正地起到强烈的凝聚力和向心力的作用,是否有本企业的特色,恐怕连企业的决策者本身都说不清楚。有的企业把企业文化看成是唱歌、跳舞、打球。于是纷纷建立舞厅,成立音乐队、球队,并规定每月活动的次数,作为企业文化建设的硬性指标来完成。

第四,对人力资本重视不够。人才的要素及其价值是企业文化推进的重要内容。很多企业对人才认识不够,很难挖掘人才、发现人才和留住人才,调动人的积极性和创造性。

第五,信用建设滞后。市场经济是信用经济,必须建立信用文化。企业的价值观和正确的经营理念是培育企业诚信文化的前提条件。信用累积与升华形成的商誉是企业宝贵的无形资产。诚实守信乃为人之道,立身之本,是企业精神第一要义,要使诚实守信渗透到企业经营的各个环节,深入到企业文化的核心层。中国企业家的诚信问题是关系中国企业家成长的要害所在,将决定企业的发展。那些不守信用的企业是没有出路的。企业要树立良好的职业道德,诚实守信,依法经营,具有经济效益与社会效益"双赢"的思想和可持续发展的观点,只有这样,才能赢得市场,健康发展。

第六,中国企业缺乏对"品牌资本"的认识,没有把品牌的差异性变为最大化,没有把品牌作为企业的运作中心,没有建立起客户对品牌强烈的忠诚度和崇敬感,没有利用各种方式为品牌制造更大的价值。因此,要注意培育和形成良好的企业整体价值和品牌文化,大力塑造企业形象、产品形象和职工队伍形象,达到凝聚人心、鼓舞士气,激励企业干部职工团结奋斗、努力拼搏的目的,不断提高企业的整体素质和在市场中的竞争力。

第七,企业文化研究的"崇洋"现象。企业文化理论照搬国外,尤其是美国和日本的企业文化理论。实际上美国文化与中国文化差距很大,日本以"人"为本,美国以"科学"为本,我国以"精神"为本,就反映了这种区别。而我国有悠久的文化传统、巨大的文化宝藏,关键是我们采取什么方式来开采、挖掘。

企业文化的建设要经历一个漫长的过程,而不是一朝一夕的事情,它需要一批批、一代代的企业家和员工在经营企业的过程中去营造、培养和发展。文化是要有底蕴、有根基的。每个企业都有自己不同的创业和发展的轨迹,由此而形成不同的企业文化特色。

三、中国企业文化的建设对策

(一)树立先进的企业价值观和精神

建设企业文化的核心,是塑造先进的企业价值观,培育卓越的、具有本企业特色的企业价值体系,有利于建设进取、互助、忠诚的企业文化氛围。企业经营发展中将文化观念、文化手段融入企业管理之中,提高企业员工在管理中的主体性,在尊重人、爱护人的前提下推行各种管理制度,以最大限度地调动员工的积极性和创造性,在企业内部形成一种良好的文化氛围。

(二)突破当前企业文化建设的若干误区

企业文化是企业在经营活动中着力构造而形成的,为大部分员工所共享的愿景、价值观等企业本质特征的总和。企业文化的作用不仅仅是对内的导向、凝聚和规范作用,它的更重要的作用还在于提高企业的经营业绩,铸造品牌信仰。企业文化的最终目的是使企业永续经营、基业长青。因此不能用泛文化来看企业文化,企业文化建设必须理性和求实。避免当前企业文化建设中表面化、娱乐化、理论化等现象,企业文化研究趋向理性和求实,企业文化建设更具有可测量性和可操作性。企业必须拥有实用企业文化一系列的实战方法、工具,必须有完整、缜密的企业文化建设方案。

(三)继续推进现代企业制度建设

企业文化建设时,要有务实的精神,要认识到企业文化建设是一个长期的系统工程,应该形成制度,否则只会阻碍企业的有效运作和现代化进程。建立优秀的企业文化,必须在进行现代企业制度下进行,即奉行"以人为本"的管理理念和方式,不仅强调人的重要性,更重要的是要依靠人、了解人、引导人、激励人、使用人、管理人。坚持以人为中心建设企业文化,必须注重员工文化知识的教育,通过多种渠道、多种形式对企业员工进行政治理论、科学文化知识和技术业务的培训,全面提高职工的文化水准和业务技术能力,增强职工对企业文化的理解和执行。

(四)要真正建设优秀的企业家队伍

企业文化要发展,首先就必须有一批具有创新精神和创造才干的管理人员去发明、去创造,才有可能使企业的文化、科技、生产经营、员工素质走在其他企业的前面。这样才能从根本上为企业文化的构建奠定坚实的基础。

(五)企业文化要注重提升品牌价值,树立品牌信仰

消费者不只是简单地购买产品,同时也在选择一种观念和态度。当面临不断增加和日益多样化的选择时,消费者的购买倾向就变得更加受制于其对其钟情的品牌的信仰,消费者希望知道他们所购买的产品背后的公司。因此企业文化建设中要注重提升品牌价值,走品牌制胜之路。

(六)借鉴国际企业文化发展的先进成果和经验

"协作竞争、结盟取胜、双赢模式"是21世纪企业发展的新战略。各个国家、各个企业都有各自的文化背景和文化特征,所形成的企业文化也必然各具特色、各有所长;借鉴、吸收国际企业文化发展的先进成果和经验,有助于推动中国企业文化的建设和发展。

项目小结

◆Z理论:Z理论的核心思想就是怎样才能使每个人的努力彼此协调起来产生最高的效率,其研究的重点内容是工作中的信任、微妙性和人与人之间的亲密性。

◆文化四指标:理论家和企业家忽视了文化与管理的关系,事实上,管理不是处理具体的东西,而是处理对人有意义的"信号",这种信号是在家庭、学校、社会等文化背景下形成的,因此文化四指标渗透于管理和组织的全过程。

◆7S管理框架:在7S管理框架结构中,战略和制度是硬管理要素,人员、技能、作风和共有价值观是软管理要素。其中,共同的价值观处于中心地位,把其他六个要素粘合成整体,是决定企业命运的关键性要素。

◆日本企业文化和美国企业文化各有其不同的优势,我们需要将美国的理性主义企业文化与日本的灵性主义企业文化进行融合,吸取精华,洋为中用。

◆各个国家、各个企业都有各自的文化背景和文化特征,所形成的企业文化也必然各具特色、各有所长,因此借鉴、吸收国际企业文化发展的先进成果和经验,有助于推动中国企业文化的建设和发展。

模仿训练

知识题

1.名词解释

(1)Z 理论

(2)文化四指标

2.填空题

(1)美籍日裔学者威廉·大卫把典型的_____称为 A 型,把典型的_____称为 B 型,而把美国少数几个企业自然发展起来的与 J 型具有许多相似特点的企业管理模式,称为 Z 型。

(2)"麦肯齐 7S 框架"中这七个变量是_____、_____、_____、_____、_____、_____、_____,其中_____处于中心地位。

(3)美国企业文化的特征有_____,_____,_____,_____。

(4)日本企业文化的特征有_____,_____,_____,_____,_____,_____。

(5)企业管理的文化四个指标是_____、_____、_____、_____。

3.简答题

(1)如何正确利用 7S 框架提高企业的管理水平?

(2)文化四指标对管理有何影响?

技能题

日本企业文化特点和美国企业文化特点各是什么? 有什么相似之处? 试列举具体的案例说明。

案例题

案例

日本大金工业株式社会的经营之道

日本大金工业株式社会是全球著名的商用空调和氟化工业产品生产企业,这个在日本人尽皆知的大型企业,从 1999 年开始与其他日本企业一样进入了"冰冷的一年"。亚洲金融危机使泡沫经济破灭后的日本企业雪上加霜,许多企业丧失了往日的活力,丢掉订单,失去市场,债台高筑,员工下岗,等等。然而,值得大金员工自豪的是,这家公司居然顶住了压力,一不收缩撤退,二不裁人减员,企业活力依旧,甚至股票也不跌反升。"为什么会有这样的局面? 这就是我们企业文化的脊髓'人和'理念在起作用。"社升井上先生不无自豪地说。翻看大金公司的《企业经营理念》,令人大惑不解的是,这家公司竟然把"保住员工的铁饭碗"当做企业经营者的首要任务,而追求利润的最大化则被排在了后边! 这样的经营理念不能不让人肃然起敬、兴趣盎然。"其实,道理很简单。一个企业在市场上销售优质的产品和服务,用其部分利润再返回给社会,这是极为正常的,而希望长久发展的优秀企业要想在市场上和社会上站住脚,生存下去,发展下去,就必须要有一个人心稳定、团结一致的工人、技术人员和管理干部的队伍。我们正是从这样一个积极的意义上,才提倡企业员工的'铁饭碗'。在战后日本经济的起飞过程中,所谓'终身雇佣制'这种'日本式经营'方法发挥了重要作用,事实上它是有许多优点的。虽然这一两年来,由于亚洲经济危机的冲击,这个方法有点坚持不下去了,但我们还是要坚持,尽管这样做会付出不小的代价,但我们仍然要这样做,因为我们企业的根本思想就是以人为本、以厂为家。"为此,公司想了许多办法,诸如每年限量招工、实行内部转岗分流、对部分员工进行再培训等。留住员工是企业的社会责任,而员工也会为企业渡过难关贡献出他们真诚的热情。正是这样一种动力和活力的良性循环,才促使公司一步步战胜困难,看到了希望。井上先生指着"明朗人和"四个大字说,这个"明朗"正是动力和活力的表现,这个"人和"则是人们所看到的团结和敬业。井上先生出身书香门第,作为大金公司的老板,他同时是关西经营者协会副会长,2000年又被推举为关西经济同友会的代表干事,既是个地地道道的企业家,又有着浓厚的学者风格。井上先生很严肃地说:"我的座右铭就是一个字——'恕',己所不欲,勿施于人,设身处地,及人之老。"

思考题:
(1)案例中的"铁饭碗"与中国计划经济时期的"铁饭碗"有何不同?
(2)大金公司以人为本的经营理念有何借鉴意义?这种管理理念适合中国的企业吗?

实训题

实训项目:借鉴日美企业文化精华,设计模拟公司人性化的管理制度

【实训目标】
1.培养初步运用管理理论解决问题的能力;
2.培养分析与建设组织文化的能力。

【实训内容与形式】
1.根据所学知识对日美企业的文化精髓进行分析和提炼。
2.结合本公司的经营理念和内容,论证哪些方面应作为管理的要点。
3.结合日美企业文化精髓,设计模拟公司人性化的管理制度和方案。
4.班级组织一次交流,每个公司推荐两名成员谈谈所设计的管理制度和方案。

【成果与检测】
1.每人提交一份关于企业家访谈实训报告。
2.教师进行评估和打分。

讨论题

1.日本企业文化和美国企业文化的优缺点各有哪些?
2.日美企业文化的比较对中国企业有何启发?我国企业怎么样吸取两国企业文化的精华?

模拟提升训练营

北京联想集团拓展培训活动

　　2010 年 10 月 31 日北京联想集团拓展活动由龙之野在昌平瑶台山庄主办(1 天时间)。这次拓展培训通过针对性的课程设计,利用专业的拓展培训设施,在资深拓展培训师的引导下,学员以体验的学习方式携手历经了团队建设、信任背摔、不倒森林、高空抓杠、能量传输等一系列富有挑战的团队户外拓展训练项目,齐心协力地完成了"打造一个高绩效团队"的培训目标。此次拓展培训为联想集团北京分公司的全体同仁提供了挑战高峰体验,是一次大胆、创新的尝试,提升员工素质的自我要求的体现,有效地拓展了员工的潜能,提升和强化了个人的心理素质,让员工更深刻体验了个人与公司之间、下级与上级之间、员工与员工之间唇齿相依的关系,激发了团队高昂的工作热忱和拼搏创新的精神,增强了团队的凝聚力。

(资料来源:联想集团官方网站)

图片展示

 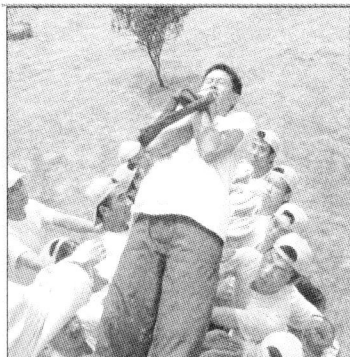

活动体验

体验步骤

　　为了培养职员的组织能力、团队协作精神,同时为职员们创造更多的交流机会,特组织举办此户外拓展活动。

　　一、活动主题:团结协作,提升能力。

　　二、活动目的:通过户外拓展训练,培养职员的组织能力、团结协作能力以及思维创新能力,使职员更好地融入到集体中,形成良好的团队精神和主人翁意识。同时,挖掘职员的潜力,促进职员间的交流与合作,提升职员对工作的激情和活力。

　　三、主办单位:集团公司

　　四、活动对象:本公司职员

　　五、活动地点:海边沙滩

六、活动时间:待定

七、活动前准备工作

1.宣传方式:会议通知各组长,组长下达活动精神

2.考察场地、准备道具

3.召开参加人员会议

八、具体活动方案

1.蜘蛛网

(1)游戏目的:培养团队合作精神,增进沟通,体现协同工作在解决问题中的重要作用。

(2)讨论问题:

A.你们在游戏过程中碰到了什么问题? 怎样分析问题的?

B.每个人的任务是什么?

C.整个小组的运作是否有效? 为什么?

D.你们遇到了什么困难? 是如何克服这些困难的? E.哪些因素有助于安全成功地完成游戏?

2.雷池取物

(1)活动目的:建立小组成员间的相互信任,促进沟通与交流,培养队员间的团结合作,使小组充满活力。

(2)讨论问题:例如

A.做完了这个游戏,大家感受如何?

B.游戏过程中遇到了什么问题?

C.如何将这个游戏和我们的实际工作联系起来?

3.信任背投

(1)活动目的:建立小组成员间的相互信任;使队员挑战自我;发扬团队精神,互相帮助。

(2)讨论问题:例如

A.最初你们对游戏有何认识?

B.参加游戏之后你们有何感受?

C.当站在平台上准备向后倒时,你有何感想?

九、活动预算

1.道具费用:150元

2.海边野炊费用:900元

3.交通费用:200元

共计:1250元

十、附注

注意事项:做好安全保障工作,确保活动顺利进行。

(游戏具体内容见附录)

活动感悟

拓展训练通过精心设计的户外项目刺激原本麻木的精神,引发出认知活动、情感活动、

意志活动和交往活动,从而达到团队合作的目的,增强团队凝聚力、执行力,同时锻炼职员的身体,让职员在精神和身体上都得到极大的满足。拓展训练与企业相结合,辅助企业进行更好的管理。

项目十

苏宁的企业文化塑造之旅 ≫ ≫ ≫   ≫

业务导入

　　创造与建立企业优秀的企业文化,已经成了不少企业孜孜不倦的追求和渴望,谁都知道只有建立了自己健康而优秀的企业文化,才能保持企业的长盛不衰。然而,究竟什么叫企业文化,企业文化是怎样建立的,又是一个值得认真探索的课题。尤其是那些经历了一段时间的辉煌后,逐步觉得对自身效率的保持与发展有些力不从心和迷惘的民营企业,显得更为迫切。让我们走进苏宁,寻找她的企业文化塑造并非常有必要对其企业文化的内涵作些深刻的思考。

目标设计

　　知识目标——了解企业文化的产生和发展;

　　技能目标——掌握企业文化的建设理念和措施;

　　能力目标——联系实际或案例分析企业文化的比较与企业文化定位。

　　引例:

走进苏宁

一、公司概况

　　苏宁电器 1990 年创立于江苏南京,是中国 3C(家电、电脑、通讯)家电连锁零售企业的领先者,国家商务部重点培育的"全国 15 家大型商业企业集团"之一。经过 20 年的发展,现已成为中国最大的商业企业集团,品牌价值 508.31 亿元。

　　截至 2010 年,苏宁电器连锁网络覆盖中国内地 300 多个城市,并进入中国香港和日本地区,拥有近 1500 家连锁店,员工 15 万人,2010 年销售收入近 1500 亿元,名列中国上规模民营企业前三强,中国企业 500 强第 50 位,入选《福布斯》亚洲企业 50 强、《福布斯》全球 2000 大企业中国零售企业第一。

　　苏宁电器始终保持稳健高速的发展,自 2004 年 7 月上市以来,得到了投资市场的高度认可,是全球家电连锁零售业市场价值最高的企业之一。

二、连锁发展

　　以消费者需求为核心,苏宁电器不断创新店面模式,从第一代空调专营店发展到第七代超级旗舰店(EXPO),并形成了以超级旗舰店、旗舰店为主,中心店、社区店、精品店、乡镇店相互补充的店面业态组合,遍布城乡的连锁网络,为中国亿万家庭提供方便、快捷、周到的家电生活服务。

在国内市场领先的基础上,2009年,为了积累国际化经营的经验,并吸收海外电器连锁行业优秀的经营管理理念,苏宁电器收购了日本 LAOX 公司。同年12月,苏宁电器收购香港镭射电器,进入香港市场,并将以香港为海外发展的桥头堡,探索国际化经营的道路。

本着稳健快速、标准化复制的开发方针,苏宁电器形成了"租、建、购、并"四位一体、立体化开发的格局,保持稳健、快速的发展态势,建立了覆盖直辖市—省会城市—副省级城市—地级城市—发达县级城市—乡镇六级市场的连锁网络。为构建稳定、优质的旗舰店经营平台,苏宁电器以店面标准化为基础,通过自建开发、委托开发等方式,在南京、北京、上海、天津、重庆、成都、长春、青岛等数十个一、二级市场核心商圈全力推进自建旗舰店开发。预计到2020年,连锁店网络规模将突破3500家,销售规模突破3500亿元。

三、市场经营

整合社会资源、合作共赢。满足顾客需要、至真至诚。苏宁电器不断坚持创新经营,拓展服务品类,承诺"品牌、价格、服务"一步到位,通过 B2C、联名卡、会员制营销等方式,为消费者提供质优价廉的家电商品。目前经营的商品涵盖空调、冰洗、彩电、音像、小家电、通讯、电脑、数码、OA 办公、厨卫等综合品类。

在实体网络开发的同时,苏宁电器以"苏宁易购"为品牌,全面加快虚拟网络的规划与建设,计划通过10年的运营和积累,达到3000亿销售规模,占据整个中国电子商务市场10%的份额,成为中国第一的电子商务公司。

围绕高效顾客响应,苏宁电器依托 B2B 平台,与国内外数万名知名家电供应商建立了紧密的合作关系,通过商品协同、供应链协同、市场协同、人才协同、沟通机制协同等,打造利益共享的高效供应链。与此同时,苏宁电器多次召开行业峰会与论坛,携手国内外知名供应商、专家学者、社会专业机构共话行业发展趋势与合作策略,发挥自身渠道专业优势,致力于家电产品的普及与推广,推动中国家电行业发展。

四、终端服务

服务是苏宁的唯一产品,顾客满意是苏宁服务的终极目标。苏宁电器立志服务品牌定位,为顾客提供涵盖售前、售中、售后一体化的阳光服务。

连锁店服务——苏宁电器以客户体验为导向,不断创新店面环境与布局,制定了系列店面服务原则,率先推出5S服务模式、会员专区、VIP 导购,实现一站式购物。根据顾客多样化需求,提供产品推荐、上门设计、延保承诺、家电顾问等服务。

物流配送服务——物流是连锁经营的核心竞争力。苏宁电器在全国建立了区域配送中心、城市配送中心、转配点全国三级物流网络体系,依托 WMS、DPS、TMS、GPS 等先进信息系统,实现了长途配送、短途调拨与零售配送到户一体化运作,平均配送半径200公里,日最大配送能力20多万台套,并率先推行准时制送货,24小时送货到户。

以"网络集成化、作业机械化、管理信息化"为目标,苏宁电器在全国大力建设以机械化作业、信息化管理为主要特征的第三代物流基地。第三代物流基地集物流配送中心、呼叫中心、培训中心、后勤中心等于一体,支撑半径80—150公里零售配送服务及每年50—200亿元的商品周转量,成为苏宁电器大服务与大后方平台。目前,杭州、北京、南京、沈阳等地的物流基地已投入使用,在北京、广州、天津、重庆、成都、福州、合肥、无锡、青岛、济南等地的数十个物流基地正全面建设,预计到2015年,苏宁电器将完成全国60个物流基地的建设。

售后安维服务——本着"专业自营"的售后服务,苏宁电器不断拓展服务品类和精细服务,依托遍布城乡的数千家售后服务网络,2万多名专业服务工程师时刻响应顾客需求,24小时内快速上门,为顾客提供专业、可信赖的售后保障,成为中国最大的电器服务商。

围绕顾客需求,苏宁电器还推出了阳光包、IT帮客、服务管家卡等自主服务产品,自主推广的系列家用电器安检标准也成为行业或国家标准,拥有多项国家发明专利,是业内首家国家职业技能鉴定资质单位,荣膺中国最佳售后服务奖。

客户服务关怀——以"提升客户满意度"为目标,苏宁电器做到为消费者承诺365天的电话、互联网、短信、视频等自助式、专家式的服务,利用业内最大的全国呼叫中心平台,全国统一服务热线4008-365-365全天24小时为顾客提供咨询、预约、投诉和回访等服务。与此同时,专家坐席、会员服务、电话支付、理赔服务、松桥热线、以旧换新通道等全方位的快速服务通道全面响应,极大地方便了消费者。

以客户关怀为己任,苏宁电器成功实施了业内首个CRM客户关系管理系统,致力于挖掘顾客的消费与服务需求,有针对性地推出系列增值服务,电话销售与在线客服等服务为顾客创造了更多人性化的选择。

五、智慧苏宁

信息化是苏宁电器的核心竞争力。苏宁电器视信息化为企业神经系统,建立了集数据、语音、视频、监控于一体的信息网络系统,包括全国三级网络与通讯应用架构、全国视频会议、全国内部互联互通电话、全国多媒体监控、全国数据中心等,实现了海内外300多个城市、数千个店面、物流、售后、客服终端运作和十多万人的一体化管理。

依托SAP/ERP系统,苏宁电器完成了涵盖B2B、B2C、OA、SOA、HR、BI、WMS、TMS、CRM、CallCenter等十多类、120多项的信息应用模块开发,实现了"高效采销运营、精益客户服务、精细内部管理"三位一体的全流程信息管理,并致力于为消费者提供更加迅捷的购物体验与智能化的家居生活。

目前拥有4000多名专业IT人员,具备自主开发的能力,信息化建设入选中国商业科技100强、中国企业信息化500强(第44位)。2005年以来,苏宁电器先后携手IBM、SAP、思科等世界知名IT企业开展信息系统建设战略合作,打造国际化一流信息平台。

六、人力资源

百年苏宁,人才为本。苏宁电器建立了系统化的招聘选拔、培训培养、考核激励与发展规划体系,数以万计来自学校、社会、基层等各方人才,与苏宁一同成长。

秉承"自主培养、内部提拔"的人才培养方阵,苏宁电器高度注重人才梯队建设,建立了上至总经理、下至终端作业人员的人才工程,陆续实施了1200梯队、总经理梯队、采购经理梯队、店长梯队、督导梯队、销售突击队、蓝领工程等10多项人才梯队计划,保障了企业持续快速的发展。

1200工程是苏宁电器"自主培养人才,大胆任用年轻干部"的代表。1993年,苏宁电器开始引进大学应届毕业生,为企业的快速发展积蓄了力量。2003年,苏宁电器启动了专门面向大学毕业生的人才引进培养计划——1200工程。目前已连续实施9期,共引进培养了2万多名高素质大学毕业生,公司为1200员工建立了完善的招聘、培训、轮岗、发展、激励与职业规划配套计划。

苏宁电器坚持打造学习型企业,建立了新员工、企业文化、业务能力与领导力等培训领域,涵盖入职、在职、脱岗、E-Learning 自学以及厂商联合、校企合作、外部机构合作多种形式的培训体系,并在南京、杭州、北京等地自建现代化培训中心与苏宁大学,培训范围覆盖企业各级干部与岗位员工。

秉承"做百年苏宁,国家、企业、员工,利益共享;树家庭氛围,沟通、指导、协助,责任共当"是的价值观,苏宁电器坚持"激励为先,大胆提拔"的激励理念,建立了涵盖员工福利、各类奖励、晋升加薪、期权激励等多方面的激励体系,鼓励员工树立远大的事业理想,并立足苏宁平台,与企业共同成长,共享价值,成为苏宁的事业经理人。与此同时,苏宁电器在企业内部塑造了家庭式的氛围,通过苏宁之夏、运动会、节日团聚、员工旅游等制度化的各类企业文化活动,提升团队凝聚力。

七、社会责任

苏宁的发展离不开国家和社会的关心和支持。苏宁电器始终铭记打造民族商业品牌的使命,努力通过自身发展促进中国零售业的提升,协同中国制造走向世界。

作为一名负责任的企业公民,苏宁电器通过吸纳就业、缴纳税收、慈善公益等方式,不断回馈与服务社会,为推动经济发展与社会和谐奉献力量。目前累计纳税近百亿元,直接解决就业 15 万人,间接支撑就业人数上百万,多次荣获国家、省、市税务部门颁布的纳税先进企业称号,在各类公益慈善中累计捐赠 4 亿多元。

2006 年,苏宁创立"1+1 阳光行——苏宁社工志愿者行动",号召全体员工每人每年捐出 1 天工资用于慈善捐赠,每人每年奉献 1 天时间参加社工服务,成为中国第一家将社会公益长期化、制度化推进的企业。"1+1 阳光行"自启动以来,全国共组建 500 多支志愿者分队,年平均活动人数 15 万人次。

八、发展规划

未来十年,苏宁电器将坚持国内与国际、实体网络与虚拟网络同步拓展,持续保持稳健、高速的发展,依托营销变革与服务优化,不断提升供应链效率与顾客满意度。到 2020 年,连锁店总数将达 3500 家,销售规模将达 3500 亿元,网络销售规模将达 3000 亿元,同步以香港与日本市场为桥头堡,探索海外市场发展,跻身世界一流企业行列!

誓言"成为中国沃尔玛",苏宁电器将始终以"打造民族商业品牌"为使命,持续创新发展,矢志成为中国最优秀的连锁服务品牌!

任务一　企业文化符号塑造

所谓文化,它根植于人的内心与精神,不是迫于外界压力的做作,也不是简单地局限在与"文"相关联的行为与载体上,而是在一定的环境范围内,具有普遍性、持久性、自觉性、感染性、一致性、艺术性、代表性和特色性的东西。企业文化更是企业领导者在长期工作摸索的过程中,精心设计、持久倡导和企业职工共同完成所形成的企业整体的价值观、信仰、态度、方式方法、精神风貌、道德规范、传统习惯的总和。

操作指南

一个良好的企业文化,有助于企业形成凝聚力、吸引力、发展力和市场竞争力。一个企业的企业文化,和企业的外在形象、公司简介、宣传标语、商业模式是息息相关的。企业文化的象征表现,对企业文化的形成和塑造起重要的作用。

一、苏宁企业的外在形象

2010 年 1 月 7 日,2009 年《南方周末》中国企业社会责任榜在广州发布,苏宁电器入选"民营企业创富榜"。

2010 年 1 月 8 日,第五届政府集中采购年会在北京隆重举行。苏宁电器荣获了由中国政府采购信息报、中国政府采购信息网颁发的"2009 年度政府采购首选电器卖场"奖项。

2010 年 2 月 3 日,苏宁电器获得了"2009 年度最佳企业公众形象"奖项。"企业公众形象评价活动"是由国务院发展研究中心企业研究所、北京大学中国信用研究中心、搜狐及光华传媒于 2005 年共同发起,华民慈善基金会参与的活动。苏宁电器连续三年获得"年度最佳企业公众形象奖"。

2010 年 2 月 9 日,世界品牌组织、美中经贸投资总商会、美国世界著名企业联盟联合在日本东京宣布 2009 年度"世界著名品牌 500 强"获奖名单。苏宁电器作为中国家电零售行业唯一代表入选此单。

2010 年 3 月 25 日,中国连锁协会发布"2009 年中国连锁百强"榜,其中,苏宁电器集团以 1170 亿元、941 家店铺的经营规模位列榜首,一举成为中国最大的商业零售企业。

2010 年 5 月,中国人民大学舆论研究所品牌形象实验室、中国广告协会《现代广告》杂志社、创易视界品牌整合传播(IMC)机构共同在京发布 2009 年《中国百强上市公司品级指数评测报告》。苏宁电器在中国百强上市公司品级指数评测排行榜位列第十四,在商业零售行业中排名第一。

2010 年 6 月,美国《福布斯》杂志公布了最新全球公司 2000 强名单。苏宁电器作为中国最大的零售企业再度入选,排名第 949 位,比 2009 年上升 106 位,蝉联中国零售业第一。

2010 年 6 月,世界品牌实验室在北京发布"2010 年《中国 500 最具价值品牌》"榜单,其中,苏宁电器品牌价值达到 508.31 亿,蝉联家电零售行业第一并继续占据中国商业零售第一品牌的位置。

2010 年 7 月 6 日,全球主流财经杂志《福布斯》联合世界最大的品牌咨询公司 Interbrand 在北京共同发布"2010 中国最佳品牌价值排行榜"榜单。苏宁电器,在该榜单中排名第 39 位,再次荣登中国商业零售第一。

2010 年 8 月 5 日,《环球企业家》杂志与罗兰·贝格国际管理咨询公司联合主办的"最具全球竞争力中国公司"评选榜单全新出炉,宝钢、海尔、苏宁电器、百度、华为等 20 家企业成为最具全球竞争力的中国公司,其中苏宁电器作为唯一的零售企业入选,这也是中国零售企业首度入选该榜单。

二、企业的简介

苏宁电器 1990 年创立于江苏南京,是中国 3C(家电、电脑、通讯)家电连锁零售企业的领先者,国家商务部重点培育的"全国 15 家大型商业企业集团"之一。经过 20 年的发展,现已成为中国最大的商业企业集团,品牌价值 508.31 亿元。

截至 2010 年,苏宁电器连锁网络覆盖中国内地 300 多个城市,并进入中国香港和日本地区,拥有近1500家连锁店,员工15万人,2010年销售收入近1500亿元,名列中国上规模民营企业前三强,中国企业500强第50位,入选《福布斯》亚洲企业50强、《福布斯》全球2000大企业中国零售企业第一。

苏宁电器(002024)始终保持稳健高速的发展,自2004年7月上市以来,得到了投资市场的高度认可,是全球家电连锁零售业市场价值最高的企业之一。

三、苏宁商业模式

20世纪90年代初,内地民营经济发展迎来了改革开放的春天,中国出现一股"下海"潮流。1990年12月26日,苏宁以10万元的自有资金,在南京宁海路60号租下一个200平米门面,取名为"苏宁家电集团公司",专营那时还属于"奢侈品"的空调,率先开展了家电产品的专业化经营。1991年,苏宁成立了一支上百人的专业自营服务队伍,专门从事空调送货、安装、维修、保养全系列售后服务,创中国空调行业专业自营服务先河。

1993年春夏之交,南京爆发了轰动全国的"空调大战"。八大国有商场联合封杀半路杀入空调市场的苏宁,这是中国商界首次在供不应求的市场格局下出现的"价格大战"。凭借"规模经营、厂商合作、专业服务"三大优势,苏宁"一战成名",销售节节攀升,当年销售额实现3亿元,比上年增长了187%,创造了代表由计划经济向市场经济转型的"苏宁现象"。

一场商战让南京成为全国最大的空调集散地。随后的1994年,苏宁顺势进入空调批发经营,以南京为大本营,迅速向苏南、苏北、安徽、浙江、上海、北京等地区市场进军,发展分销商,庞大的分销体系发挥了强大的市场作用。不到三年,一个拥有4000多家批发客户、覆盖中国大部分地区的分销网络形成。公司的销售额从1993年的3亿元发展到1996年的15亿元,增长400%,确立了苏宁在行业的龙头地位。1994年,苏宁以年销售额5.6亿元荣登全国空调销售第一,并将这一荣誉保持至今。

20世纪90年代中后期,中国家电市场从"供不应求"逐步转变为"供过于求",苏宁电器又一次顺应市场变化,适时转型做零售,建立苏宁自己的零售终端体系。1996年3月16日,苏宁第一家直属子公司——扬州苏宁开业,揭开了苏宁连锁的序幕。随后,苏宁先后在镇江、常州、无锡及其他城市开设直营空调专营店,大规模的零售终端建设,进一步增强了苏宁的市场生命力。1998年,苏宁以28亿元的销售业绩6次蝉联中国最大空调经销商桂冠。"苏宁"商标成为江苏省唯一的服务类著名商标。

2000年,苏宁开始二次创业。在公司成立十周年之际,正式确定了全国连锁战略,横向扩张、纵向渗透,逐步建立从直辖市到省会级城市,从地级市到发达县级市的网络布局,构建了核心商圈的3C旗舰店、亚商圈的中心店、社区店的区域布局系统,形成了区域合理的市场网络。2001年,苏宁完成了江苏省内市场的网络布局。2002年,苏宁全国连锁事业日益精进,北京、上海、成都、杭州、宁波、苏州、常州等地店面先后开业,标志着苏宁全国连锁网络初见端倪。2003年3月15日,苏宁电器南京山西路3C旗舰店开业,首创了中国家电流通行业电器、电脑、通讯为一体的"3C模式",苏宁连锁经营全面进入"3C"时代。2004年7月21日,苏宁在深圳证券交易所挂牌上市。

2005年,针对行业发展的趋势,苏宁又一次顺势而为,从公司内部管理入手,坚持"练内功,强管理"。2005年7月,苏宁投入数千万元,打造全新的ERP系统,建立面向未来的现代化管理平台;2006年4月11日,苏宁电器SAP/ERP成功上线,成为中国零售业信息化建设新的里程碑,被称之为世界零售业的灯塔工程。2006 年 7 月,苏宁电器新街口店盛大重张,开创了中国家电第四代连锁店模式——"3C＋模式",同年 10 月 1 日,苏宁全国 52 家店面盛大开业,创造了每 2 天新开一家店面的"苏宁速度",3C＋模式开始在全国复制。

2008 年,苏宁出台"三年攻略"近期规划(领跑行业、树立标杆的三年发展攻略),将继续保持每年平均 200 个店的增长速度,持续升级后台建设,实现品牌、网络、规模、效益、管理、后台、服务等全方位的领跑。凭借稳健快速的发展、优秀的经营业绩和成熟的品牌形象,苏宁电器始终以自身的努力,引领行业发展的趋势与方向。

苏宁电器的高速成长和给予股东高回报的基础,是其连锁规模扩张和单店效能提升相互平衡的行业模式,而这种商业模式也正是公司具备持久业态生命力的关键。作为一家从事家用电器与消费类电子销售和服务的连锁零售商,外延扩张和内涵发展是决定公司未来竞争优势的关键因素。

连锁门店作为一种稀缺的商业资源,拥有更多商业资源的企业将在未来竞争中掌握主动权;而在外延扩张的同时,行业领先企业需要提升后台支持体系(如信息系统、物流体系等)的能力,以更好地适应连锁网络的快速发展。同时,伴随国内家电连锁行业结构的进一步整合集中,家电连锁行业内的竞争也从简单的规模、价格的竞争转向组织、人事、采购、服务、信息等核心竞争力的竞争。

截至 2009 年 12 月 31 日,苏宁电器在全国 200 个地级以上城市拥有连锁店 941 家。这些位于城市核心商圈的店面是公司增强市场竞争力、提高市场份额占有率的宝贵资源,同时也是公司品牌形象的重要展示窗口。得益于公司知名度、美誉度的不断提高,在连锁发展推进过程中,公司也在不断加强与开发商的合作,创新推进了公司"租、购、并、建"的多样化连锁发展模式。后期公司还将进一步加强与全国性开发商的战略合作,共同分析商圈、店面规划,在条件允许的情况下进行适当的定制性开发,长期性合作。通过此类合作,公司采取超前投入、长期投入的方式,尽可能避免连锁店租金上升对公司经营产生的影响,从而保持公司持续稳定的发展。

此外,出于不断提升市场竞争力的目的,苏宁电器在连锁店面不断升级的同时,注重丰富销售的产品种类,进一步完善、提升经营模式:从最初的空调专营,到综合家电的零售,再到覆盖综合家电和 3C 产品的全国连锁零售和服务。2006 年下半年,公司首次提出"3C＋"模式,首次从过往以产品线扩充调整为主的升级模式转变为以"消费者为中心"的理念升级,在人才自营、产品引进、环境优化、信息化升级、服务增值、购物便利性等方面进行了全面的调整。公司品牌营销、服务营销等营销手段也同时不断创新,公司的品牌形象进一步提升,核心竞争力进一步加强。

从发展初期开始,苏宁电器就已经认识到家电连锁行业分散经营的特点,需要公司加大在后台信息、物流、人力资源等平台方面的建设,形成对前台销售的有效支撑。十多年来,公司一直加强在信息系统方面持续投入,不断加强视频、监控、CRM、B2B、B2C 等系统的逐步建立和完善,初步建立系统化的信息平台;2006 年 4 月,伴随着公司 SAP/ERP 系统的成功上线,依靠信息系统的支撑实施高度扁平化的管理,公司实现了投资、业务、财务、服务、人事的一体化管理、跨公司管理、跨地区经营(管理)三大管理突破,从采购、物流、结算、资金的作业链,配送、售后、客服的服务链,到财务、人事的管理体系(链),全面提供系统的支撑,通过信息系统进一步统一标准、固化流程,有效实现了对原有体系、平台的整合,提高公司内部管理效率,增强内部管理控制力度,全面提升核心竞争力,有力地推动了公司管理创新与经营创新,进一步提升了公司的管理效率与效益。

同时,为了满足连锁网络的快速扩张对人才的长远需求,苏宁电器在人力资源上采取了"自主引进、自主培养"、"提前培养、提前储备"的原则,实施了面向应届毕业生的"1200工程"、面向成熟性人才的"梯队工程"、"百名店长工程"、"千名蓝领工程"等人才引进计划,丰富人才结构。公司还通过组织大规模的员工培训,开发 e—learing 在线学习系统,组织管理骨干去国外考察学习等,进一步加大内部人才培养的力度,加大培训体系建设,培育核心团队。公司还在不断地完善薪酬、福利、股票期权等各项激励措施,更好地推进人力资源战略。

此外,从 2004 年起,苏宁开始规划建设自有的物流配送中心,建设了杭州物流中心、北京物流中心、南京物流中心,有效整合了部分区域的物流平台,加快物流配送效率,提升服务质量,提高存货周转率。而物流体系的整合不仅仅会带来存货周转率的提升,更重要的是区域物流的整合会带来管理资源、人力资源、采购资源的整合,这对于公司实现跨区域管理、实现相对区域内的规模效应非常重要。

因此,在统一的信息、物流、人力资源平台之上,各地分子公司能够更好地开展终端销售和服务工作,公司也能通过上述平台和措施进一步加强对各地分子公司的管理和控制,公司核心竞争力进一步加强,实现全面发展、协调发展、可持续性发展。

目前,家用电器及消费类电子的总体普及程度不高,城镇化进程的加快也将推动家用电器的消费增长,家用电器及消费类电子连锁零售市场的潜力巨大,今后一段时期市场的总规模仍将持续快速增长。而与发达国家相比,我国家用电器及消费类电子连锁零售行业的整体发展水平以及在零售市场上的地位还存在较大的差距,这表明行业未来的发展空间还很大。家用电器及消费类电子连锁零售目前在整个家用电器及消费类电子生产和销售产业链中的价值已经被广泛认可,这为连锁零售的持续发展奠定了良好的基础。

随着连锁发展和管理模式越加成熟、规范,苏宁电器下一阶段的发展战略也愈加明确,即在进一步加大平台建设的同时,全面推进营销转型、变革、创新;在物流、信息、人才等基础竞争力夯实的前提下,建立起不断提升零售商自身价值,不断提升为供应商、消费者创造价值的能力体系。为此,公司将从组织、观念、人才、流程、IT 等方面全面配套转型、变革、创新。公司预计,基于苏宁电器长期以来形成的管理、执行能力,辅助苏宁在三、四级市场和国际化舞台的全面拓展,通过 2—3 年的时间将此项变革创新举措深化、固化,可以为公司赢得又一个更为广阔的成长空间,中国巨大的消费市场也必将培育出世界级的零售品牌。

任务二　苏宁视觉识别系统

VI(Visual Identity),企业视觉识别系统,以企业标志、标准字体、标准色彩为核心展开的完整、体系的视觉传达体系,是将企业理念、文化特质、服务内容、企业规范等抽象语意转换为具体符号的概念,塑造出独特的企业形象。视觉识别系统分为基本要素系统和应用要素系统两方面。基本要素系统主要包括:企业名称、企业标志、标准字、标准色、象征图案、宣传口语、市场行销报告书等。应用要素系统主要包括:办公事务用品、生产设备、建筑环境、产品包装、广告媒体、交通工具、衣着制服、旗帜、招牌、标识牌、橱窗、陈列展示等。

操作指南

一、基本要素系统

企业名称、企业标志、企业造型、标准字、标准色、标志和标准字的组合、象征图案、宣传口号等。

1. 企业名称。企业名称与企业形象有着紧密的联系,是 CIS 设计的前提条件,是采用文字来表现识别要素。企业名称的确定,必须要反映出企业的经营思想,体现企业理念;要有独特性,发音响亮并易识易读,注意谐音的念义,以避免引起不佳的联想。名字的文字要简洁明了,同时还要注意国际性,适应外国人的发音,以避免外语中的错误联想。在表现或暗示企业形象及商品的企业名称,应与商标,尤其是与其代表的品牌相一致,也可将在市场上较有知名度的商品作为企业名称。企业名称的确定不仅要考虑传统性,还要具有时代的特色。

2. 企业标志。企业标志承载着企业的无形资产,是企业综合信息传递的媒介。标志作为企业 CIS 战略的最主要部分,在企业形象传递过程中,是应用最广泛、出现频率最高,同时也是最关键的元素。企业强大的整体实力、完善的管理机制、优质的产品和服务,都被涵盖于标志中,通过不断的刺激和反复刻画,深深地留在受众心中。企业标志,可分为企业自身的标志和商品标志。

3. 宣传口号。企业提出的标语口号是企业理念的概括,是企业根据自身的营销活动或理念而研究出来的一种文字宣传标语。企业标语口号的确定要求文字简洁、琅琅上口。准确而响亮的企业标语口号对企业内部能激发职员为企业目标而努力,对外则能表达出企业发展的目标和方向,提高企业在公众心里的印象,其主要作用是对企业形象和企业产品形象的补充,以使社会大众在瞬间的视听中了解企业思想,并留下对企业或产品难以忘却的印象。

二、应用要素系统

1. 办公用品:信封、信纸、便笺、名片、徽章、工作证、请柬、文件夹、介绍信、账票、备忘录、资料袋、公文表格等。

2. 企业外部建筑环境:建筑造型、公司旗帜、企业门面、企业招牌、公共标识牌、路标指示牌、广告塔、霓虹灯广告、庭院美化等。

3. 企业内部建筑环境:企业内部各部门标识牌、常用标识牌、楼层标识牌、企业形象牌、旗帜、广告牌、pop 广告、货架标牌等。

4. 交通工具:轿车、面包车、大巴、货车、工具车、油罐车、轮船、飞机等。

5. 服装服饰:经理制服、管理人员制服、员工制服、礼仪制服、文化衫、领带、工作帽、钮扣、肩章、胸卡等。

6. 广告媒体:电视广告、杂志广告、报纸广告、网络广告、路牌广告、招贴广告等。

7. 包装系统:纸盒包装、纸袋包装、木箱包装、玻璃容器包装、塑料袋包装、金属包装、陶瓷包装、包装纸。

8. 公务礼品:T 恤衫、领带、领带夹、打火机、钥匙牌、雨伞、纪念章、礼品袋等。

9. 陈列展示:橱窗展示、展览展示、货架商品展示、陈列商品展示等。

10. 印刷品:企业简介、商品说明书、产品简介、年历等。

三、苏宁的 VI 设计

"大气、稳定、庄重、动感、流畅、精致"是苏宁 VI 的设计精髓。

1.企业名称:

2.企业标志:

3.宣传口号：

4.建筑环境：

任务三　苏宁的理念识别系统

　　MI(Mind Identity)，企业理念识别系统，是企业的思想和灵魂，即企业的想法，属于企业的最高决策层次。MI是整个CI战略的核心，是CI战略运作的原动力和实施基础。它在是企业经营管理过程中形成的，并为员工所认同和接受的企业经营理念、发展战略、企业哲学、行为道德准则、企业精神、企业文化、经营方针、策略等。

操作指南

一、MI的主要内容

　　包括企业精神、企业价值观、企业文化、企业信条、经营理念、经营方针、市场定位、产业构成、组织体制、管理原则、社会责任和发展规划等。

　　1.企业精神

　　企业精神是企业的精神支柱，是企业之魂，是企业在长期的生产经营实践中自觉形成的，经过全体职工认同信守的理想目标、价值追求、意志品质和行动准则。颇具个性的企业精神,形同凝聚全体员工的黏合剂,是塑造良好企业形象的恒定的、持久的动力源。培养和弘扬企业精神最积极的意义,就是使之与众不同,独具个性,全员认同。

2.企业价值观

企业价值观是指企业决策者对企业性质、目标、经营方式的取向作出的选择,是员工所接受的共同观念,是长期积淀的产物。企业价值观是企业员工所共同持有的,是支持员工精神的主要价值观。

3.企业信条

企业信条即企业所信奉的人格行为准则,是企业伦理道德的集中体现。企业哲学反映的是企业最根本的问题,解决的是最根本的是与非,而企业信条是在企业哲学的制约下形成的企业道德以及员工人格行为准则。

4.经营理念

经营理念就是管理者追求企业绩效的根据,是顾客、竞争者以及职工价值观与正确经营行为的确认,然后在此基础上形成企业基本设想与科技优势、发展方向、共同信念和企业追求的经营目标。

5.经营方针

经营方针是指以企业的经营思想为基础,根据实际情况为企业实现经营目标而提出的一种指导方针。经营方针是企业最基本的思考方向文化,涵盖了基本文化、行业政策、人事政策等基本政策。正确地确定企业经营方针,能有效地利用各种资源,有计划地进行基本建设和生产经营活动,实现企业的经营目标。

6.市场定位

市场定位是指企业针对潜在顾客的心理进行营销设计,创立产品、品牌或企业在目标客户心目中的某种形象或某种个性特征,保留深刻的印象和独特的位置,从而取得竞争优势。

7.组织体制

组织体制是组织结构中各层次、各部门之间组织管理关系制度化的表现形式。

8.管理原则

管理原则是组织活动的一般规律的体现,是人们在管理活动中为达到组织的基本目标而在处理人、财、物、信息等管理基本要素及其相互关系时所遵循和依据的准绳。一方面管理原则是对管理活动的科学抽象,是对管理规律的总结和概括,是管理理论的重要组成部分;另一方面,管理原则是以客观事实为依据并在管理实践中逐步产生和发展起来的。

9.社会责任

社会责任是指一个组织对社会应负的责任。社会责任通常是指组织承担的高于组织自己目标的社会义务,包括企业环境保护、社会道德以及公共利益等方面,由经济责任、持续发展责任、法律责任和道德责任等构成。

二、苏宁的 MI 设计

1.企业的基本法

以市场为导向,持续增强企业盈利能力,多元化,连锁化,信息化,追求更高的企业价值;以顾客为导向,持续增强企业控制能力,重目标,重执行,重结果,追求更高的顾客满意;矢志不移,持之以恒,打造中国最优秀的连锁服务品牌。

2.苏宁管理理念

制度重于权力,同事重于亲朋。

大企业必须依靠严格的制度体系和企业文化进行管理。苏宁的管理不取决于那一个人,而是建立一种组织结构、制度体系来规范管理。同事就是共同完成某项事业的特殊社会群体。在苏宁,最重要的是同事关系,而不是亲朋关系。同事关系就是全体苏宁员工以苏宁事业为共同目标,团结协作,相互配合,相互支持,共同推动苏宁的快速发展。这是苏宁成功的根本保证,也是苏宁文化的一大特色。

3.苏宁经营理念

整合社会资源,合作共赢;满足顾客需要,至真至诚。

4.苏宁价值观

做百年苏宁,国家、企业、员工,利益共享。

树家庭氛围,沟通、指导、协助,责任共当。

5.苏宁人才观

人品优先,能力适度,敬业为本,团队第一。

苏宁的人品一是基本准则与职业素养,例如诚实守信、正直坦荡、朴实善良等;二是其价值观是否与企业文化相融合,例如忠诚于企业、愿意与企业长远发展;三是在工作中是否以企业利益为上,当个人利益与企业利益发生冲突时,会如何选择。

能力适度的内涵是依据每位员工的岗位职责与工作任务,具备与之相适应的工作能力。"适度"不是"适中",更不是能力低下,是指以各自的工作岗位或者工作任务为基本尺度,衡量每位员工的能力。

敬业为本就是要求全体苏宁员工踏踏实实、认认真真做好本职工作,有较高的职业道德,对各自承担的任务努力做得更好,这是苏宁事业成功的基石。

团队第一就是讲究分工协作,依靠集体力量完成苏宁大事业。如今的苏宁是一艘"商业航母",数万多名员工划分成数百种岗位、上千个作业点,构成了一个严密的大作业系统,犹如庞大的生产流水线,每个工作岗位仅仅是一个小环节,必须突出集体的作用,才能完成这一复杂的作业任务。因此,苏宁是一个团队,不突出个人的地位和作用,而是追求团队协作、相互配合、相互支持,形成强大的团结力,从而产生持久的战斗力。

6.苏宁服务观

至真至诚,苏宁服务。服务是苏宁的唯一产品,顾客满意是苏宁服务的终极目标。

"至"代表着最高的境界,寓意追求完美人生,追求真理的最高境界,表现了苏宁服务的杰出风范。真与诚是苏宁之本。"至真至诚"寓意苏宁人追求的最高境界,容纳百川的博大胸怀,为社会作出更大的贡献。苏宁服务,具体表现为对待员工、对待客户、对待消费者、对待供应商、对待社会合作者和支持者,都表现出苏宁人的"真诚、真心、真意、真实"的"四真"特色。服务是苏宁的生命线。苏宁把服务作为一种营销手段,超越竞争,体现了苏宁作为国内一流企业的风范。

7.苏宁竞争观

创新标准,超越竞争。

8.苏宁精神

执著拼搏,永不言败。

9.苏宁员工职业道德

维护企业利益,严禁包庇纵容,严禁索贿索酬,做人诚实守信,严禁欺瞒推诿,做事勤俭节约,严禁铺张虚荣。

10.苏宁营销人员行为准则

待人热情礼貌,切忌诋毁同行;谈吐有理有节,切忌独断独行;交往互敬互惠,切忌损人利己。

11.苏宁管理人员行为准则

管理就是服务,切忌权力本位;制度重在执行,切忌流于形式;奖惩依据结果,切忌主观印象。

12.苏宁服务人员行为准则

微笑发自内心,切忌虚情假意;服务细致入微,切忌敷衍了事;技能精益求精,切忌得过且过。

任务四　苏宁的行为识别系统

操作指南

BI(Behavior Identify),企业行为识别系统,是在理念指导下的企业一切经营管理行为,即企业的做法,是动态的识别形式。它直接反映企业理念的个性和特殊性,是企业实践经营理念与创造企业文化的准则,对企业运作方式所作的统一规划而形成的动态识别系统。包括对内的组织管理和教育,对外的公共关系、促销活动、资助社会性的文化活动等。通过一系列的实践活动将企业理念的精神实质推展到企业内部的每一个角落,汇集起员工的巨大精神力量。

一、BI 的主要内容

对内:组织制度,管理规范,行为规范,干部教育,职工教育,工作环境,生产设备,福利制度,等等;

对外:市场调查,公共关系,营销活动,流通对策,产品研发,公益性、文化性活动,等等。

1.企业组织制度。企业组织制度是企业组织中全体成员必须遵守的行为准则,它包括企业组织机构的各种章程、条例、守则、规程、程序、办法、标准等。现代企业组织制度是指企业组织的基本规范,它规定企业的组织指挥系统,明确了人与人之间的分工和协调关系,并规定各部门及其成员的职权和职责。

2.企业管理规范。企业管理规范又称企业规章制度,是企业管理中各种管理条例、章程、制度、标准、办法、守则等的总称。它是用文字形式规定管理活动的内容、程序和方法,是管理人员的行为规范和准则。

3.行为规范。行为规范是社会群体或个人在参与社会活动中所遵循的规则、准则的总称,是社会认可和人们普遍接受的具有一般约束力的行为标准,包括行为规则、道德规范、行政规章、法律规定、团体章程等。

4.职工教育。职工教育是以在职职工为培养对象的成人教育。

5.市场调查。市场调查就是指运用科学的方法,有目的地、有系统地搜集、记录、整理有关市场营销信息和资料,分析市场情况,了解市场的现状及其发展趋势,为市场预测和营销决策提供客观的、正确的资料。它包括市场环境调查、市场状况调查、销售可能性调查,还可对消费者及消费需求、企业产品、产品价格、影响销售的社会和自然因素、销售渠道等开展调查。

6.公共关系。公共关系是指某一组织为改善与社会公众的关系,促进公众对组织的认识、理解及支持,达到树立良好组织形象、促进商品销售的目的而开展的一系列公共活动。它本意是社会组织、集体或个人必须与其周围的各种内部、外部公众建立良好的关系。它是一种状态,任何一个企业或个人都处于某种公共关系状态之中。它又是一种活动,当一个工商企业或个人有意识地、自觉地采取措施去改善和维持自己的公共关系状态时,就是在从事公共关系活动。作为公共关系主体长期发展战略组合的一部分,公共关系的含义是指这种管理职能:评估社会公众的态度,确认与公众利益相符合的个人或组织的政策与程序,拟定并执行各种行动方案,提高主体的知名度和美誉度,改善形象,争取相关公众的理解与接受。

7.营销活动。营销活动是指借助一定的物质技术设备,运用"商品—货币"关系,通过多种方式,引导产品从生产者到达消费者或使用者,从而实现产品由实物形态向货币形态转化的过程。

二、苏宁的 BI 设计

苏宁人的七大标准

1.热爱企业

忠诚于企业,共同成长,长久发展。

2.热爱团队

维护团队荣誉,沟通协助,责任共当。

3.热爱工作

发掘工作价值与乐趣,勤奋敬业,满怀激情。

4.执着拼搏

对工作的目标与结果执着追求,永不言弃。

5.踏实严谨

对工作的执行与落实严谨细致,一丝不苟。

6.服从投入

对工作的分工与安排服从认同,全心投入。

7.迅速行动

对工作的要求与部署积极响应,行动迅速。

项目小结

◆CIS 系统是由理念识别(MindIdentity 简称 MI)、行为识别(BehaviorIdentity 简称 BI)和视觉识别(VisualIdentity 简称 VI)构成的。

◆美国的 CIS 模式有三个特点;日本的 CI 模式有三个特点。

◆CI 的早期实践可以追溯到 1914 年德国的 AEG 电器公司首创 CI。AEG 在其系列电器产品上,首次采用彼德·贝汉斯所设计的商标,成为 CI 中统一视觉形象的雏形。紧接着,1932 年至 1940 年之间,英国实施伦敦地下铁路工程,该工程由英国工业设计协会会长佛兰克·毕克负责,被称为"设计政策"的经典之作。"二战"后,国际经济复苏,企业经营者感到建立统一的识别系统,以及塑造独特经营观念的重要性。自 1950 年起,欧美各大企业纷纷导入 CI。1956 年,美国国际商用计算机公司以公司文化和企业形象为出发点,突出表现制造尖端科技产品的精神,将公司的全称 "International Business Machines"设计为蓝色的富有品质感和时代感的造型"IBM"。这既使这八条纹的标准字在其后四十几年中成为"蓝色巨人"的形象代表,即"前卫、科技、智慧"的代名词;也是 CI 正式诞生的重要标志。60年代以后,欧美国家的企业 CI 导入出现了潮流般的趋势。20 世纪 60 年代的代表作是由无线电业扩展到情报、娱乐等 8 种领域的 RCA;70 年代的代表作是以强烈震撼的红色、独特的瓶形、律动的条纹所构成的 Coca Cola 标志。总之,60 年代到 80 年代,是欧美 CI 的全盛时期。日本企业在 70 年代以后,我国企业在 90 年代后也开始创造自己的 CI,从而使之发展成为一个世界性的趋势。

◆按照 CI 战略理论和操作技法的要求,成功地实施 CI 战略应遵循下述几个原则、坚持战略性的原则;坚持民族性的原则;坚持个性化的原则;坚持整体性的原则。

◆为了充分发挥企业形象系统的作用,塑造企业整体企业形象,企业首先应对企业形象系统有全面、完整的认识。企业形象系统影响企业的生存和发展。导入企业形象系统是市场经济对企业提出的新要求;导入企业形象系统是经济全球化对企业提出的新要求。国内率先导入企业形象系统的企业为我们揭示了企业形象系统的发展远景,给其他企业带来了压力,也带来了动力。

模仿训练

知识题

1.名词解释

(1)企业形象

(2)企业标志

2.填空题

(1)苏宁的企业形象中有形要素包括 ＿＿＿＿＿＿＿、＿＿＿＿＿＿、＿＿＿＿＿＿、＿＿＿＿＿＿、＿＿＿＿＿＿等。

(2)＿＿＿＿＿＿是苏宁行动的原动力,它是构成 MIS 的最基础性的要素。

(3)＿＿＿＿＿＿和＿＿＿＿＿＿苏宁的服务观。

(4)苏宁在设计和实施 BIS 过程中,要规范人们的行为,积极向 CIS 的目标迈进,必须以_____为指导。

(5)苏宁人的七大标准是_____、_____、_____、_____、_____、_____、_____。

3.简答题

(1)简述苏宁的商业模式。

(2)公共关系在塑造企业形象中的主要功能有哪些?

(3)企业形象的无形要素包括哪些?

(4)在企业组织设计中应遵循的原则有哪些?

技能题

1.设计"苏宁新塘旗舰店"标志彩稿一个。

2.写上约 150 字的标志设计说明。

3.设计"苏宁新塘旗舰店"中文字体一组。

案例题

案例

挡不住的诱惑——可口可乐的企业形象设计

有人将可口可乐称为"魔水",这种说法毫不夸张。在当今世界软饮料市场上,可口可乐占有 48% 的份额。在世界 5 大饮料产品中,可口可乐一家公司就占了 4 个品种:可口可乐、健怡可口可乐、芬达和雪碧(另一家是百事可乐)。全球可口可乐产品的每日饮用量达 10 亿杯。可口可乐是目前世界上最具知名度的产品,其品牌价值 1999 年达到 838 亿美元。

可口可乐的知名,在很大程度上得益于企业形象设计。一部可口可乐的成长史,从某种程度上说,就是塑造企业形象的历史。可口可乐在中国的广为流行,也是和强大的宣传攻势分不开的。

一、巧于命名

1886 年 5 月 8 日,在美国亚特兰大的一间实验室里,药剂师约翰·S. 彭伯顿(John Styth Pemberton)试制出了一种糖浆,他和助手给这种糖浆起名叫可口可乐(Coca Cola)。Coca Cola 是分别产自南美洲和非洲的两种植物,为糖浆起这个名字当时并没有什么特别的含义,只是为了合仄押韵,叫起来好听。可口可乐糖浆最初也是作为一种饮用剂放在药房销售的。

一个偶然的机会,彭伯顿将可口可乐糖浆放进小苏打和冰水中,一品尝,味道不错。很快,药剂所门前出现了"请喝可口可乐"的招牌,接着报纸上出现了"可口可乐,清凉可口,提神解渴,心旷神怡,使你身心愉快"的广告。独特的风味,加上引人入胜的广告词,使可口可乐在问世之初就吸引了大批顾客。

1888 年,一位名叫阿萨·G. 坎德勒(Asa Griggs Candler)的年轻人看到了可口可乐作为饮料的市场前景,遂购买自可口可乐的股份,掌握了全部生产销售权,并于 1892 年成立了可口可乐公司,坎德勒由此被称为可口可乐之父。1923 年,罗伯特·伍德鲁夫(Robert W.

Woodruff)接任公司总裁,他的目标是使可口可乐不仅遍销北美,而且走向世界。同时,他在公司内部加强可口可乐的质量管理,改进和加强了可口可乐在全球的广告宣传和促销活动。在伍德鲁夫的苦心经营下,可口可乐在全球得到推广,最终成为世界最有价值的品牌。

可口可乐能在中国市场上大显神威,它的中文译名功不可没。为了能使产品为中国人所接受,可口可乐在产品的中文译名上着实花了一番苦功。当年,可口可乐在进入中国市场之前,公司特请在伦敦任教的蒋先生设计中文译名。精通语言文字、谙熟消费者心理的蒋先生不负重托,苦思良久后灵感顿来,写下了"可口可乐"四个字。该译名采取了双声叠韵方式,音意双佳,读来朗朗上口,同时又显示了饮料的功效和消费者的心理需求,该商标投放到市场后,果然受到中国消费者的追捧。可口可乐中文译名也成为了广告史上的经典之作。

可口可乐饮料的包装很有讲究。二十世纪初,一位玻璃厂的青年工人设计了一个仕女身型的玻璃瓶。可口可乐公司老板坎德勒发觉该玻璃瓶设计巧妙,造型美观,如亭亭玉立的少女,容量又刚好盛放一杯水,遂不惜花费600万美元将其专利买下,并投入生产,作为可口可乐饮料的包装用瓶。当时600万美元是个不小的数字。但后来的事实证明,该包装对可口可乐的流行起到了重要作用。

可口可乐广告的设计采取红底白字,十分引人注目。书写流畅的白色字母,在红色的衬托下,有一种悠然的跳动之态。由字母的连贯性形成的白色长条波纹,给人一种流动感,充分体现出了液体的特性,整个设计充满诱人的活力。

二、广告策略

为了使可口可乐的形象深入人心,可口可乐公司不惜花费巨资做广告宣传,每年在广告上的支出达6亿美元。可口可乐前任老板伍德鲁夫有一句名言:"可口可乐99.61%是碳酸、糖浆和水。如果不进行广告宣传,那还有谁会去喝它呢?"

1987年,可口可乐公司拍制了一部名为"年轻人的心声"的广告片,共60秒钟,花费250万美元,平均每秒4万多美元。这则广告当时被称为世界最大手笔的广告。它是委托英国的豪华佳德影片公司拍摄的。60秒钟的广告片拍摄用了两星期,剪辑用了四星期,全部工作人员超过300人。聘请演员1000多人,这些人来自20多个国家,他们用20多种语言唱出了"年轻人的心声",表达了对可口可乐的热爱。

思考题:

通过案例试分析可口可乐公司的企业文化构成及其特色。

实训题

实训项目:浙江苏宁电器有限公司企业文化寻访

【实训目标】

1.了解浙江苏宁电器有限公司的企业文化;

2.培养管理理论的应用和分析能力。

【实训内容与形式】

1、按5—6人一组实施,组员通过实地考察掌握浙江苏宁电器有限公司的CIS设计。

2、每组选择一家浙江苏宁电器有限公司在杭州的各大门店进行探访。

3、结合资料和企业调查实际,提出提升浙江苏宁电器品牌影响力的意见和建议。

【成果与检测】

1、每组提交一份调研报告。

2、教师进行评估和打分。

讨论题

结合浙江苏宁电器有限公司的发展现状,阐述 CIS 的功能。

模拟提升训练营

苏宁二十年公益庆生　5000 万善款扶贫济困

2010 年 12 月 26 日是苏宁电器创建 20 周年的纪念日,没有隆重的仪式,没有大型的酒会,苏宁电器宣布拿出 5000 万善款启动全国感恩行动,在全国 200 多个城市通过各地的民政部门和慈善机构捐助给困难人群,帮助他们喜度新年。同时,包括香港和东京两个地区在内的所有苏宁员工同步开展“1＋1 阳光行”的社工志愿者行动,以捐助一天工资的形式累计捐助善款超过 500 万元,并组成了 1000 多支社工服务队进入社区、街道、乡村开展各种形式的社工服务行动。此外,苏宁电器全体高管人员还自发组织起来,通过爱德基金会认养认助了 500 位农村孤儿和西部失学贫困儿童,实施长期的对口帮扶。

苏宁电器董事长张近东表示,公司和员工共同用这样的方式来回报社会、回报一直信赖和支持苏宁的消费者,是 20 岁的苏宁所能做到的最好的庆生方式。

爱心庆生,全国 5000 万善款帮扶困难群众

苏宁电器董事长张近东在 20 周年致辞中表示,苏宁电器作为改革开放后逐步成长起来的民营企业,这 20 年来的所有成就和发展都离不开党和国家、社会各界的关心和支持。苏宁始终秉承“国家企业员工,利益共享”的企业价值观,从创业初期开始,就一直注重对社会的回报,以切实的行动参与社会公益,帮助需要帮助的人们,传递温暖,传递希望,践行企业感恩的承诺,来履行企业的社会责任。

在过去几年,苏宁电器已经形成了公益庆生这一独特的庆祝方式,每年 12 月 26 日都会如约启动“苏宁阳光,情暖中国”的大型公益活动,累计投入了近亿元资金和物资用于帮扶全国各地的困难群众。在 20 周年庆典这一特殊的生日到来之际,苏宁电器依然坚持了这一传统,用更大的手笔来回报社会。

苏宁 5000 万捐款落实全国 500 多个扶贫助困项目中,最终的目的是为了改善当地的民生,捐款数额直接打入当地民政部门或公益机构的账户,苏宁派专人参与项目的执行,绝对透明化操作,确保每一笔善款都能花到改善困难群众的实处。

全员参与,500 万捐款 1000 支社工服务队服务社会

在感恩行动启动仪式上,苏宁电器全国上万名社工代表还举行了集体宣誓,积极履行捐赠一天工资、参加一天社工活动的坚实承诺。参与苏宁社工志愿者表示,要弘扬“责任、奉献、希望”的苏宁社工精神,承担社会责任,传递企业爱心,为建设团结友爱、平等互助、共同繁荣的和谐社会贡献力量。

在随后举行的1＋1阳光行捐赠仪式上,苏宁从董事长张近东、所有高管和管理人员,到来自售后、物流、客服、店面、管理岗等基层岗位员工均进行爱心捐赠。活动当天"1＋1阳光行"社工志愿者捐赠总额全国累计达到500万元,而所有的善款全部用于在全国陆续开展的公益和慈善活动中。

苏宁"1＋1阳光行"社工志愿者行动至今已经开展了5年,目前,借助全国连锁的平台优势,苏宁在全国已经建立了1000多支员工社工志愿者服务队,注册社工人数超过70%,随着苏宁在全国连锁的进一步拓展,志愿者人员仍以每年上千人的人数递增。据不完全统计,苏宁"1＋1阳光行"社工志愿者捐献款物已经超过5000万元,帮助困难群众多达上百万人,参与交通协管、环境保护等自愿者行动达到数千次。

苏宁20周年全国感恩行动除了爱心捐赠之外,苏宁社工志愿者们也同步开展"一天义工"志愿服务活动,全国1000多支苏宁社工服务队进入社区、街道、乡村开展各种形式的社工服务行动,包括捐赠善款物资、义务劳动、电器维修保养、环境保护、义务献血等,全体苏宁人希望以这种方式来纪念自己的生日,践行苏宁服务社会的承诺。

高管结对,长期帮扶500名农村孤儿和贫困失学儿童

在感恩行动启动仪式上,苏宁电器董事长张近东和集团高管除了捐献一天的工资外,还自发组织以个人名义认养西部地区贫困孤儿和资助西部地区贫困儿童上学。苏宁电器总裁金明代表苏宁电器高管向爱德基金会副董事长、秘书长丘仲辉递交了助养500名孤儿和失学儿童的牌匾。

苏宁高管助孤行动是由爱德基金会提供的"E万行动——农村孤儿助养项目",苏宁电器参与此项目的高管有14人,每人助孤5人,合计助孤70人。此外,苏宁还有67名高管参与爱德基金会提供的"重返校园—西部地区的贫困小学生助学项目",合计助学430人。苏宁高管此次助孤助学行动与西部地区500名孤儿和失学儿童形成长期的帮扶关系,不仅为他们提供生活和学业上的支持,还定期与受助对象进行沟通见面会,帮助他们形成自信、自立、自强的人格。

深入实际,各地公益捐助、社工活动如火如荼

在苏宁电器总部统一组织的全国感恩行动框架下,各地苏宁积极与民政部门、慈善机构联合起来,因地制宜组织个性化活动落实捐赠款项,开展了各种形式的困难群众帮扶、社工服务行动,形成了"百花齐放"的壮观场面。

南京苏宁通过南京市民政局捐资300万帮扶周边郊县近万户特困户;北京苏宁继续开展送500名贫困大学生回家的爱心活动,并联合市工商联推行光彩惠农脱贫项目;上海苏宁捐资180万元帮扶4000困难家庭、2000名孤老和500名孤残儿童;广州苏宁捐资100万向广州市老八区5000户低保户赠送米、油等生活物资;天津苏宁捐款30万在蓟县建立"苏宁电器博爱小学";西安苏宁捐助100万帮扶3000多户低保户、生活困难户、孤寡老人、残疾人、见义勇为贫困户;贵阳苏宁捐资40万帮扶1500户低保户,并捐资10万元帮扶"三老人群";太原苏宁捐款40万元对全市800户特困低保户进行新年慰问;济南苏宁捐款100万通过济南市民政局向5000户低保户发放过冬棉衣;长春苏宁向长春市及周边地区共111家福利中心捐资100万元;昆明苏宁向2000名贫困学生捐助50万助学金……一个个爱心活动汇聚起来,形成了遍及中国寒冬中的温情暖流。

苏宁电器董事长张近东表示,苏宁是社会化的苏宁,20年来打造的也是一个社会化的公众服务平台。企业唯有肩负责任,才能始终执着前行。20 岁的苏宁在未来继续保持稳健快速的发展,用优秀的业绩和成就回报社会、消费者、投资者和员工,也会坚持更多地回馈社会,共同推动社会的繁荣与和谐发展。

(资料来源:苏宁电器官方网站,2010 年 12 月 26 日)

图片展示

活动体验

体验步骤

"CCTV 梦想合唱团年度最励志男孩"小龙的梦想小店"星梦家园"在苏宁电器的全力支持下,正在逐步的变为现实。现在苏宁电器联合 WABC 无障碍艺途公开向社会征集小店的设计方案,希望有心帮助小龙完成梦想的朋友们一起来托起这个寄托着希望的梦想小店。

1. 场地尺寸

5M×5M,三面墙,高 3.4M,凹字型店面。

2. 设计要求

结合小龙在"梦想合唱团"节目中的想象,以及合唱团员送给小龙的那幅画,突出公益与爱心、温馨与温暖、希望和梦想的主题。不求奢华,只希望营造一个美好的氛围,让小龙可以梦想成真,让更多的人可以关注这个小店,传播这个小店所代表的意义。

3. 作品提交

作品通过新浪微博进行发布 ,请同时@苏宁电器和 WABC 无障碍艺途,附有简要的文字创意(可在图片中补充)和设计图,如果作品选中,我们将私信给您,希望您提供更完整的设计图纸和方案说明,以便于我们施工。

4. 征集时间

2012 年 3 月 8 日——2012 年 4 月 8 日,2012 年 4 月 15 日公布奖项

5. 奖项设置

一等奖,1名,我们将按照您的设计,完成小店,作为一个值得骄傲的礼物送给小龙。我们会附上 WABC 无障碍艺途的官方证书作为感谢,以及小龙和他朋友们亲手设计的作品制作成的装饰画一幅、WABC 无障碍艺途白瓷双层时尚保温杯一个(杯身图案均由小龙和他的朋友们亲手设计)、WABC 无障碍艺途与贺曼共同合作的品牌贺卡一套(贺卡图案均由小龙和他的朋友们亲手设计,一套5张);

二等奖,3名,我们会附上 WABC 无障碍艺途的官方感谢信,以及 WABC 无障碍艺途白瓷双层时尚保温杯一个(杯身图案均由小龙和他的朋友们亲手设计)、WABC 无障碍艺途与贺曼共同合作的品牌贺卡一套(贺卡图案均由小龙和他的朋友们亲手设计,一套5张);

三等奖,10名,我们会送上小龙和他的朋友们设计的 WABC 无障碍艺途与贺曼共同合作的品牌贺卡一套(贺卡图案均由小龙和他的朋友们亲手设计,一套5张)作为感谢。

注:本次活动奖品均由 WABC 无障碍艺途提供

6. 评选规则

转发量排名前14名的作品将入围最终的评选环节,最终将由专业设计人士和小龙一起对14个作品进行评选排名。

活动感悟

企业形象是一种有价值的无形资产,为塑造企业形象而导入企业形象系统所花费的金钱不是"开支",而是"投资",是一种开发性的投资。苏宁积极参与慈善公益事业,正是在 CIS 上大做文章。苏宁电器向外界传递着这样的信息:苏宁人热心于公益慈善事业,上为政府分忧,下为百姓解愁,是构建和谐社会的重要组成部分,在经济发展和社会进步中起着不可替代的作用;苏宁电器上至高管下至普通员工长期化、制度化参与公益是为民营企业做出了示范性的表率,体现了民营企业高度的社会责任感。

项目十一

综合与训练——综合案例分析 ≫ ≫ ≫ 　 ≫

案例一

IBM：电脑帝国的企业文化

IBM（国际商用机器公司）是有明确原则和坚定信念的公司。这些原则和信念似乎很简单、很平常，但正是这些简单、平常的原则和信念构成IBM特有的企业文化。

IBM拥有40多万员工，年营业额超过500亿美元，几乎在全球各国都有分公司，对其分布之广，莫不让人惊叹不已，对其成就莫不令人向往。若要了解一企业，你必须要了解它的经营观念。许多人不易理解，为何像IBM这么庞大的公司会具有人性化的性格，但正是这些人性化的性格，才造成IBM不可思议的成就。

老托马斯·沃森在1914年创办IBM公司时设立过"行为准则"。正如每一位有野心的企业家一样，他希望他的公司财源滚滚，同时也希望能借此反映出他个人的价值观。因此，他把这些价值观标准写出来，作为公司的基石，任何为他工作的人，都明白公司要求的是什么。

老汉森的信条在其儿子时代更加发扬光大，小托马斯·沃森在1956年任IBM公司的总裁，老沃森所规定的"行为准则"，由总裁至收发室，没有一个人不知晓，如：

1. 必须尊重个人。

2. 必须尽可能给予顾客最好的服务。

3. 必须追求优异的工作表现。

这些准则一直牢记在公司每位人员的心中，任何一个行动及政策都直接受到这三条准则的影响，"沃森哲学"对公司的成功所贡献的力量，比技术革新、市场销售技巧，或庞大财力所贡献的力量更大。IBM公司对公司的"规章"、"原则"或"哲学"并无专利权。"原则"可能很快地变成了空洞的口号，正像肌肉若无正规的运动将会萎缩一样。在企业运营中，任何处于主管职位的人必须彻底明白"公司原则"。他们必须向下属说明，而且要一再重复，使员工知道，原则是多么重要。IBM公司在会议中、内部刊物中、备忘录中、集会中所规定的事项，或在私人谈话中都可以发现"公司哲学"贯彻在其中。如果IBM公司的主管人员不能在其言行中身体力行，那么这一堆信念都成了空口说白话。主管人员需要勤于力行，才能有所成效。全体员工都知道，不仅是公司的成功，即使是个人的成功，也一样都是取决于员工对沃森原则的遵循。若要全体员工一致对你产生信任，是需要很长的时间才能做到的，但是一旦你能做到这一点，你所经营的企业在任何一方面都将受益无穷。

第一条准则：必须尊重个人

任何人都不能违反这一准则，至少，没有人会承认他不尊重个人。

毕竟在历史上许多文化与宗教戒律上，也一再呼吁尊重个人的权利与尊严。虽然几乎每个人都同意这个观念，但列入公司信条中的却很少见，更难说遵循。当然IBM并不是惟一呼吁尊重个人权利与尊严的公司，但却没有几家公司能做得彻底。

沃森家族都知道，公司最重要的资产不是金钱或其他东西，而是员工，自从IBM公司创立以来，就一直推行此行动。每一个人都可以使公司变成不同的样子，所以每位员工都认为自己是公司的一分子，公司也试着去创造小型企业的气氛。分公司永保小型编制，公司一直很成功地把握一个主管管辖十二个员工的效率。每位经理人员都了解工作成绩的尺度，也了解要不断地激励员工士气。有优异成绩的员工就获得表扬、晋升、奖金。在IBM公司里没有自动晋升与调薪这回事。晋升调薪靠工作成绩而定。一位新进入公司的市场代表有可能拿的薪水比一位在公司工作多年的员工要高。每位员工以他对公司所贡献的成绩来核定薪水，绝非以资历而论。有特殊表现的员工，也将得到特别的报酬。

自从IBM公司创业以来，公司就有一套完备的人事运用传统，直到今天依然不变。拥有40多万员工的今日与只有数百员工的昔日，完全一样。任何一位有能力的员工都有一份有意义的工作。在将近50年的时间里，没有任何一位正规聘用的员工因为裁员而失去1小时的工作。IBM公司如同其他公司一样也曾遭受不景气的时候，但IBM都能很好地计划并安排所有员工不致失业。也许IBM成功的安排方式是再培训，而后调整新工作。例如在1969年到1972年经济大萧条时，有1.2万IBM的员工，由萧条的生产工厂、实验室、总部调整到需要他们的地方，有5000名员工接受再培训后从事销售工作、设备维修、外勤行政工作与企划工作。大部分人反而因此调到了一个较满意的岗位。

有能力的员工应该给予具有挑战性的工作，好让他们回到家中，回想一下他们做了哪些有价值的事。当他们工作时能够体会到公司对他们的关怀，都愿意为公司的成长贡献一技之长。IBM公司晋升时永远在自己公司员工中挑选。如果一有空缺就由外界找人来担任，那么对那些有干劲的员工是一种打击，而且深受挫折、意志消沉。IBM公司有许多方法让员工知道，每一个人都可使公司变成不同的样子，在纽约州阿蒙克的IBM公司里，每间办公室、每张桌子上都没有任何头衔字样，洗手间也没有写着什么长官使用，停车场也没有为长官预留位置，没有主管专用餐厅，总而言之，那是一个非常民主的环境，每个人都同样受人尊敬。

IBM公司的管理人员对公司里任何员工都必须尊重，同时也希望每一位员工尊重顾客，即使对待同行竞争对象也应同等对待，公司的行为准则规定，任何一位IBM的员工都不可诽谤或贬抑竞争对手。销售是靠产品的品质、服务的态度，推销自己产品的长处，不可攻击他人产品的弱点。

第二条准则：为顾客服务

老托马斯·沃森所谓要使IBM的服务成为全球第一，不仅是在他自己的公司，而且要使每一个销售IBM产品的公司也遵循这一原则。他特别训令IBM将是一个"顾客至上"的公司，也就是IBM的任何一举一动都以顾客需要为前提，因此，IBM公司对员工所做的"工作说明"中特别提到对顾客、未来可能的顾客都要提供最佳的服务。

为了让顾客感觉自己是多么重要，无论顾客有任何问题，一定在24小时之内解决，如果不能立即解决,也会给予一个圆满的答复,如果顾客打电话要求服务,通常都会在一个小时之内就派人去服务。此外,IBM 的专家们随时在电话旁等着提供服务或解决软件方面的问题,而且电话是由公司付账。此外还有邮寄或专人送零件等服务,来增加服务范围。IBM 公司还要求任何一个 IBM 新零件,一定要比原先换下来的好,而且也要比市场上同级产品好。服务的品质取决于公司训练及教育,在这方面,IBM 已经在全球所属公司投下了大量的钱财,所提供的训练与教育是任何公司无法比拟的。相信在 IBM 公司受训所花费的时间超过任何一所大学的授课时间。每年,每一位 IBM 的经理要接受 40 个小时的训练课程,而后回到公司内教导员工。有时甚至定期邀请顾客前来一同上课。经营任何企业,一定要有老顾客的反复惠顾才能使企业成长,一定要设法抓住每一位顾客。最优异的顾客服务是能使他再来惠顾才算成功。

第三条准则:优异

对任何事物都追求最理想的观念,无论是产品或服务都要永远保持完美无缺,当然完美无缺是永远不可能达到的,但是目标不能放低,否则整个计划都受到影响。公司设立一些满足工作要求的指数,定期抽样检查市场以设立服务的品质。从公司挑选员工计划开始就注重优异的准则,IBM 公司认为由全国最好的大学挑选最优秀的学生,让他们接受公司的密集训练课程,必定可以收到良好的教育效果,日后定有优异的工作表现,为了达到优异的水准,他们必须接受优异的训练,使他们有一种使命感,一定要达到成功。IBM 是一个具有高度竞争环境的公司,它所创造出来的气氛,可以培养出优异的人才。在 IBM 公司里,同辈竞相争取工作成绩,又不断地强调教育的重要,因此每个人都不可以自满,都努力争上游。每个人都认为任何有可能做到的事,都能做得到。这种态度令人振奋。

小托马斯·沃森说:“对任何一个公司而言,若要生存并获得成功的话,必须有一套健全的原则,可供全体员工遵循,但最重要的是大家要对此原则产生信心。”

在企业经营中,公司的任何运营都有可能改变。有时地址变更,有时人事变更,有时产品变更,有时公司的名称也变更。世界上的事就是这样不断变迁,在任何公司里,一个人若要生存,一定要有应变的能力。在科技高度进步的今日,社会形态与环境变化很快,倘若营销计划不能随机应变,可能会毁灭整个公司。你不是往前进,就是往后退,不可能在原处不动。在任何一个发达的公司里,唯一不能改变的就是原则。不论此原则的内容是什么,它永远是指引公司航行的明灯。当然公司在许多方面要保持弹性,随机应变,但对原则的信念不可变更,由于 IBM 有这三条基本原则作为基石,业务的成功是必然的。

公司内部必须不断地把其信念向员工灌输,在 IBM 的新进入人员训练课程中,就包含了如下课程:“公司经营哲学、公司历史及传统。”谈公司的信念与价值观不能仅是空谈而已,至于能否让其在公司里发生作用,那是另外一回事。在公司里空谈无益,最重要的是:运用策略、采取行动、切实执行;衡量效果,重视奖赏,以示决心。

IBM 的新进销售学员无论在办公室或外出接洽业务,都能遵守公司的准则。他们知道,IBM 准则“必须尊重个人”的真谛如何。他们一进公司开始就感到别人对待他们的方式是基于尊重原则,只要他们一有问题,别人再忙也来帮助他们。他们也看到,公司人员是怎样对待顾客的,也亲耳听到顾客对市场代表、系统工程师及服务人员的赞美。他们周围环境的人都在那里努力寻求优异的成绩。有关 IBM 公司的信念,常在所属公司中定期刊载,有关 IBM 优异服务之实例亦常在公司训练课程中讲授,在分公司会议中特别提出来,在邀请顾客参加的讨论会中亦提出介绍,主要目的是把公司的理想一再重复,以确保理想生存。

思考题:

(1)通过分析 IBM 公司的企业文化的内涵、构成等,试论述其企业文化的特色、作用。

(2)结合此案例,谈谈我国的 IT 企业如何进行企业文化建设。

案例二

源远流长的古井文化

古井酒厂建于 1957 年。建厂初期,共有 32 名职工,12 间简陋厂房,1 口酿酒锅,7 条发酵池。1963 年"古井贡酒"被评为八大名酒第二名,30 多年来荣获各种奖项近 100 种。目前,古井酒厂已发展成为以名优白酒生产为龙头,致力多元化经营和国际化发展,集科工贸为一体的大型集团公司,拥有 50 多家子公司。古井集团现有员工 6000 余人,总资产约 25 亿元,净资产 15 亿元。

近 20 年来,古井集团乘改革的东风,凭借现代化的经营管理,以人为本,强化管理,开拓市场,取得了卓越的经营业绩。近年来,公司每年的投资规模大约 2 亿元左右,其中国有资金 70%。先后投资建设的项目有:合肥古井大酒店、九方制药公司项目、热电站项目、乳制品项目等。值得一提的是,古井集团还积极利用收购、控股、兼并等经营手段,来扩大集团资产经营规模,取得了良好的效果,为古井集团的发展注入了强大的活力,保持了企业强劲的发展势头,实现了企业快速健康的发展。

古井集团在从一个传统的手工酿酒作坊向多元化经营的企业集团发展过程中,以"效忠古井、业绩报国"的使命,树立了"敢为人先"的古井精神,通过"两场效应"管理法,走出了一条"名牌、名企、名人"的发展道路,培育了独具特色的"以人为本、天人合一"的古井文化。

一、"四子"立业学说

所谓"四子"立业学说就是"抓班子、立柱子、上路子、创牌子"。这是古井文化的凝炼。董事长王效金认为,企业家是企业凝聚力的核心,企业家并非企业中的某一个人,而是由具有帅才、将才、管家、参谋和监督等才能且博与专相结合的一群人所组成的领导班子集体。企业要想取得良好发展,首先得有一个好领导班子。王效金强调"立柱子"思想,高度重视企业的支柱性产品的发展,并形成支柱产品群,以支撑企业发展。古井人的"上路子"思想是指管理规范化、高效化、现代化,向管理要质量、要效益。强调企业管理练内功只有日积月累,执著追求,坚持不懈,才能不断优化。古井人力创民牌与名牌的统一,铸就属于广大消费者心目中的金牌,属于人民大众的名牌。

二、"三层文化"的系统运作

在精神文明层面上,古井人以"提高广大人民的生活质量,建设'富有、文明、民主'的新古井"的经营哲学思想为指导,讲求"业绩报国,双向效忠"的企业道德,以"爱国、爱厂、爱岗位"的爱国思想和敬业精神塑造企业全体员工的灵魂,树立企业的精神支柱。在制度文化层面上,古井人极力强化制度建设,先后制定了《生产工艺法规》《产品质量法规》《现场管理法规》等 15 种企业内部规章制度,以约束员工行为,维护企业经营活动的正常秩序。同时,古井人还坚持"以人为本",讲求以情动人、以理服人、以德信人的"情、理、德"相结合的柔性管理,做到软硬结合,优化企业管理行为。在物质文化层面上,古井人在厂容、厂貌、产品构成和包装、装备特色、建筑风格、厂旗、厂服、厂标、纪念物、纪念性建筑物等方面大做"文化"文章,创建了"花园式工厂"。"古井亭"、"古井"、"古槐"、"古井酒文化博物馆"向人们展示了千年古井酒文化的历史渊源。

三、"两场效应"的管理文化

古井的"两场效应"管理法,简单来说就是"抓市场、促现场,抓现场、保市场"。利用现场与市场之间的"促保"互动关系,下真工夫做实做细。古井人抓市场就是抓经营,把眼睛向外,开辟市场、培育市场、建设市场,不断提高产品市场占有率、覆盖率和品牌美誉度;抓现场,就是抓管理,古井人实行综合管理,质量、成本、设备、技术、人事、信息、纪律、工艺安全等系统运作,达到整体优化,形成了"一严、二细、三洁、四无、五不准、六统一"的十四字现场管理标准。市场的深入发展,不断向企业管理提出新要求,古井人始终围绕着市场需要不断改进管理,进而保证满足市场需求,两场彼此促进,周而复始,螺旋上升,形成良性循环。

思考题:

试分析古井集团的企业文化构成及其特色。

案例三

沃尔玛:企业文化的经典

沃尔玛公司无疑是当今世界首屈一指的零售业巨子。在1987年到1997年的10年间,其业绩平均增长速度高达26%,这一速度在世界级的大公司中实属罕见。据最新统计,它的市值已近2000亿美元。在竞争异常激烈的零售业领域,沃尔玛公司的业绩能如此辉煌,其企业文化起了相当大的作用。注重创新、个性鲜明的企业文化是促使沃尔玛公司成绩斐然的重要原因。

日落原则

今天的工作必须在今天日落之前完成,对于顾客的要求要在当天予以满足,做到日清日结,绝不延迟。不管要求是来自于偏远乡镇的普通顾客,还是来自繁华都市的有钱人。这就是沃尔玛公司的日落原则。它的核心就是立即服务。

曾有一位德国顾客,下午在所住酒店向沃尔玛公司订购两种当地名优特产,准备带回去送给亲朋,要求公司在晚上9点送到酒店。公司工作人员通过电脑联网系统一查,发现该产品已脱销。按理说,公司只要向顾客实情相告,顾客也会理解,或者可建议他另选其他商品。但此事被迅速反馈到公司主管经理,经理迅速召开专门会议,所有人员推迟下班时间,分成几个小组赴本市其他一些大百货公司,最后以高于本公司三分之一的价格买到了该产品,并在飞机起飞前送到了顾客手中。事后有人说,其实可以让顾客留下地址,货到后再邮寄过去。公司经理坚定地表示:沃尔玛没有今天做昨天工作的习惯。这也较好地印证了公司创始人山姆·沃尔顿的名言:"如果你今天能够完成的工作,为什么要把它拖到明天呢?"现在,日落原则已成为沃尔玛公司企业文化的重要部分。由于现代顾客生活节奏快,日落原则能够体现出与顾客的生活节奏一致、时刻为顾客着想的经营宗旨。这与尊重个人、精益求精的服务理念一脉相承。正因为如此,沃尔玛公司在顾客服务方面总是备受赞赏。

比满意更满意原则

许多年前,山姆·沃尔顿对其员工提出了一个颇为苛刻的要求,即:要向每一个顾客提供比满意更满意的服务。一项服务做到让顾客满意还不够,还应努力想办法加以改进,以期提供比满意更好的服务。山姆·沃尔顿认为:"让我们成为顾客最好的朋友,微笑着欢迎光顾本店的所有顾客,提供给他们我们所能给予的帮助。不断改进服务,给予顾客更好的服务,这种服务甚至超过了他们原来的期望。沃尔玛公司应该是最好的,它应能提供比任何其他商店更多更好的服务。"

沃尔玛公司真的做到了这一点,顾客对公司提供的超过期望的服务赞不绝口。沃尔玛公司每天都收到大量的感谢信。许多时候,顾客们写信表达谢意仅仅是因为一个微笑,或是公司员工记住了他们的名字,或是帮他们提送了买的东西。还有的顾客写信是为了表扬公司员工的英雄行为,如有员工紧急救护在店中突发心脏病的顾客,使他转危为安;有员工奋不顾身把一名儿童从马路中央推开,避免了一起交通事故;有员工主动延长工作时间,帮一位母亲精心挑选儿子的生日礼物,却耽误了自己儿子的生日晚会。这些深植于普通日常工作中的优质服务,给沃尔玛公司带来了大量的回头客,顾客们总是愿意在沃尔玛公司购物,因为在这里他们总感到十分亲切。

十步服务原则

在沃尔玛公司,有一条十步服务原则:无论何时,只要顾客出现在自己的十步距离范围内,员工就必须看着顾客的眼睛,主动打招呼,并询问是否需要帮忙。

这一原则也是山姆·沃尔顿首创的。他在密西西比大学读书的时候,十分有抱负,决定竞选校学生会主席。他为自己找到了一条迅速提高知名度的捷径就是对在校园里遇到的每一位学生,在他们开口之前,先跟他们打招呼,并尽可能与他们交谈。他说:"如果我认识他们,我会主动叫他们的名字打招呼,即使我不知道他们的名字,我也主动打招呼。"久而久之,山姆·沃尔顿成了大学里认识学生最多的人。在竞选的时候,这些人都认出了他,都把他当成自己的朋友,结果他如愿以偿地当选为主席。后来,山姆·沃尔顿把这一成功经验带入他的商业帝国,并加以完善,最终使之成为公司具有鲜明特色的企业文化的一部分。

薄利多销原则

在早期的经营生涯中,山姆·沃尔顿发现,如果每件商品进货是80美分的话,标价1美元卖出的货的数量是标价1.2美元的3倍。这时,虽然每件产品的利润可能会减少,但由于卖出的数量很多,因而整体利润要高得多,这个道理很简单,但包含了折扣销售的精髓:降低价格,刺激销售量,进而提高整体赢利水平。

薄利多销原则并不是山姆·沃尔顿发明的,但像沃尔玛公司这样实行力度之大、范围之广、持续时间之长、运用之成功,却找不到第二家。

沃尔玛公司的高级管理人员回忆说:"山姆·沃尔顿非常迷恋这种经销原则,并要求将这一原则作为公司的基本原则之一来加以认真贯彻执行。"举例说,对于拟定价为2美元的商品,他说50美分就可以成交,我们就说标1美元吧,他说不,我们就标价50美分!这种令人不敢相信的优惠价格使公众普遍认为到沃尔玛公司购物是物有所值。这一"比任何一家公司都走得更远"的薄利多销原则并没有使沃尔玛公司遭受损失,反而使公司赚到更多利润。1997年,其销售收入高达1198亿美元,稳居世界零售业首位。

沃尔玛公司将企业文化原则演绎到极致,公司不仅获得了很高的企业文化力量分值,即建立了"强有力型企业文化",同时也获得了很高的企业长期经营业绩的分值。事实上,在沃尔玛公司的企业文化中,许多原则并非该公司首创,但很少有公司将它们运用得如此之好、如此之有特色。可以毫不夸张地说,沃尔玛公司将其企业文化原则演绎到了极致,成为成功的企业文化经典。

思考题:

(1)沃尔玛公司企业文化是如何建设的?

(2)假如你是某一企业的领导者,沃尔玛的企业文化对你所在企业的企业文化建设将有什么启示?

参考文献

[1]姜学敏.山东企业文化建设.北京:人民出版社,1998.

[2]刘光明.企业文化.北京:经济管理出版社,2002.

[3]陈春花.企业文化管理.广州:华南理工大学出版社,2002.

[4]潭伟东.西方企业文化纵横.北京:北京大学出版社,2002.

[5]李大军.中外企业文化知识500问.北京:企业管理出版社,2002.

[6]戴钢书.现代企业文化新论.武汉:武汉大学出版社,2002.

[7]罗长海.企业文化学.北京:中国人民大学出版社,1997.

[8]史源.商经.北京:金城出版社,2002.

[9]涂山青,成天荃.营销策划与营销实践.武汉:华中大学出版社,1999.

[10]郭咸纲.企业文化百事通.广州:广东经济出版社,2002.

[11]张仁德,霍洪喜.企业文化概论.天津:南开大学出版社,2001.

[12]奚从清,谢健.现代企业文化概论.杭州:浙江大学出版社,2001.

[13]范晓屏.国际经营与管理.北京:科学技术出版社,2002.

[14]明刚.成功营销策划与案例.上海:华东理工大学出版社,2002.

[15]罗子明.消费者心理与行为.北京:中国财政经济出版社,1998.

[16]中国清洁生产,网址,http://www.chinacp.com/newcn/chinacp/

[17]吴季松.知识经济.北京:北京科技出版社,1998.

[18]邓小平.邓小平文选.第三卷.北京:人民出版社,1994.

[19]叶震.国家统计局将采取各种手段打假.中国青年报,2000年2月28日.

[20]周大中.现代金融学.北京:北京大学出版社,1996.

[21]汪丁丁.永远徘徊.北京:社会科学文献出版社,2002.

[22]郑强.合同法诚实信用原则研究.北京:法律出版社,2000.

[23]布罗代尔.十五世纪至十八世纪物质文明、经济和资本主义.第2卷.北京:三联书店,1993.

[24]马克思恩格斯全集.第46卷(上).北京:人民出版社,1950.

[25]孙智英.信用问题的经济学分析.北京:中国城市出版社,2002.

[26]Hayek.致命的自负.北京:华夏出版社,1988.

[27]Englnd.人性的断裂.北京:光明日报出版社,1996.

[28]林初学.对中信公司债信维护工作的片段感受.经济导刊,1999(8).

[29]纪康保,童一秋.中国诚信.北京:中国盲文出版社,2002.

[30]斯蒂芬·P.罗宾斯.组织行为学.北京:中国人民大学出版社,2002.

模仿训练参考答案

项目一

知识题

1. 名词解释

(1)文化是一种沟通体系,它把人类的生物和技术行为融合到人类富有表现力的行为语言及非语言体系中去,从而使人类社会得以存在。它是人改造自然、社会和人自身的活动的成果,为人所创造,为人所拥有。

(2)广义上讲是指企业物质文化、行为文化、制度文化、精神文化的总和;狭义上讲是指企业的意识形态,即企业的核心,也就是企业的价值观。

2. 填空题

(1)人本性、民族性、开放性

(2)企业物质文化要素、企业制度文化要素、企业精神文化要素

(3)泰罗　管理学形成

(4)企业生产　理念、行为、视觉

(5)企业文化的塑造、企业文化的发展、企业经营管理的各个方面产生的文化现象

3. 简答题:略

技能题:略

案例题:略

实训题:略

讨论题:略

项目二

知识题

1. 名词解释

(1)是指企业文化系统内各个要素之间的时空顺序、主次地位与结合方式,它表明各个要素如何联系起来,形成企业文化的整体模式。

(2)是指企业为了有效实现企业目标而筹划建立的企业内部各组成部分及关系。

(3)是指企业在生产经营过程中,长期受一定的社会文化背景、意识形态影响而形成的一种精神成果和文化观念。

2. 填空题

(1)具有管理功能,全体员工共同享用

(2)行为文化、精神文化

(3)凝聚功能、激励功能

3.简答题:略

技能题:略

案例题:略

实训题:略

讨论题:略

项目三

知识题

1.名词解释

(1)企业精神是指企业员工在长期生产经营中,在正确价值观念体系支配和影响下,逐步形成和发展起来的现代意识和企业个性相结合的一种群体意识。

(2)企业行为是指企业在管理、经营、生产和学习、生活、娱乐等一切运转过程中行为活动的表现,它是企业经营作风、精神风貌等在员工行为中的动态表现。

(3)价值观念是员工对包括自己在内的所有事物的看法、评价或所持态度。

(4)企业环境是指企业生存和发展所依赖的各种相关因素的综合。

(5)市场环境是指企业所处要素供应市场和竞争市场以及社会共同的价值观念。

2.填空题

(1)理念识别、行为识别、视觉识别

(2)共同营造、共同接受、普遍享用

(3)员工

(4)整体精神风貌、企业文明程度

(5)企业环境、基础性

3.简答题:略

技能题:略

案例题:略

实训题:略

讨论题:略

项目四

知识题

1.名词解释

(1)所谓企业营销文化,是企业在执行一系列营销策略基础上形成的一种文化现象,是一种高起点、智力型的竞争手段,服务并服从于企业的价值目标,渗透于企业营销过程的各个环节。

(2)品牌是商标、名称、包装、价格、历史、声誉、文化内涵、符号、广告风格的无形总和。

(3)品牌文化是指有利于识别某个销售者或某群销售者的产品或服务,并使之同竞争者的产品和服务区别开来的名称、名词、标记、符号或设计,或是这些要素的组合;是指文化特质在品牌中的沉积和品牌经营活动中的一切文化形象;以及它们代表的利益认知、情感属性、文化传统和个性形象等价值观念的总和。

2.填空题

(1)彼得得鲁克

(2)企业经营理念

(3)独特文化习俗、营销渠道、扩大产品销售量、实现企业经营目标

(4)时间、金钱、精力

(5)价值观念

3.简答题:略

技能题:略

案例题:略

实训题:略

讨论题:略

项目五

知识题

1.名词解释

(1)媒体组合是指企业为了实现一定的广告目标而选择两个或两个以上的媒体进行搭配。

(2)系统形象广告定位是企业整体形象的定位,它不仅仅是企业某项产品的定位,也不仅仅是某个企业家风格的定位,或某项经营作风的定位,而是企业文化的综合性的定位。

(3)广告创意就是广告人员根据市场调查结论、品牌形象特性和公众心理需要,运用联想、直觉、移植等创意性思维方法,提出新颖的主题设想,设计广告宣传意境和表现情节的构思过程。

2.填空题

(1)传播广告信息 广告者 广告宣传

(2)基本要素 隐性要素

(3)系统性 可行性 针对性 创造性 效益性

(4)法律文化 道德文化 可信性 思想性 科学性 艺术性

(5)公众心理 公众心理需求

3.简答题:略

技能题:略

案例题:略

实训题:略

讨论题:略

项目六

知识题

1.名词解释

(1)企业价值观是企业经营管理过程中全体成员共同的价值观,以及人与人、人与自然和谐的共同理念。

(2)信用是指对一个人(自然人或法人)履行义务能力尤其是偿债能力的一种社会评价。

2.填空题

(1)信用

(2)固定性、均衡性、束缚性

(3)商业信用、银行信用、政府信用、消费信用

(4)借款人的品德、经营能力、资本、资产抵押、经济环境

(5)信用制度、信用道德、信用市场

3.选择题

C　D　D　D　C

4.简答题:略

技能题:略

案例题:略

实训题:略

讨论题:略

项目七

知识题

1.名词解释

(1)所谓亚文化就是指某一文化群体所属次级群体的成员共有的独特信念、价值观和生活习惯。

(2)非正式群体文化就是企业成员在共同工作的过程中,由于抱有共同的社会感情而形成的非正式团体文化。

(3)优质文化是指能够使企业适应社会环境发展变化并在这一适应过程中自我发展、自我创新的企业文化。

(4)制度性群体是指正式文件明文规定的群体,群体的成员有固定的编制,有规定的权利和义务,有明确的分工。

2.填空题

(1)物质文化、行为文化、制度文化、精神文化

(2)优质文化、劣质文化

(3)强文化、弱文化

(4)组织成员共同价值观体系

(5)主文化

(6)个体价值观、企业亚文化;企业亚文化、亚文化;企业亚文化、企业主文化

(7)动力

(8)管理工作的负担,拾遗补缺,取长补短

3.简答题:略

技能题:略

案例题:略

实训题:略

讨论题:略

项目八

知识题

1.名词解释

(1)组织能力就是指企业家运用各种手段来保证企业经营活动的正常进行,保证经营目标如期实现的能力。

(2)财务预测就是分析研究企业内部的各种经济技术,并利用各种经济信息,采用科学的方法或手段,对企业未来一定时期的资金成本、盈利水平进行预算,对企业的财务趋势进行评估。

(3)指挥能力是指企业家在生产经营活动中,运用职务权限,按照计划目标的要求,通过下达命令,对下级进行领导和给予指导,把各方面工作统率起来的能力。

(4)企业家的素质是指企业的领导者在领导工作中经常起作用的共同特征,是企业家具备的各种条件和质量的综合,包括德、识、才、学等。

2.填空题

(1)强烈的创业信念和热情、风险的心理承受力

(2)创新能力

(3)决策能力

(4)企业理念、企业行为、企业视觉识别系统

(5)企业家

(6)财务预测和决策、财务计划和管理、财务分析

(7)学习精神、创业精神、思考精神、求实精神、拼搏精神、服务精神

(8)创业

(9)经济现象、精神现象

(10)自我控制能力、差异发现能力、目标设定能力

3.简答题:略

技能题:略

案例题:略

实训题:略

讨论题:略

项目九

知识题

1.名词解释

(1)Z理论的核心思想就是怎么才能使每个人的努力彼此协调起来产生最高的效率,其研究的重点内容是工作中的信任、微妙性和人与人之间的亲密性。

(2)一是"权力差异(power distance)"可接受程度的高与低。二是"防止不肯定性(uncertainty avoidance)"的迫切程度。三是个人主义与集体主义(individualism collectivism)。四是男性化与女性化(masculine)。

2.填空题

(1)美国企业管理制度模式   日本企业管理制度模式

(2)结构、战略、体制、人员、作风、技巧、共有价值观、共有价值观

(3)顾客就是上帝,质量至高无上,行动和试验,特色管理

(4)企业家族化,以人为本,顾客至上,以和为贵,集体主义,注重组织形象建设

(5)权利差异、防止不肯定性、个人主义与集体主义、男性化与女性化

3. 简答题：略

技能题：略

案例题：略

实训题：略

讨论题：略

项目十

知识题

1. 名词解释

(1)企业形象实质上就是社会公众对企业的一切活动及其表现的总体印象和评价。

(2)企业标志是指代表企业特征、个性和形象的特定造型、图案、符号、色彩或其他设计，是企业的代表和象征，借此人们可识别、区别企业。

2. 填空题

(1)产品及其包装　生产经营环境　生产经营业绩　社会贡献　员工形象

(2)企业使命

(3)至真至诚　苏宁服务

(4)人本管理思想

(5)热爱企业、热爱团队、热爱工作、执着拼搏、踏实严谨、服从投入、迅速行动

3. 简答题：略

技能题：略

案例题：略

实训题：略

讨论题：略

图书在版编目（CIP）数据

企业文化 / 祝宝江,蒋景东主编. —3 版. —杭州：浙
江大学出版社,2012.8（2022.1 重印）
ISBN 978-7-308-10051-9

Ⅰ.①企… Ⅱ.①祝…②蒋 Ⅲ.①企业文化—高等职业教
育—教材 Ⅳ.①F270

中国版本图书馆 CIP 数据核字（2012）第 114026 号

企业文化

祝宝江　蒋景东　主编

责任编辑	周卫群
封面设计	俞亚彤
出版发行	浙江大学出版社
	（杭州天目山路 148 号　邮政编码 310007）
	（网址：http://www.zjupress.com）
排　　版	浙江时代出版服务有限公司
印　　刷	杭州杭新印务有限公司
开　　本	787mm×1092mm　1/16
印　　张	16.5
字　　数	402 千
版 印 次	2012 年 8 月第 3 版　2022 年 1 月第 20 次印刷
书　　号	ISBN 978-7-308-10051-9
定　　价	32.00 元